PSICANÁLISE NO SÉCULO XXI:

AS CONFERÊNCIAS BRASILEIRAS
DE ROBERT RODMAN

IVONISE FERNANDES DA MOTTA
(Organizadora)

PSICANÁLISE NO SÉCULO XXI:

AS CONFERÊNCIAS BRASILEIRAS DE ROBERT RODMAN

idéias & letras

DIRETORES EDITORIAIS:
Carlos da Silva
Marcelo C. Araújo

EDITORES:
Avelino Grassi
Roberto Girola

COORDENAÇÃO EDITORIAL:
Denílson Luís S. Moreira

REVISÃO TÉCNICA:
Davy Bogomoletz
Ivonise Fernandes da Motta

REVISÃO:
Ana Lúcia de Castro Leite

DIAGRAMAÇÃO:
Juliano de Sousa Cervelin

CAPA:
Cristiano Leão

Coleção Psi-Atualidades: dirigida por Roberto Girola

© Idéias & Letras, 2006

IDÉIAS & LETRAS

Editora Idéias & Letras
Rua Pe. Claro Monteiro, 342 – Centro
12570-000 Aparecida-SP
Tel. (12) 3104-2000 – Fax (12) 3104-2036
Televendas: 0800 16 00 04
vendas@ideiaseletras.com.br
http//www.ideiaseletras.com.br

Dados Internacionais de Catalogação na Publicação (CIP)
(Câmara Brasileira do Livro, SP, Brasil)

Psicanálise no século XXI: As Conferências Brasileiras de Robert Rodman / Ivonise Fernandes da Motta (organizadora). -- Aparecida, SP: Idéias & Letras, 2006. (Coleção Psi-atualidades)

Vários autores.
Bibliografia.
ISBN 85-98239-78-X

1. Psicanálise 2. Psicanálise – Brasil 3. Rodman, Robert – Discursos, ensaios, conferências 4. Winnicott, Donald W., 1896-1971 I. Motta, Ivonise Fernandes da. II. Série.

06-8079   CDD-150.195

Índices para catálogo sistemático:

1. Psicanálise: Conferências: Psicologia
150.195

Sumário

1. Apresentação – Ivonise Fernandes da Motta 7

2. F. Robert Rodman: Uma apresentação – Davy Bogomoletz...13

3. As Conferências Brasileiras de Robert Rodman
   – Uma História Sem Fim – Ivonise Fernandes da Motta......21

4. Reflexões sobre o holding na clínica winnicottiana
   – Clarissa Medeiros e Tânia Vaisberg....................................37

5. Encontros com Robert Rodman – José Outeiral...................47

6. Rodman: O gesto espontâneo em pessoa – Sueli Hisada......51

7. Uma homenagem a Robert Rodman – Neyza Prochet..........55

8. O analista humano e a contemporaneidade nas idéias
   de Robert Rodman – Gina Khafif Levinzon 59

9. A criatividade do Dr. Robert Rodman
   – Rita de Cássia K. Barbosa 67

10. As dificuldades de Winnicott e sua insistência
    em ser ele mesmo – Robert Rodman 71

11. O Gesto Espontâneo – Robert Rodman.............................87

12. Algumas palavras sobre o viver criativo com
    o olhar de D. W. Winnicott – Ivonise Fernandes da Motta... 99

13. O verdadeiro self do analista – Robert Rodman 117

14. A vida interior das pessoas em um mundo
    tecnológico – Robert Rodman 141

15. A poesia e os elementos constitutivos do ser:
    o feminino e o masculino – Jamil Signorini 157

16. Psicanálise e Psicose: quando a clínica se faz teoria
    – Maria Lúcia de Araújo Andrade..177

17. O olhar do afeto e da ética no viver atual
    – Frei Carlos Josaphat 197

18. Bonecos no Dilúvio e a Arca de Noé: Um caso de
    tecnologia humanizante – Fernando Capovilla..................219

19. Refletindo a alegria, a beleza e a criatividade
    no espelho de D. W. Winnicott – Sérgio A. Belmont.........237

20. A Psicopatologia como teoria do sofrimento humano no
    pensamento de D. W. Winnicott – Tânia Maria J. A. Vaisberg....265

21. A Psicanálise no século XXI: Um momento de reflexão
    – Ivonise Fernandes da Motta 285

22. O ambiente de holding após o 11 de setembro
    – Robert Rodman..295

23. Cem anos de clínica – As reformulações teóricas
    e técnicas decorrentes – Orestes Forlenza Neto................311

24. Psicanálise e Psiquiatria – Luis Milan................................327

25. O bebê e a água do banho – Neyza Prochet 339

26. A adoção sob um "olhar" winnicottiano
    – Renata Iyama e Isabel Cristina Gomes............................353

Apresentação

Ivonise Fernandes da Motta

Trazer Robert Rodman pela primeira vez ao Brasil, em 1997, foi uma ousadia. Eminente psicanalista norte-americano, autor do livro *O Gesto Espontâneo*, patrono da *Sqquiggle Foundation*, conhecer Robert Rodman era entrar em contato com a história viva da psicanálise, principalmente com o assim chamado *middle group*. Por essa apresentação, Robert Rodman estava conectado com as inovações e revoluções dentro da psicanálise e psicoterapia. Por sorte, desde o início, o contato com Rodman se estabeleceu com facilidade e em semelhança ao título do livro – espontâneo. Simplicidade e proximidade acompanharam sua primeira estada em São Paulo. Ao final de sua primeira visita à minha residência, estávamos conversando na cozinha sobre algumas das grandes figuras do mundo psicanalítico, e eu lhe perguntava o que poderia dizer sobre Winnicott, Clare Winnicott, Marion Milner e tantos outros. Parecíamos velhos amigos trocando confidências. A marca ficou estabelecida – contato simplicidade, espontaneidade... Parecia ter valor aquele relacionamento...

Seu primeiro cartão postal (2 de outubro de 1997), recebido após sua primeira visita ao Brasil, confirmava essa marca. Em um cartão postal do Rio de Janeiro (vista aérea do Corcovado e Lagoa), Rodman escreveu:

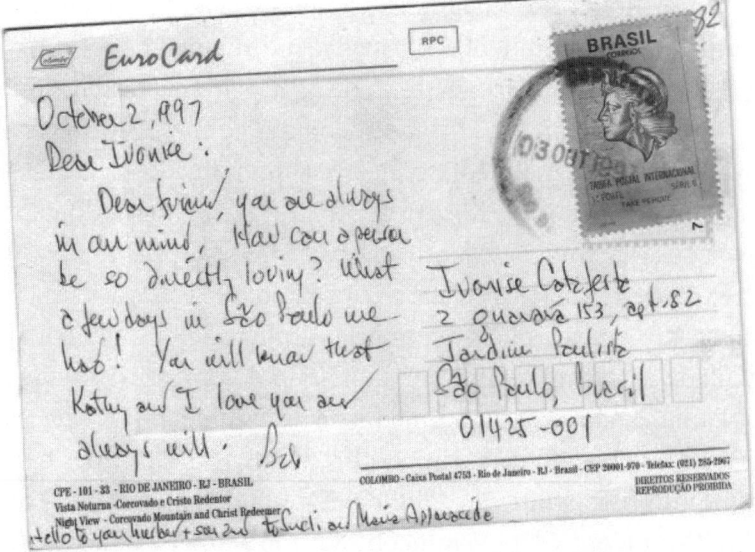

October 2, 1997

Dear Ivonise:

Dear friend, you are always in our minds. How can a person be so directly loving? What a few days in São Paulo we had! You will know that Kathy and I love you and always will.

Bob

Hello to your husband + son and to Sueli and Maria Aparecida.

2 de outubro, 1997

Cara Ivonise:

Cara amiga, você está sempre em nossa mente. Como uma pessoa pode ser tão prontamente adorável? Que dias nós tivemos em São Paulo! Saiba que Kathy e eu amamos e sempre vamos amar você.

Bob

Lembranças ao seu marido e seu filho e para Sueli e Maria Aparecida.

O Dr. Robert Rodman tornara-se apenas e tão-somente "Bob". Seguiu-se uma longa correspondência, na qual Bob pôde adentrar várias circunstâncias de minha vida profissional e pessoal. Nossa correspondência seguiu caminhos, que só para utilizar uma palavra comumente usada por Rodman, era *amazing*, ou seja, surpreendente, diferenciada. Por ter dificuldades no uso do computador, por ter dificuldades em digitar, eu escrevia à mão e enviava os escritos por fax, e Rodman digitava ou escrevia à mão e também mandava os escritos por fax. Assim vemos que essa dificuldade, minha limitação com os avanços tecnológicos, não foi impedimento para uma longa, volumosa e rica correspondência.

Outros dois Congressos (1999, 2002) contaram com a presença do Dr. Robert Rodman. Para o Congresso de 1999, Rodman escreveu o texto "The Meaning of Brazil" (O Significado do Brasil), no qual descreve o que significou vir ao Brasil pela primeira vez em 1997. Após o último Congresso, ocorrido em 2002, o primeiro fax que recebi de Rodman (11 de abril, 2002) dizia:

Dear Ivonise:
It was a good trip back. Thank you so much for everything you have done.
I am rather tired now – more to come.
Saudade.
                    Bob

Cara Ivonise:
Fiz uma boa viagem de volta. Muitíssimo obrigado por tudo que você fez.
Estou bastante cansado – volto a escrever.
Saudade.
                    Bob

Já naquela época algo parecia me avisar que eu não mais veria Robert Rodman. Mas era uma despedida tranqüila, harmoniosa. Despedida de quem havia cumprido uma jornada. Despedida de quem tinha se enriquecido ao longo dos encontros ocorridos...

Os últimos faxes trocados (11 de maio, 2004) revelam a continuidade de toda uma trajetória, na qual tanto eu quanto outros colegas e amigos brasileiros pudemos conhecer um pouco mais de Robert Rodman, um pouco mais de Bob, e dessa maneira nos inteirarmos do valor de nossos encontros, o valor dos assim chamados "encontros winnicottianos". A base pode ser descrita em uma linha comum de pensamento e trabalho: a importância da preservação dos valores humanos quer na psicanálise e psicoterapias psicanaliticamente orientadas, quer em tantos outros trabalhos psicoterápicos de outras ordens e abordagens. Concluindo, as conferências brasileiras de Robert Rodman foram realmente uma ousadia, ousadia que representou e perpassou as preocupações pelo futuro dos caminhos do mundo atual, com suas grandes e inovadoras revoluções e, temos certeza agora, nos auxiliou a continuar nessa caminhada para a frente...

FROM : ROBERT RODMAN   FAX NO. : 310 275 6764   May. 11 2004 07:41AM P1

May 11, 2004

Dear Ivonise:

I was happy to receive your FAX which tells me that you have re-emerged into my life, after a long absence. I am sure it was a necessary period of withdrawal and you seem to have learned a great deal about yourself. Possibly you had a little more analysis – either from someone else, your analyst, or yourself. You have been re-arranging your apartment, and, I assume, your life generally, keeping what you like and getting rid of what yo do not. Fifty, you say. Not such an old person, you know. I can say that as a seventy-year old who was introduced to his seventies by a major heart operation on January 5. I had a mitral valve repair and a Maze procedure, intended to restore normal rhythm. The valve was very well repaired and works extremely well. The atrial repair unfortunately made it necessary that I have a pacemaker installed. So there is a piece of metal in my chest deciding the heart rate. It's fine. I exercise mainly by long walks and am now on a diet again, since I managed to gain weight recently. The operation makes a bigger impact on the mind and emotions than one can easily understand, and I have been coping with the experience (which is in some ways a non-experience, since I was anesthetized while my chest was taken apart and rearranged) ever since. I expect I will be dealing with all this for a long time to come. However, I work full time and enjoy it. I think you know that the Winnicott book was published, but still noPortugese translation.

Organizar o livro *Psicanálise no século XVI: As Conferências Brasileiras de Robert Rodman*, organizar Congressos, jornadas, reuniões, é continuar essa caminhada adiante. É sem dúvida alguma uma maneira que nós, do "grupo winnicottiano", nós, brasileiros, temos de expressar nossa gratidão a Robert Rodman.

São Paulo, 28 de fevereiro de 2006

F. Robert Rodman, M. D.: Uma apresentação

Davy Bogomoletz
Julho, 2006

O título deste artigo é o modo como se apresentava esse nosso amigo que há pouco se foi. M. D. significa Medicin Doctor. Apenas isso. É o nome de uma profissão, não um título nobiliárquico da aristocracia acadêmica. Eu o conheci antes de conhecê-lo – como soe acontecer em nosso meio, onde as idéias andam à frente do homem – por suas palavras tão gentis no Prefácio de *O Gesto Espontâneo*, a coletânea de cartas escritas por Winnicott, e pelas palavras de alguém – talvez Jan Abram – sobre uma apresentação emocionante que ele havia feito creio que na *Squiggle Foundation*, em Londres. Quando, para a minha grata surpresa, a Dra. Ivonise me telefonou pedindo sugestões sobre alguém do exterior que pudesse convidar para o Encontro sobre Winnicott que ela pretendia realizar na USP, não tive dúvidas em mencionar Rodman como um ótimo candidato, pelo modo tão emocionado e emocionante com que ele escrevia.

Em sua primeira visita ao Brasil, fui convidado a um jantar com ele e sua esposa na casa da colega Neyza Prochet, e ele me deu o livro *Keeping Hope Alive – on Becoming a Psychotherapist*[1] (Mantendo

---
[1] *Keeping Hope Alive – On Becoming a Psychotherapist* – Perennial Library, Harper & Row, Publishers, N. Y., 1986.

Viva a Esperança – sobre Tornar-se Psicoterapeuta). Infelizmente, não conheci o Dr. Rodman muito bem. Vimo-nos apenas duas vezes, a primeira a que mencionei acima, e a segunda bem depois, na sua última visita, em que, morto de vergonha, não consegui sequer me aproximar para falar com ele. Explicação: Ele havia me dado aquele livro na esperança de que eu o publicasse no Brasil. Na época, eu trabalhava (praticamente sozinho) numa pequena editora, e fiquei entusiasmado com a idéia de lançar no Brasil um livro de tão simpático autor. No entanto, a editora era pequena demais, e não suportaria o investimento (considerável) necessário para a publicação, ainda mais em se tratando de um livro interessantíssimo, mas cujas perspectivas de venda não eram nada brilhantes. No entanto, embora roído insistentemente por fortes remorsos, e talvez justamente por isso, pois os remorsos desembocaram em vergonha explícita, não consegui informar ao Dr. Rodman de minha impossibilidade de cumprir o trato. O livro ficou em minha mente como aquele fragmento de granada que, na guerra, incrusta-se no corpo do soldado num lugar que, ainda que incomode, e muito, não o mata, mas do qual é impossível tirá-lo. Mais um ano se passou e, às vésperas do Yom Kipur, o dia judaico do Perdão, enviei a ele um e-mail no qual eu lhe pedia sinceras e profundas desculpas – não tanto pela não publicação, mas por não o ter informado sobre essa impossibilidade. Ele me perdoou – ao menos por escrito, mas isso não aliviou minha culpa, que até hoje pesa em minha alma como uma dor. (A bem da verdade, esse mesmo problema me aconteceu com dois outros livros, de dois outros autores em relação aos quais senti as mesmas coisas. A vida de editor numa editora pequena não é nada fácil...)

Em seu Prefácio ao livro, diz Robert Coles:

> "Aquela memorável expressão de Yeats – 'arrastando-se em direção a Belém' – aplica-se à formação dos psicoterapeutas, ou ao menos esperamos que se aplique: o humilde e atribulado aspecto da busca que fazemos todos nós quando vamos atrás dos mistérios da mente. Não há pretensão ou auto-endeusamento no Dr. Rodman mesmo ago-

ra, depois que ele já se tornou o psicoterapeuta que queria ser. De fato, cabe suspeitar que mesmo ele ainda tenta entender quando, como e a quem é preciso dizer ou fazer isto ou aquilo".[2]

Esse pequeno trecho ilumina um aspecto fundamental, talvez central, da personalidade desse homem que recebe, postumamente, as homenagens que configuram este livro: Humildade. Quem conheceu Rodman pessoalmente não pode ter deixado de perceber que, acima de tudo, ele foi um homem de quem a arrogância fugiu a toda velocidade. O livro citado acima, uma espécie de "autobiografia profissional", em que ele conta a sua trajetória em direção à profissão de psicanalista, é prova disso. Do princípio ao fim, o grande Dr. F. Robert Rodman fala como alguém que, mesmo tendo aprendido tudo, ainda se considera um aluno em busca do entendimento.

Não tenho muito a dizer sobre Rodman como pessoa, mas creio poder ilustrar algo sobre ele resumindo o relato de um caso clínico que ele narra em três momentos do livro. Como veremos a seguir, é com esse "caso" que ele encerra a sua narrativa, o que permite perceber o quanto esse trabalho foi importante para ele. Depois farei alguns comentários, mas talvez não sejam necessários.

O diagnóstico do paciente em questão é dado no capítulo dedicado aos "Tipos de Pacientes e Novos Métodos". Diz Rodman:

> "Alguns pacientes apresentam rígidas defesas de caráter, nada fáceis de serem percebidas como sintomas, como o são por exemplo as fobias, a ansiedade ou a hipocondria. Tipicamente, trata-se de indivíduos que levam uma vida marcada pela obsessividade, sempre limpos e arrumados, emocionalmente distantes, e muitas vezes muito bem-sucedidos. Suas vidas são vazias de alegria e espontaneidade. Não con-

---

[2] Em geral as citações, no presente volume, estão bem recuadas em relação ao texto. Neste momento, pelo fato de se tratar de uma citação muito longa, o recuo foi diminuído, a fim de não roubar ao livro um espaço excessivo.

seguem aproximar-se dos outros. (...) Esses pacientes não se adequam a tratamentos de curta duração, e podem não responder a tratamentos de duração alguma. Sua indisponibilidade emocional leva-os a se distanciarem inclusive do terapeuta. São capazes de entender muitas coisas intelectualmente, mas não percebem o significado emocional de coisa alguma. (...)".

No capítulo 14, "Início da Terapia", Rodman conta:

"Dennis Carroll, advogado, foi-me encaminhado por causa de seu comportamento fóbico que começou em relação a alturas, passou a incluir facas e tesouras e em seguida quartos com portas fechadas. Sua vida estava se tornando difícil. (...)

Apresentou-se como uma pessoa vestida de modo impecável e, a princípio, arrogante. Não ofereceu espontaneamente quase nenhuma informação, e começou com uma série de perguntas sobre mim e minha formação profissional. (...) Quando começou a falar de si mesmo, a arrogância do Sr. Carroll foi substituída por um evidente medo. Sua voz, constrita, parecia a ponto de rachar. Pelo fato de sua ansiedade o ter quase paralisado, não me pareceu boa idéia pressioná-lo ainda mais. (...)".

No capítulo 17, "A Fase Intermediária", Rodman conta:

"A desconfiança que Dennis Carroll (...) tinha de mim no início do tratamento iria manter-se ao longo de sua longa jornada comigo. (...) Vários anos se passaram nos quais dei o melhor de mim para perceber o sentido do que ele dizia, e fazê-lo recuperar o acesso às suas emoções ajudando-o a ver o que ele de fato sentia. Ele aceitava uma idéia, depois tinha um sonho, e isso provocava em mim certo alívio ao ver quantos elementos diagnósticos havia ali. Eu então lhe dizia o que havia entendido, e ele reagia com grande entusiasmo. (...) Mas assim que começava a se abrir, ele voltava à velha desconfiança: (...) parava, às vezes no meio de uma frase, calava-se, dizia algo trivial, e se fechava novamente. (...)

Quando me procurou, era um homem solitário, advogado de uma grande empresa com um casamento frustrante e três filhos pequenos. Alerta e inteligente, tinha batalhado o seu caminho para fora de uma infância muitíssimo deprimida, para chegar a uma série de boas escolas, e teve por fim a chance de ser contatado para trabalhar numa firma de advogados notável por seus clientes famosos. Obcecado pelos detalhes, era um sujeito ensimesmado, desconfiado de todos. (...)

Eu me sentia desencorajado. Perguntei-me muitas e muitas vezes se o paciente não estaria melhor com outro terapeuta. (...) Eu tinha que arrastar a mim mesmo, respirando fundo antes de cada nova sessão com ele. Para a minha surpresa, revelou-se por fim que meu pessimismo era infundado. Ele havia conseguido tornar a sua vida bem melhor em vários aspectos significativos. Os fortes sentimentos deflagrados em ambos pela decisão de terminar a terapia resultaram num surto de crescimento que prosseguiu depois do término. (...)".

O capítulo 22 do livro, que Rodman chama de "After Termination", e que poderíamos traduzir como "Depois da Alta", narra um encontro que ele e o ex-paciente tiveram um ano e meio depois do término da análise. Diz Rodman:

"Eu estava ali respondendo à sua vontade expressa de ver-me, mas também porque algo em mim tinha vontade de vê-lo. Achei que eu estava simplesmente curioso, que eu queria saber em primeira mão o que acontece depois que o tratamento acaba, mas hoje sei que eu também gostava dele. (...) Ele havia mencionado, ao telefone, certos momentos em que, dirigindo sozinho o seu carro, pensava em mim e em tudo o que recebeu durante o tratamento, e chorava. 'Ainda estou de luto', disse. (...)

'Há tantas coisas que eu queria lhe contar', começou ele. 'Em primeiro lugar, meu relacionamento com a Joan realmente floresceu. (...) Ela está diferente, e temos estado muito mais próximos.' (...) Enquanto ele prosseguia com a lista dos progressos nos meses anteriores, eu me sentia cada vez mais surpreso, e até espantado. (...) O que ele estava me contando pegou-me de surpresa porque eu não tinha em tão alta conta o que havíamos feito juntos. (...) Ele progredia com dolorosa lentidão, até o dia em que o nosso relacionamento mudou. Acontece que ele havia passado os quatro primeiros verões de sua vida numa estância de veraneio em New Hampshire, que minha família também freqüentava. Não lhe restava memória alguma desses verões. Certo dia, quase ao final, ele me contou que andou conversando sobre esses anos com sua mãe, e ela mencionou que o levava muitas vezes a uma determinada sorveteria que havia lá, chamada Hamilton's. Subitamente, eu me percebi visualizando essa loja. (...) A incandescência do momento de rememoração fez com que eu cruzasse a fronteira da auto-exposição e contasse a ele que eu conhecia o lugar. Seus primeiros anos coincidiram precisamente com o período de minha própria memória, e ocorreu-me que, quando crianças, teríamos estado no mesmo lugar praticamente ao mesmo tempo. (...) Nesse momento da conversa, sem que ele tivesse que pedir (...), eu lhe dei espontaneamente algumas informações sobre o mundo de sua primeira infância. Contei-lhe que conheci muito bem a Hamilton's. Descrevi o cartaz azul brilhante que havia em cima do pequeno prédio de estilo colonial, e a mistura de celebração e relaxamento que animava as famílias que ali paravam para um sorvete durante o passeio.

Seu tratamento mudou de tom, enchendo-se de entusiasmo. Ele me fez inúmeras perguntas sobre a sorveteria e o ambiente à sua volta. Seus sonhos tornaram-se mais compreensíveis. Minhas interpretações pareciam inspiradas. A atmosfera das sessões passou a ter um quê de fraternidade, o que combinava melhor com as nossas idades reais, deixando de parecer o relacionamento entre pai e filho, com sua diferença cronológica tipicamente maior. (...) A meu ver, essa mudança derivava de sua convicção recente de estar recebendo de mim o que ele nunca tinha recebido antes, e de estar finalmente podendo confiar em mim. (...) Ao recordar algo bom sobre a sua infância, eu havia ajudado a desfazer o tom predominante de depressão e perda que ele havia carregado consigo durante toda a vida. Uma importante revisão de suas origens derivou de uma memória simbólica de caráter positivo. Ele me ouvia boquiaberto. (...)".

E ao final do livro há um pequeno Epílogo:

"(...) Tudo isso vem apenas para sublinhar o que todos já sabem de qualquer maneira: o fato de que as regras da psicanálise têm seus limites na situação vivida, como os têm todos os demais esquemas psicoterapêuticos. Isso, porém, em nada desvaloriza essas regras. Ao contrário, garante o mais reverente respeito por um corpo de pensamentos que, justamente por sua severidade, pode suscitar as mais profundas intuições do impulso de ajudar, que, com sorte, conseguirá transformar um conflito insolúvel no começo de uma vida mais fácil de ser vivida".

Assim termina o livro *Keeping Hope Alive*. Com um hino à seriedade, à humildade, e ao mesmo tempo ao que há de humano – aqui no sentido de oposto a "técnico" – no ofício do psicoterapeuta. Propositalmente, assim creio, Rodman quase não emprega os termos "analista" ou "psicanalista". Prefere quase sempre "psicoterapeuta". Certamente, não por desconhecer a eterna e vergonhosa briga dos "ortodoxos" (aqueles que, como diz o sentido grego da palavra, possuem a "opinião correta"...) contra "o que não é psicanálise". Talvez justamente por conhecê-la, deplorá-la, e procurar evitá-la. Talvez por perceber nela o avesso de tudo o que, apesar de sua formação estrita e inteiramente "correta", aprendeu ao longo de seus anos de trabalho.

O "caso Dennis Carroll", como deve ter ficado claro, com o qual ele encerra essa sua "autobiografia profissional", é ao mesmo tempo um libelo contra a promiscuidade dos que nada sabem, e por isso acham que tudo dará certo, e contra a mesquinhez dos que julgam tudo saber, e por isso não têm tempo para aprender nada sobre o ser humano que está diante deles. A psicanálise não é uma "técnica", denuncia Rodman, sem nunca elevar o tom de voz. Ela usa uma técnica, mas não é uma técnica. É muito mais que isso.

Emílio Rodrigué, que foi Presidente da Associação Psicanalítica Argentina, o que não é pouca coisa, e posteriormente refugiou-se no Brasil, na época da ditadura na Argentina, contou em seu livro *O Paciente das 50.000 Horas* que certo paciente, no dia da alta depois de um tratamento de uns dez anos, disse-lhe: "Sabe, Doutor, nos primeiros anos eu achei que isto aqui não ia dar em nada. Mas um dia o senhor me pediu um cigarro, e depois disso comecei a melhorar".

Se um homem como Rodrigué conta essa história, é porque todos aqueles que acreditam rigidamente no aspecto "científico" da psicanálise estão doentes, e não o sabem. Obviamente, a psicanálise é científica, pois ninguém que a exerce tem o direito de fazer algo simplesmente porque quer. No entanto, a robotização do psicanalista – e sabemos muito bem que isso existe, quando o "cientificismo" (ideologia) usurpa o lugar do que seria apenas "científico" (o avesso – possível – da ideologia) – faz um mal horrível a essa sutil, hiper-delicada, "impossível", como dizia Freud, profissão. Numa bela resenha à sua "Biografia" de Winnicott, Martha Nussbaum enfatiza mais de uma vez que Rodman ao mesmo tempo adorava o seu biografado, e mantinha em relação a ele uma liberdade que não o impedia de lhe fazer críticas, mesmo duras. Esse tipo de percepção, ao mesmo tempo uma coisa e seu contrário, é um ótimo exemplo do que Winnicott chamava de "paradoxo". Significa que Rodman não iria deixar-se domar pelo mestre – a quem venerava. Significa que Rodman não se submetia. Significa, portanto, que Rodman fez de sua vida aquilo que Winnicott mais apreciava: viver a liberdade de ser si mesmo. Ao mesmo tempo ser capaz do mais profundo respeito e do mais agudo senso crítico.

Conheci Rodman muito pouco, infelizmente. Que pena.

(A tradução completa desse caso clínico encontra-se no site www.dwwinnicott.com, na seção "Artigos".)

Davy Bogomoletz
Psicanalista formado pelo Círculo Psicanalítico
do Rio de Janeiro,
Mestre em Língua e Literatura Judaica pela USP,
com dissertação sobre Winnicott e o Movimento Hassídico,
Tradutor de obras de e sobre Winnicott

As Conferências Brasileiras de Robert Rodman

"UMA HISTÓRIA SEM FIM"

Ivonise Fernandes da Motta

Era uma manhã de domingo. O início da organização de um congresso na Universidade. Outros haviam ocorrido anteriormente: "O Verdadeiro e o Falso: D. W. Winnicott e a Tradição Independente" (1995). "A Clínica e a Pesquisa no Final do Século: Winnicott e a Universidade. Comemoração do Centenário de Nascimento de D. W. Winnicott na Universidade de São Paulo" (1996). Era o início do ano de 1997. Um telefonema para Davy Bogomoletz, colega presente nesses e em outros congressos que poderíamos chamar "encontros do Grupo Winnicottiano" sobre um nome para convidar. Uma sugestão: Robert Rodman, dizia Davy. "Rodman seria alguém bem adequado, bastante pertinente à época atual. Sua apresentação na comemoração pelo centenário de nascimento de Winnicott, em Londres, emocionou, muitos choraram." E dizia Davy: o prefácio de *O Gesto Espontâneo* contém palavras, trechos, de extrema sensibilidade. Aquele livro, as cartas escritas por D. W. Winnicott... Esse foi o início de uma correspondência entre Dr. Robert e mim.

Correspondemo-nos de 1997 até os meses iniciais de 2004: "Maybe" foi a primeira resposta a um convite para vir ao Brasil.

Três congressos contaram com a presença do Dr. Robert Rodman: o primeiro "Um dia na Universidade – dialogando com Winnicott, Klein e Lacan sobre a criança e o adolescente", em 1997; dois anos depois, "O viver criativo com o olhar de D. W. Winnicott"; e, em 2002, "A Psicanálise no Século XXI – Um momento de reflexão". E nesses sete, oito anos de correspondência e contatos esporádicos nos congressos, ficou a impressão de que várias décadas se passaram, assemelhando-se à passagem de várias vidas...

Trajetória que gradativamente foi sendo construída a partir do primeiro fax, o primeiro encontro com o Dr. Robert Rodman (1997), eminente psicanalista de Los Angeles, patrono da *Squiggle Foundation* (um dentre seus vários títulos), até a constituição do apenas e tão-somente "Bob" (1999). E mais tarde, em nosso último encontro, Robert Rodman (2002). Uma trajetória, portanto, que teve um início, um meio e um fim.

As circunstâncias, nesses anos, agora tenho consciência, facilitaram esse processo. Vários acontecimentos em minha vida pessoal levaram-me a pedir sugestões, a manter essa correspondência que gradativamente adquiriu tons diferentes conforme a época vivida. Por períodos, seria semelhante a um trabalho analítico, e por isso mesmo o Bob foi sendo constituído, o "Bob" significando, na terminologia winnicottiana, o que costumamos denominar objeto subjetivo.

Os inúmeros faxes trocados entre os anos de 1997 e 1999, o segundo congresso do qual o Dr. Robert Rodman fez parte, envolvem vários momentos, várias épocas de "desencontro" ao lado daquelas de "encontro". Por vezes, o Bob parecia não entender o que eu tentava comunicar. Isso era motivo de grande angústia e despertava muitas inquietações. Mas a correspondência continuava, e eu diria que ao longo desses anos o Bob se tornou objeto subjetivo que gradualmente passou da categoria de um objeto com o qual se poderia ter relações para um objeto que poderia ser usado.

Winnicott, ao apresentar em 1968 o artigo "O uso de um objeto e o relacionamento através de identificações", despertou muitas controvérsias. As idéias apresentadas nesse trabalho eram por demais pioneiras, traziam inovações tanto teóricas quanto práticas que eram difíceis de serem compreendidas. E penso que esse foi um passo significativo na trajetória de "Bob": O uso do objeto, ou seja, a possibilidade de usar o Bob para discriminar o que fazia parte da realidade subjetiva e o que fazia parte da realidade objetivamente percebida. Rodman, eu sei agora, conhecia muitos aspectos da história de vários e diferentes grupos psicanalíticos, que eu desconhecia totalmente. E talvez por isso mesmo tenha havido possibilidade dessas várias e sucessivas passagens: objeto subjetivo, relação de objeto, uso de objeto, objeto e fenômenos transicionais, objeto objetivamente percebido. A seqüência estabelecida por Winnicott das várias etapas imprescindíveis à boa constituição e desenvolvimento psíquico.

Os inúmeros faxes trocados durante esse tempo poderiam constituir um livro: o relato de uma análise talvez semelhante a vários outros livros escritos por psicanalistas e terapeutas. Tal como se diz sobre o objeto transicional, essa foi uma correspondência que cumpriu plenamente sua função e especificidades daquela época, daqueles anos passados, e que, portanto, tal como o objeto transicional, deixou de ter sua função ou utilidade. Diferentemente, porém, do objeto transicional, com certeza não será esquecida. O Bob que esteve comigo durante todos esses anos (1997-2004) pôde compartilhar de acontecimentos das mais diferentes naturezas, dos mais variados tons e matizes (objeto subjetivo até objeto objetivamente percebido).

Esse "convívio" ao longo desses anos com o Bob assemelha-se a um livro, que também é um filme, chamado *História sem fim*. E para comunicar, para ilustrar o que foi vivido nessa longa correspondência entre mim e o Bob, passarei a narrar em síntese a trama dessa "história sem fim". Trama que focaliza vários aspectos, tanto da teoria desenvolvida por Winnicott, quanto das inquietações e questões que não somente o que poderíamos denominar "grupo winnicottiano" tem nos dias atuais, mas também vários outros grupos e estudiosos da natureza humana.

Trata-se da preocupação com a importância da preservação dos valores humanos em contraposição à preponderância de vários aspectos imperativos decorrentes do mundo tecnológico: avanços e mudanças vertiginosamente rápidas, o mundo digital etc. A trama do livro aborda a questão da preservação do mundo da "fantasia" ou, poderíamos dizer, a importância da imaginação.

Um dos aspectos mais inovadores em Winnicott é a importância da criatividade primária. Faceta constitutiva básica do psiquismo, estaria presente desde o início, quando nascemos, ou melhor, mesmo antes de nosso nascimento: a tendência humana em buscar o encontro com o outro, com o que é necessário, com o que é vital ao seu desenvolvimento e constituição. Nesse início, mesmo sem ter conhecimento ou consciência, esse outro é a mãe ou alguém que cumpra a função materna. Se esse outro é encontrado de maneira suficientemente boa, teríamos a vivência da ilusão. Ilusão de uma fusão, uma "simbiose" tão bem estabelecida que o bebê sente que criou o mundo. O bebê é um deus. E, como um deus, ele pode fazer várias criações segundo suas necessidades... Esse é o tecido básico sobre o qual tantas outras construções ou possibilidades poderão se constituir.

Assim, desde que exista a ilusão e que esta esteja bem ancorada no psiquismo do bebê, o longo caminho, entremeado por vários e diferentes passos até o estabelecimento do objeto objetivamente percebido, tem boas possibilidades de sucesso. Ou, dizendo de outra maneira, a passagem do princípio do prazer para o princípio da realidade poderia ser construída sem maiores evidências de "traumatismos", mas sim seria uma aquisição natural e até desejada, pois traria novas conquistas ao mundo infantil. O olhar, portanto, não seria semelhante ao descrito por Freud ou Klein, uma visão com características de submissão ou de perda. Seria um olhar com características de autonomia e ganhos. O crescimento ou o desenvolvimento, nessa perspectiva, não deveria conter necessariamente matizes de sofrimento mas sim de conquistas, possibilidades que poderiam ou não ser atingidas conforme as condições ambientais, facilitadoras e favoráveis, ou desfavoráveis. Mas, usando as palavras do próprio Winnicott, seríamos pobres se fôssemos apenas saudáveis. E nessa assertiva está incluída a importância dada por esse autor à imaginação, a importância dada à possibilidade de criação, de um viver próprio em tons e matizes característicos de cada ser em especial. O que dá sentido e valor ao viver, um valor à vida que exclui perguntas tais como: Vale a pena viver? Qual o sentido de levantar todos os dias? Ou, utilizando mais uma vez as próprias palavras do autor: "Qual o sentido da vida?" *História Sem Fim* relata essa trajetória, a da importância da continuidade do mundo da fantasia. Bastian, um garoto de aproximadamente dez anos, enfrenta dificuldades na escola: problemas típicos dessa fase com colegas (rivalidades, competições,...). O garoto passa por um período de elaboração de luto pela perda da mãe que havia morrido. O pai, pessoa mais racional, faz cobranças a Bastian quanto a notas e desempenho escolar. Não tem a percepção das angústias, conflitos e sofrimento pelos quais o menino está passando. A leitura do livro *História Sem Fim* seria para Bastian uma maneira de estar em contato com várias de suas angústias e questões primordiais, dentre elas a de preservar o contato consigo próprio, o contato com seu mundo de fantasias. Em outras palavras, não perder o contato com seu mundo interno, das fantasias, da imaginação.

Era uma vez um garoto chamado Bastian, que encontra por acaso um livro muito especial, um livro de aventura com muitos perigos. Ele o começa a ler. O livro fala do perigo de o Nada estar destruindo o Tudo.

A solução possível era pedir ajuda para a Rainha do Mundo da Fantasia. Só a Rainha poderia ajudar. O povo dirige-se então para o centro de Fantasia, a Torre de Marfim.

Lá havia muita luz, e o povo acreditava que lá poderia existir a esperança de que o Mundo não seria destruído.

Mas a Rainha da Fantasia era portadora de uma doença fatal que se relacionava justamente ao Nada. E os mensageiros disseram: "A Rainha da Fantasia está morrendo. Ela não poderá salvar sua gente. Só há uma chance. Há um guerreiro no reino que tem capacidade para enfrentar o Nada, e o seu nome é Artreiro".

Procuraram por Artreiro em toda a Terra e o levaram à Torre de Marfim, centro do mundo da Fantasia, onde estava a Rainha. Artreiro trazia as esperanças de todo o mundo quando chegou à Torre de Marfim. O conselheiro do reino, quando o viu, desqualificou-o dizendo: "Quem é você? Aqui não é lugar para criança. Você é só uma criança, você não é um guerreiro".

"Eu sou Artreiro, disse ele, e falaram comigo para vir aqui. Eu sou um guerreiro."

O conselheiro se surpreende, e, ainda atônito, lhe diz: "Você se disporia a realizar uma busca? Você se disporia a achar a cura para a Rainha e salvar nosso mundo? Você deve ir sozinho, esse é um caminho no qual ninguém poderá acompanhá-lo. Você terá que usar suas próprias capacidades, terá que deixar suas armas aqui e vai ser muito perigoso, Artreiro, você terá que enfrentar muitos perigos".

Artreiro pergunta: "Eu tenho chance?" "Eu não sei, Artreiro, mas sabemos que você é o único que poderá realizar essa busca e, se você falhar, a Rainha morrerá e o mundo da Fantasia será destruído."

Artreiro aceita partir. O conselheiro lhe dá um colar, Aurim. "O Aurim fala pela Rainha", disse o conselheiro, "ele vai guiá-lo e protegê-lo".

Artreiro parte em busca da cura da Rainha. Caminha pelas montanhas prateadas, vai ao deserto das esperanças perdidas e à torre de cristal sem nada encontrar.

Vai então ao Pântano da Tristeza. O Aurim lhe diz: "Cuidado, Artreiro, o Pântano da Tristeza é um lugar perigoso, você deve sair logo daqui, senão você vai morrer". Artreiro luta com todas as suas forças e rapidamente sai do Pântano da Tristeza.

Artreiro recebe mais uma instrução do Aurim: ele deve dirigir-se ao Oráculo do Sul. Enquanto isso, Bastian, que lê a história, ouve um barulho como se estivesse com Artreiro no mundo da Fantasia. "Não, não, diz Bastian, isso é impossível, não posso estar lá e ele não pode estar aqui." Bastian continua lendo.

Artreiro fica sabendo que o Oráculo do Sul está a quinze mil quilômetros de onde ele está e quase desiste de sua busca, mas o Aurim novamente o aconselha. "Não desista, Artreiro, não desista agora." Artreiro continua e, quase sem forças, cai, e é salvo pelo Dragão da Sorte.

Permanece inconsciente por vários dias e noites, e o Dragão da Sorte cuida dele. Quando acorda, está limpo e seus ferimentos haviam sido tratados.

Conversam Artreiro e o Dragão da Sorte. Artreiro diz ter de chegar ao Oráculo do Sul, mas ainda está muito longe. Está a quinze mil quilômetros. "Você tem certeza?" "Como assim", pergunta Artreiro? O Dragão da Sorte, Falcon, responde: "Já andamos 13256 quilômetros, Artreiro. "Como chegamos aqui?" Falcon responde: "Com sorte, Artreiro, com sorte tudo se resolve. Artreiro, jamais desista e a sorte irá ao seu encontro". "É bom ter um amigo", diz Artreiro. "Você tem mais de um amigo, Artreiro, você tem muitos amigos. Veja:" E Artreiro encontra um casal de feiticeiros. Eles pesquisam algo do interesse da comunidade científica. O homem lhe diz: "Eu sou entendido no que se refere à comunidade científica do Sul", e a mulher lhe dá uma poção mágica para tomar.

Eles dizem que há dois portais pelos quais Artreiro deve passar para chegar ao Oráculo do Sul.

O primeiro, explicam, a maioria dos homens não consegue alcançar. "Para você conseguir atravessá-lo, você tem que confiar no seu próprio valor. Se você não mostrar confiança em si mesmo a esfinge abre os olhos e você é destruído. Armaduras bonitas não resolvem. As esfinges vêem o que há no coração."

Artreiro, confiante em seu valor, diz que irá tentar. Vai caminhando devagar. Ouve uma voz que vem do seu interior: "Não duvide de si mesmo, não duvide de si mesmo". Caminha mais, decidido, e consegue atravessar o primeiro portal.

"Agora, Artreiro, você tem que passar pelo segundo portal. Esse é mais difícil que o primeiro. É o portal do Espelho Mágico. Você vai agora viver a prova mais difícil de sua vida, Artreiro. Você vai enfrentar seu próprio íntimo. É a pior prova que pode existir."

"Artreiro, as esfinges verão seu íntimo de verdade. Lembre-se, Artreiro, que quem parece ser bondoso pode se mostrar cruel. Quem parece ser um bravo e corajoso homem pode se mostrar covarde. Quem parece ser generoso, pode se mostrar mesquinho. Quem parece ser rico de coração, pode se mostrar extremamente pobre. A maioria das pessoas foge frente à prova de ver o seu verdadeiro Eu."

Artreiro caminha, há neve, mas ele prossegue.

Nisso Bastian ouve outro barulho, como vindo do Mundo da Fantasia. E diz: "Isto já é demais. Será que eles em Fantasia sabem que eu existo? Será que eles sabem que eu existo? Não, não, isso não é possível. Será que em Fantasia eles sabem de mim?"

Artreiro prossegue e uma voz que vem de seu coração lhe diz: "Não há medo no amor, Artreiro. O medo existe quando há falta de amor". Artreiro então, mais confiante, segue em frente e consegue atravessar o segundo portal, o portal do Espelho Mágico.

Chega então ao Oráculo do Sul. Lá dizem a Artreiro para não ter medo, pois já o estão esperando há muito tempo. "O que vai salvar Fantasia?", pergunta Artreiro ao Oráculo do Sul. A Rainha precisa de um nome, responde o Oráculo. "Só isso? diz Artreiro. Parece tão fácil." "Não é tão fácil, Artreiro. Só uma criança humana de verdade poderá dar um nome à Rainha. E terá que ser uma pessoa que está além das fronteiras da Fantasia. Vá depressa, Artreiro, senão o Nada destruirá a Fantasia."

Falcon, o Dragão da Sorte, ajuda Artreiro. "Como vamos achar uma criança humana?", pergunta Artreiro. "Com sorte, responde Falcon. Com sorte." Voam até o Mar das Possibilidades. Mas de lá não podem passar. Lá Artreiro encontra o mensageiro do Nada. E Artreiro tem que enfrentar o Nada.

"Tenho que ir além do Mundo das Possibilidades, tenho que ultrapassar a fronteira da Fantasia. Como vou sair do Mundo da Fantasia?" "Fantasia não tem fronteiras," responde o Nada. "Cada pedaço, cada ser, é uma parte dos sonhos e das esperanças da humanidade, sendo assim ela não tem fronteiras." "Por que isso acontece?", pergunta Artreiro. "Porque as pessoas perderam suas esperanças e seus sonhos e o Nada fica mais forte quando isso acontece."

"O que é o Nada?", pergunta Artreiro. "É o vazio que resta no coração dessas pessoas, é o desespero. As pessoas que não têm esperança são fáceis de serem controladas e quem tem o controle, tem o poder." "Quem é você?", pergunta Artreiro. "Eu sou o Fiel Escravo do Poder que está atrás do Nada. Tenho que matar você, Artreiro, porque você é a única pessoa que pode deter o Nada."

"Você sabe quem eu sou?" "Quem é você?", perguntou o mensageiro do Nada. "Eu sou Artreiro, eu sou um guerreiro. E se vou morrer, vou morrer lutando. Venha me pegar." Briga ferozmente e finalmente, depois de muita luta, Artreiro mata o Nada.

Falcon vem ajudá-lo e Aurim os guia para a Torre de Marfim, para que Artreiro se encontre com a Rainha. Artreiro fica feliz ao ver que a Torre de Marfim ainda está lá, como era antes, pois boa parte da Terra havia sido destruída por ação do Nada.

Artreiro encontra a Rainha. A Rainha lhe diz: "Artreiro, você está tão triste, por quê?" "Eu falhei, Rainha." "Não, não falhou", disse a Rainha. "Você o trouxe com você. A criança humana, aquela que poderá nos salvar." "Você sabia da sua existência, disse Artreiro à Rainha. Rainha, eu quase afundei no Pântano da Tristeza, enfrentei as esfinges, o Mundo das Possibilidades, lutei contra o Nada e para quê? Para lhe dizer o que você já sabe, Rainha?"

"Essa era a única maneira de ter contato com uma criança humana de verdade." "Eu não entrei em contato com nenhuma criança", disse Artreiro. "O menino veio com você, disse a Rainha. Ele viveu junto com você cada etapa de sua caminhada. Ele está muito perto, está ouvindo cada palavra que dizemos."

Bastian se assusta. Artreiro pergunta: "Onde ele está?" É por não ter percebido que já faz parte da História Sem Fim. Outros participaram da história dele. "Mas isso é impossível", diz Bastian. "Ele está agora lendo sua própria história, diz a Rainha. E se ele não vier, nosso mundo terá fim, vai desaparecer."

"Ele é o único que pode salvar o Mundo da Fantasia, mas não imagina que um menino possa ser tão importante. Ele tem que dar um nome, ele tem que dizer um nome. Ele precisa pronunciá-lo." Bastian diz: "Mas é uma história, não é real". E então a Rainha diz, falando diretamente para Bastian: "Faça o que você sonhou". Bastian: "Preciso manter os pés no chão". "Diga um nome, um nome, diz a Rainha, salve o Mundo da Fantasia." Bastian diz, já aceitando a nova situação: "Eu vou fazer o que sonhei", e diz o nome que aparece para ele como por magia: "Winnicott".[1] Bastian e a Rainha se encontram. "Por que Winnicott?", pergunta Bastian. "Winnicott significa: *Win* – vencer; *in* – em; *cot* – berço. Isto significa, Bastian, que uma criança que é cuidada no berço, que uma criança que é cuidada quando nasce, é uma criança nascida para vencer. É uma criança Nascida para Ser. Só uma criança verdadeiramente Nascida Para Ser poderia salvar o mundo da Fantasia."

Nesse momento estava escuro. E só havia sobrado do Mundo da Fantasia um grão de areia. "Isto é tudo o que eu tenho do meu Império", diz a Rainha. "Fantasia desapareceu totalmente." "Mas

---

[1] O nome dito, o nome escolhido, é o nome de sua mãe. Nome que presentifica a elaboração de luto que o menino vivenciava. Mas também, ao estabelecer as ligações da "História Sem Fim" com a obra de D. W. Winnicott, o nome dado poderia ser Winnicott.

então foi tudo em vão", diz Bastian. "Não, respondeu a Rainha, porque o Mundo da Fantasia renascerá, o Mundo da Fantasia renascerá de um grão de areia. Fantasia nascerá de seus sonhos e de seus desejos." "Como?" "Abra sua mão", disse a Rainha, e colocou na mão de Bastian o grão de areia. "O que você vai pedir?", disse a Rainha. "Não sei." "Então Fantasia não vai renascer." "Quantos pedidos posso fazer?" "Quantos quiser, Bastian. E quantos mais pedidos você fizer mais grandiosa Fantasia se tornará."

O que se sabe é que Bastian fez muitos pedidos, tornando o Mundo da Fantasia extremamente grandioso, até voltar ao Mundo dos Mortais, e até hoje ele escreve infinitas páginas do livro chamado "História Sem Fim".

A história, em sua narrativa, ilustra de maneira pertinente vários aspectos centrais da teoria de Winnicott: o enfrentamento do Nada (ausência do contato psíquico ou afastamento do objeto subjetivo); o enfrentamento do pântano da tristeza (ausências da mãe, distância afetiva com o pai), o Dragão da Sorte (criatividade primária, o encontro com condições necessárias à sobrevivência, o encontro com as vivências mais primitivas de onipotência, de ilusão, proporcionadas pela mãe). Os portais, passagens para o Oráculo do Sul, ilustram decorrências dos estágios iniciais fundantes do psiquismo, a época de fusão e vivências de onipotência com a figura materna e os seus resultados: confiança nos próprios recursos internos e possibilidade de contato com a realidade psíquica interna, tanto em seus aspectos positivos quanto negativos.

Os assim chamados fenômenos transicionais descritos por Winnicott, considerados por especialistas da área como uma das maiores contribuições desse autor, constituem o aspecto que permeia toda a trama da história na qual por vezes o garoto se surpreende ao ser parte da história, ao ser parte da trama do livro que ele está lendo. O livro faz parte inexoravelmente da realidade externa, mas também faz parte intrinsecamente da realidade interna.

Ao final da história, quando de um grão de areia existe a possibilidade de recriação do mundo de fantasia, mais uma vez o acento cairia na importância da criatividade primária, e na importância das primeiras experiências com a figura materna para a existência da possibilidade de reconstrução ou, utilizando um termo psicanalítico, da possibilidade de reparação.

A chave do enigma, que seria o batismo de um nome humano, também é um belo aspecto da trama, pois ressalta mais uma vez tanto a importância da criatividade primária, quanto a importância das experiências reais com outro ser humano na constituição do que denominamos *self*. São vários os passos imprescindíveis à sua constituição: holding, personalização, apresentação do mundo em pequenas doses.

A indignação de Artreiro ao saber que a Rainha de Fantasia conhecia todos os acontecimentos e perigos que o tinham rodeado presentificam mais uma vez uma das facetas sublinhadas pela história: a importância da experiência compartilhada com outro ser. Artreiro se fez acompanhar por Bastian. E Bastian – o menino leitor – pouco a pouco foi fazendo parte de cada passagem da história. A história, sua trama, passaram a pertencer também a Bastian: o resultado das vivências que podemos compartilhar com outros seres e que por isso mesmo acabam por se tornar parte de nós mesmos, de nosso mundo interno pessoal.

Ao final do livro, um dos desejos de Artreiro, um dos desejos de Bastian, e que tanto poderiam ser desejos de um ou do outro, é o de voar bem alto com o Dragão da Sorte. E Bastian faz várias viagens, enfrentando antigos inimigos, colegas rivais e situações que tinham sido aterradoras no passado. E pelo teor da trama fica explicado por que o nome da história é "História Sem Fim". O mundo da fantasia pode continuar a existir...

A meu ver, uma das melhores maneiras que temos para expressar gratidão é fazermos bom uso do que recebemos. Expressar gratidão aos nossos pais é poder retribuir para eles o que nos deram, com a constatação de que pudemos utilizar as condições favoráveis e mesmo as desfavoráveis para que pudéssemos ir além: Além do que eles próprios (nossos pais) foram, ou das realizações que eles próprios alcançaram.

A confirmação de que fomos além do que nossos próprios pais conseguiram proporcionaria valor a eles próprios, proporcionaria valor a nossas vidas. Da mesma maneira que, ao darmos boas condições de desenvolvimento para nossos filhos, e a possibilidade do bom uso das mesmas, confirmaria mais uma vez que nossas vidas adquiriram um sentido maior, adquiriram um valor maior. Esse é o significado das passagens das gerações quanto à possibilidade de melhora, quanto à possibilidade de enriquecimento: se nossos filhos foram além do que nós fomos, então muito do que trabalhamos, muito dos nossos próprios esforços valeram a pena.

O longo caminho percorrido entre mim e Bob foi utilizado nessa direção. A direção de atingir maior conhecimento de tantas questões humanas difíceis e compartilhadas durante todo esse período.

A realização, a organização de um livro *Psicanálise no século XXI: As Conferências Brasileiras de Robert Rodman*, expressa essa trajetória que tentamos trilhar desde o início, sempre nessa direção: a da ampliação e enriquecimento de experiências... E temos agora a certeza de que o conseguimos.

A minha história com o Dr. Robert Rodman, perpassando o "Bob" com características e tons tão pessoais, e com Robert Rodman, M. D., um outro ser humano com características menos subjetivas e mais reais, teve fim. Todos somos mortais. Mas o que foi construído nessa história de sete, oito anos, e que certamente poderá ser cada vez mais aproveitado por todos nós, é sem dúvida alguma uma história sem fim. Uma história sem fim porque essa é a nossa dívida, ao nos apropriarmos da história de um outro ser, ao fazermos parte dos caminhos de um outro ser, a tentativa de utilizarmos essas vivências para nos tornarmos melhores como seres humanos, como estudiosos da natureza humana.

Através deste artigo, do capítulo deste livro, ao me despedir do Dr. Robert Rodman, ao me despedir de Bob, fica a certeza de que assim o conseguimos. A certeza de que nos tornamos "melhores" ao final dessa caminhada. Fica marcada a expressão de gratidão a Robert Rodman, e conseqüentemente fica marcada a expressão de gratidão a nossos pais de origem e a tantos outros por filiação simbólica. E, de maneira especial, fica marcada a expressão de gratidão à Universidade de São Paulo, lugar de tantos congressos e acontecimentos, com nossos mestres, professores, supervisores, também nossos companheiros nessa longa caminhada... E mais uma vez com a certeza confirmada de termos quitado nossas dívidas, uma simples expressão de gratidão. E com a certeza confirmada mais uma vez de que essa é uma história que não pode ter fim, de que essa é uma história que não tem fim...

> De uma América a outra eu consigo passar num segundo
> Giro um simples compasso e num círculo eu faço o mundo
> Um menino caminha e caminhando chega num muro
> E ali logo em frente a esperar pela gente o futuro está
> Numa folha qualquer eu desenho um sol amarelo
> que descolorirá
> E com cinco ou seis retas é fácil fazer um castelo
> que descolorirá
> Giro um simples compasso e num círculo eu faço o mundo
> que descolorirá
>
> *(Toquinho/ Vinícius de Moraes/ G. Morra/ M. Fabrizio)*

Referências Bibliográficas

ABRAM, J. *A linguagem de Winnicott*. Trad. M. Silva. Rio de Janeiro, Revinter, 2000.

BOLLAS, C. *Forças do Destino*. Trad. R. B. Bergallo. Rio de Janeiro, Imago, 1992.

CATAFESTA, I. F. M. (org.). *D. W. Winnicott na Universidade de São Paulo – O Verdadeiro e o Falso*. São Paulo, Instituto de Psicologia da USP, 1996.

_____. *A Clínica e a Pesquisa no Final do Século: Winnicott e a Universidade*. São Paulo, Instituto de Psicologia da USP, 1997.

_____. *Um Dia na Universidade – Dialogando com Winnicott, Klein e Lacan sobre a Criança e o Adolescente*. São Bernardo do Campo, UMESP, 1999.

PHILLIPS, A. *Winnicott's*. London,: Fontana Press, 1998.

WINNICOTT, D. W. *O Brincar e a Realidade*. Trad. J. Aguiar Abreu e V. Nobre. Rio de Janeiro, Imago, 1975.

_____ *Natureza Humana*. Trad. D. Bogomoletz. Rio de Janeiro, Imago, 1990.

ENDE, Michael. *História Sem Fim*. Trad. Mª do Carmo Cary. São Paulo, Martins Fontes, 2005.

Reflexões sobre o holding na clínica winnicottiana

*Clarissa Medeiros**
*Tânia Maria José Aiello-Vaisberg***

Muitos daqueles que tiveram oportunidade de escutar Robert Rodman, durante visita que realizou a São Paulo, a convite da professora Ivonise Fernandes da Motta,[1] não puderam deixar de ficar vivamente marcados pelo espanto com que ele escutava os casos que os brasileiros lhe apresentavam à supervisão clínica. Permanecia com semblante muito sério, às vezes silencioso, outras vezes perguntando sobre inúmeros aspectos do mundo daquela pessoa. O que deixava um psicanalista tão experiente com os olhos arregalados eram as condições de miséria, pobreza e violência que aqui eram enfrentados em

---

* Mestre em Psicologia Clínica pelo IPUSP – Instituto de Psicologia da Universidade de São Paulo e doutoranda do Programa de Psicologia Clínica do IPUSP, sob orientação de Tânia Maria José Aiello Vaisberg.
** Livre Docente pelo IPUSP – Instituto de Psicologia da Universidade de São Paulo, Coordenadora da Ser e Fazer, Presidente da NEW – Núcleo de Estudos Winnicottianos de São Paulo. Orientadora dos Programas de Pós Graduação em Psicologia Clínica do Instituto de Psicologia da USP e da Pontifícia Universidade Católica de Campinas.
[1] A Profa. Dra. Ivonise Fernandes da Motta organizou em 1999 um encontro voltado para o viver criativo na visão de Winnicott, durante o qual pudemos assistir a conferências de Robert Rodman e outros psicanalistas da América Latina.

atendimentos clínicos institucionais. Nossos pacientes traziam para o encontro clínico queixas que eram acompanhadas de experiências de abuso sexual, espancamento, fome, desamparo, falta de moradia.

Ao contrário do que ouvíamos com freqüência naquela época, Rodman não nos ensinou sobre os limites da psicanálise, mas sobre seu papel fundamental no que diz respeito ao cuidado com as condições concretas de existência daqueles que nos pediam ajuda.

Sensível ao sofrimento concreto daquelas pessoas, falou-nos sobre uma psicanálise repleta de possibilidades quando legitima sua própria utilidade para a transformação da experiência humana no contexto em que esta se dá, atentando para que condições sociais e políticas adversas não impeçam ou tornem secundário o cuidado analítico. Rodman não acreditava numa psicanálise restrita ao enquadre padrão de consultórios particulares e, dessa forma, espantava-se com condições pavorosas de existência, com as quais ele próprio não tivera ocasião de lidar em seus trabalhos clínicos, sem no entanto paralisar-se diante de tal situação desconhecida e conferindo à psicanálise uma flexibilidade e alcance únicos.

Em uma supervisão, foi-lhe apresentado o caso de uma garotinha que vivia episódios graves de violência doméstica. Essa menina, além das surras diárias, era amarrada a um móvel quando deixada sozinha em casa. Rodman ouviu atentamente o relato da terapeuta para surpreender-nos com uma colocação inédita: a terapeuta precisava ensinar a menina a desatar nós, não apenas aqueles do inconsciente, mas as amarras concretas daquela corda que a impediam de fugir e procurar ajuda.

Essa visão da psicanálise e do papel do terapeuta parece-nos rigorosamente ética e coerente com o que encontramos na clínica contemporânea. Para além de interpretar, é necessário intervir.

Temos nos interessado, há muitos anos, pela clínica winnicottiana voltada ao cuidado do sofrimento psicótico.[2] A experiência clínica acumulada nos convence no sentido de considerar que interpretações, que sempre trazem em seu bojo, de modo mais ou menos implícito, explicações que visam aumentar o conhecimento de si (Aiello-Vaisberg, 2004), mostravam-se pouco úteis no atendimento desses pacientes. Temos percebido que contribuem pouco no processo de superação das dissociações, que é a via pela qual é possível uma aproximação do sentir-se vivo e real, numa posição existencial autêntica e integrada.

Assim, foi possível realizar, a partir do uso dos conceitos winnicottianos de *holding* e manejo de *setting,* uma pesquisa clínica buscando compreender as facetas de uma maneira diferenciada de fazer psicanálise (Medeiros, 2003).[3] Essa prática demandou, algumas vezes, alimentar um paciente, ensiná-lo a andar de bicicleta, estar com ele para que conseguisse adormecer, expor sentimentos contratransferenciais com firmeza, decorar com uma criança sua árvore de Natal...

Nesse percurso, foram encontradas modalidades de intervenção que, num esforço discriminativo, puderam ser denominadas como suportar, nomear, conviver e agir. A perspectiva adotada tinha como objetivo sugerir ênfases diversas na abordagem teórico-clínica do cuidado com a continuidade de ser do paciente. Intervenção aqui contrapõe-se ao que compreendemos como interpretações de cunho pedagógico, que freqüentemente aumentam o conhecimento intelectual do paciente sobre si mesmo sem favorecer mudanças concretas em seu posicionamento existen-

---

[2] Uma de nós, Tânia Maria José Aiello Vaisberg, desenvolve e orienta pesquisas voltadas ao sofrimento psicótico há algumas décadas. A outra, Clarissa Medeiros, é autora de dissertação de mestrado orientada pela Profa. Dra. Ivonise Fernandes da Motta dedicada à investigação do fazer do psicanalista no encontro com pacientes que sofrem desordens do espectro autista.

[3] Dissertação de mestrado orientada pela Profa. Dra. Ivonise Fernandes da Motta.

cial. Intervir é sustentar, o que pode acontecer de maneiras diversas quando o terapeuta é sensível e coerente com as necessidades emocionais do paciente (Aiello-Vaisberg, 2004).

SUPORTAR

O suportar como intervenção psicoterapêutica diz respeito a agüentar a intensidade dos sentimentos contratransferenciais experimentados na relação com o paciente. Nessa linha, o analista permite-se ser tomado por emoções e estar verdadeiramente presente nas experiências de cansaço, ódio, fascinação, incerteza.[4] Pode ter o sentido de aturar e também o de dar suporte ou oferecer sustentação.

Aturar aqui tem relação com agüentar um incômodo, isto é, permanecer vivo e inteiro numa experiência de sofrimento sem se ausentar ou desistir. Remete-nos a uma tolerância pessoal que evidencia aspectos pessoais daquele que suporta. Como pessoas e como terapeutas, não podemos aturar qualquer coisa: há limites e capacidades pessoais envolvidos na percepção daquilo que podemos ou não suportar.

O suportar no sentido de oferecer sustentação pode ser compreendido como intervenção que favorece uma experiência de continuidade de ser, evitando rupturas nessa sensação que lançariam o paciente nas agonias impensáveis ou numa condição dissociada de *self*. Sustentar numa continuidade de tempo torna-se fundamental para o desenvolvimento de um vínculo de confiança e para que se crie na relação terapêutica um nome, materialidade intermediadora ou uma ação que irão auxiliar no alento, na compreensão e no viver de uma experiência afetiva significativa e organizadora nessa relação humana.

Winnicott (1941) descreve observações de bebês numa situação estabelecida que utilizava como consulta terapêutica: vibrava uma espátula e aguardava que o bebê, geralmente no colo da mãe ou em

---

[4] Winnicott apresenta detalhadamente o trabalho com esta dimensão de sentimentos do analista em seu texto "O ódio na contratransferência" (1947).

seu próprio colo, se interessasse pelo objeto e buscasse-o. Notava um momento inicial em que a criança saudável hesita em pegar o objeto, até que ela finalmente o faz. Segue-se então um período em que a criança usa ou frui o objeto, explorando-o, colocando-o na boca e brincando com ele. A partir de algum momento, o bebê saudável passa a atirar o objeto ou largá-lo, repetindo tal conduta cada vez que este lhe é devolvido. O bebê se desinteressa e este é o fim da consulta: está pronto para separar-se. Winnicott insiste, em vários pontos de sua obra, sobre a importância de viver experiências com começo, meio e fim, que são constitutivas da subjetividade humana.

Através dessa ótica, o suportar pode ser entendido no sentido de apresentar objetos e experiências e aguardar o tempo do paciente acontecer nesse contato, sustentando a situação no tempo e no espaço.

Suportar pode ser compreendido como um recurso psicoterapêutico. Permitir ser afetado verdadeiramente pelo paciente, emocionar-se, sofrer, sentir-se sem referências claras diante do outro e de si mesmo podem ser parte fundamental do atendimento. E agüentar essa condição, vivendo-a juntamente com o outro e aguardando que novos movimentos possam acontecer, parece ser a base para a confiança e a possibilidade de transformações.

Percebemos que suportar contém duas idéias distintas que podem ser discriminadas como, primeiramente, suportar os próprios sentimentos contratransferenciais sem se dissociar, aspecto fundamental uma vez que trata da impossibilidade de um trabalho clínico ser bem desenvolvido se o analista precisa defender-se todo o tempo através de um falso-*self* para estar com o paciente. Em paralelo, há outro aspecto essencial que diz respeito a aguardar pelo tempo da experiência inteira do paciente, o que implica na necessidade do terapeuta lidar com sua própria relação com o tempo e com a confiança no potencial criativo daquele que pede seu auxílio.

NOMEAR/ OLHAR

O nomear como intervenção terapêutica se refere ao exercício de uma função especular através da qual o terapeuta devolve ao paciente por seu olhar, sua fala, seu rosto, aquilo que o paciente não percebe de si mesmo mas já se encontrava lá e, portanto, pode ser captado e comunicado através de um contato sensível que apreende os matizes e a singularidade da conduta. Compreendemos que, no início do desenvolvimento, a mãe percebe o bebê antes que ele possa existir desde seu próprio ponto de vista. Isso implica no exercício de uma função especular que devolve ao bebê aquilo que ele não havia vivenciado como seu mas, de alguma maneira, constitui seu acontecer no mundo e pode ser visto pelo outro.

Esse refletir dá ao paciente uma sensação de si mesmo e de sua condição existencial, afetiva, corporal, implicada na construção de um *self* genuíno, ancorado na segurança de existir e ser verdadeiro como pessoa inteira.

A função especular (Winnicott, 1967) diz respeito a ver o paciente como ele é e como ele está, favorecendo o viver de experiências ligadas ao quem sou e como estou, mesmo que este, por estar dissociado, não possa estar plenamente presente à sua própria experiência de vida.

Refletindo posteriormente sobre a pesquisa realizada em 2003, percebemos que o termo nomear não é o mais adequado para designar o que pretendemos compreender como experiência de sentir-se acolhido sem precisar das palavras. Utilizar o termo OLHAR como intervenção não-interpretativa parece descrever com mais precisão teórico-clínica esse fenômeno, uma vez que não se trata de dar nomes certos, mas de uma experiência viva de ser visto pelo outro em sua singularidade e em sua humanidade. Esse acontecer enraíza-se nas condições de maturidade do terapeuta e da mãe devotada, quando conquistaram a capacidade de conviver com o outro enquanto alteridade absoluta e singular.

Ao olhar, o terapeuta precisaria contar com uma sensibilidade precisa, capaz de captar o único, para então poder vir a passar ou não sua percepção para um registro verbal realizando uma nomeação. O olhar do terapeuta faz-se sensível ao potencial daquele paciente, apresentado em gestos espontâneos que presentificam um acontecer genuíno coerente com o *self* verdadeiro.

A função especular pode ter a importante função de favorecer experiências estéticas. Safra (1999) define que a experiência estética se dá no encontro com um outro ou com objetos da cultura apresentados que revelam aspectos de si mesmo. Nesse encontro, a pessoa experimentaria o encantamento por compartilhar experiências que são presença de outros, de histórias, de beleza, presença da própria humanidade.

Essa intervenção é criada na relação e favorece a experiência de ser compreendido verdadeiramente sem necessariamente precisar de palavras. Possibilita a integração de sentidos compartilhados que incluem o indivíduo numa família, num grupo social e numa cultura, inaugurando ou devolvendo à pessoa um sentido de sua humanidade. Fundamentalmente, olhar o paciente traz a possibilidade desse vir a experimentar a sensação de ser-se, uma vez que devolve como próprio aspectos do *self* ainda não integrados ou mesmo dissociados por necessidade defensiva.

CONVIVER

O conviver como intervenção terapêutica traz a noção de uma aproximação entre terapeuta e paciente em suas intimidades e singularidades, baseando-se numa relação de confiança e autenticidade.

Conviver envolve primeiramente o uso de objetos intermediários que podem ser brinquedos e brincadeiras, oficinas de trabalhos manuais ou até experiências do cotidiano tais como andar de carro, almoçar ou assistir à televisão. Implica em compartilhar experiências ou fazer algo juntos, ainda que seja fazer nada em companhia de alguém. Cantar uma música, montar uma oficina de pintura, cozinhar um bolo, jogar bola são atividades que possuem materialidade através da qual *os selves* do paciente e do terapeuta podem acontecer. Apresentar um fazer pode facilitar o estabelecimento de um vínculo e o acontecimento de encontros em que experiências afetivas significativas possam ser vividas, criando-se sentidos pessoais e compartilhados. Acompanhar um paciente é, nesse sentido, muito diferente de ocupar-se com possíveis significações ocultas que precisem ser decifradas a partir do que está sendo feito, não é utilizar os objetos como dicas ou desculpas para se chegar a aspectos inconscientes do paciente que precisam ser elucidados. O importante, na convivência como intervenção terapêutica, mora justamente no experimentar.

Em segundo lugar, conviver mantém relação fundamental com o *setting*, compreendido como delimitação do espaço terapêutico. O *setting*, como instrumento de sustentação para o paciente, proporciona espaço, tempo e a presença do analista de modo harmônico em relação às necessidades daquela pessoa, podendo então flexibilizar-se ou mudar de acordo com o atendimento: podemos utilizar diferentes durações do encontro, mudança do lugar em que este ocorre, seja numa sala, na rua, na casa do paciente, na presença de outras pessoas. O *setting* constitui estratégia fundamental de trabalho também como aquilo que permanece contínuo na relação, de modo que, mesmo quando flexível, abranja também a função de continuidade como referência. O manejo do *setting* torna mais viável o acompanhamento de nuances do estado afetivo e das condutas, tão importantes para a constituição de si e da possibilidade de se relacionar.

Finalmente, conviver abrange necessariamente a presença do terapeuta como pessoa real. Isso significa suspender a noção de neutralidade, tomando o terapeuta como pessoa singular que tem corporeidade, que se alegra, que se cansa, que tem habilidades e preferências, que fazem parte da relação profissional e são apresentadas ao paciente. Deixar de pretender apresentar-se como neutro não implica na perda da possibilidade de ser criado pelo paciente através do fenômeno de ilusão. A pessoa real do terapeuta pode favorecer o complexo fenômeno da dialética ilusão/desilusão através de sua sensibilidade, lançando assim as bases do viver integrado e capaz de convívio brincante com o mistério da vida.

AGIR

O agir como intervenção psicoterapêutica se define por colocar em ato, em gesto, uma comunicação que a linguagem não conseguiria realizar. A ação possui caráter espontâneo, porém não tem o sentido de uma descarga de sentimentos ditos não elaborados: ação terapêutica não é *acting-out*. Agir coloca paciente e terapeuta diante da surpresa, o que pode constituir uma experiência afetiva inédita, muitas vezes buscada pelo próprio paciente em seu percurso existencial.

Mesmo quando parecem adequadas, as ações podem não ter efeito tranqüilizador ou mutativo sendo fundamental que o terapeuta possa sustentar o risco e cuidar das conseqüências de seus gestos.

Margareth Little (1990) relata experiências, vividas durante sua análise com Winnicott, em que nos deparamos com ações do mesmo com intenção de cuidar da paciente e favorecer seu desenvolvimento. Nos momentos em que ela estava mais regredida, o analista guardava consigo as chaves do carro da paciente, só lhe devolvendo quando percebia que aquela já estava mais calma e em condições de dirigir sem colocar-se em risco.

As ações como intervenção terapêutica se dão como gestos espontâneos que manifestam de modo único e singular, com força ou delicadeza, experiências buscadas e sentidos que estão além da comunicação verbal humana.

Pesquisar e atender clinicamente propondo intervenções diferenciadas envolve uma ética comprometida com o desespero e o desamparo. Nesse sentido, o fazer do terapeuta deve necessariamente ser coerente em relação ao sofrimento de quem procura ajuda, buscando oferecer alívio e favorecendo a sensação de estar vivo, real e capaz do gesto espontâneo. Condições concretas de existência não podem jamais ser deixadas à margem de uma clínica psicanalítica ética e fundamentada.

Referências Bibliográficas

Aiello-Vaisberg, T. M. J. *Ser e Fazer*: interpretação e intervenção. In *Ser e Fazer*: enquadres diferenciados na clínica winnicottiana. Idéias e Letras, São Paulo, 2004, p. 23-58.

Catafesta, I. F. M. *O viver criativo com o olhar de D. W. Winnicott*. Vetor, São Paulo, 1999.

Little, M. *Psychotic anxieties and containmente*: a personal record of an analysis with Winnicott. Northvale, J. Aronsos, New Jersey, 1990, 129p.

Medeiros, C. *Criando possibilidade de intervenção psicoterapêutica junto a pessoas com desordens do espectro autista na perspectiva da psicanálise do self*. Dissertação de mestrado, IPUSP, 2003, 124p.

Safra, G. *A Face Estética do Self*: teoria e clínica. Unimarco, São Paulo, 1999, 168p.

Winnicott, D. W. (1941) A observação de bebês em uma situação estabelecida. In *Textos Selecionados da Pediatria à Psicanálise*. Francisco Alves, Rio de Janeiro, 1982, p. 139-164.

_____. (1947) O ódio na contratransferência. In *Textos Selecionados da Pediatria à Psicanálise*. Francisco Alves, Rio de Janeiro, 1982, p. 341-353.

_____. (1967) O papel de espelho da mãe e da família no desenvolvimento infantil. In *O Brincar e a Realidade*. Imago, Rio de Janeiro, 1975, p. 153-162.

Encontros com Robert Rodman

José Outeiral

Quando realizamos uma leitura é interessante constatar como, muitas vezes, somos levados por uma necessidade interna a dar uma figurabilidade ao autor. Como acontece nos sonhos, existe um trabalho psíquico, derivado do inconsciente, que nos leva a ter uma "imagem", ou – ao menos – "algumas idéias" sobre o autor. A necessidade de representação, de inserção na cadeia simbólica, é uma demanda da relação que estabelecemos, inclusive, com o autor do texto que estamos lendo. Donald Winnicott nos esclarece esse tema ao desenvolver os conceitos de *objeto subjetivamente concebido* e *objeto objetivamente percebido*.

O autor, que não conhecemos ainda, senão pela sua escrita e através de algumas informações que nos levaram a seu texto, à medida que vamos lendo vai se constituindo, progressivamente, em alguém de nosso mundo de "relações de objeto", seguindo o pensamento de Donald Winnicott, criado pelo nosso feixe de projeções, espaço de ilusão, da *mãe ambiente*, momento do processo primário, espaço também do sonho e da imagem. Essa "relação de objeto" é pautada, também, pelo princípio do prazer.

Esse autor, *objeto subjetivamente concebido*, é confrontado, quando temos um contato real com ele, com a pessoa total (*whole person*) que ele é, agora um *objeto objetivamente percebido*. Alguns autores são mais hábeis, e eu chamaria "*um autor suficientemente bom*", e permitem que no devido *timing*, sem intrusões (*impingiments*), possamos nos colocar em contato com a pessoa total e real que eles são, na medida do possível, e estabelecer com eles um "uso do objeto", espaço do Real e do Simbólico.

Sabemos, através do relato que Masud Khan fez, na excelente introdução ao livro *Da pediatria à psicanálise,* como as pessoas tinham as mais diferentes impressões sobre Donald Winnicott e como ele cuidava para não desiludir, intempestivamente, as concepções subjetivas que tinham dele. Donald Winnicott era, a meu ver, um *autor suficientemente bom*, isto é, um autor que nos coloca as idéias para que possamos descobri-las como nossas, que ao ler o seu livro escrevemos nosso próprio livro. Uma escrita "aberta", que convida à criatividade e à espontaneidade.

Eu mesmo, que tenho cometido alguns pecados de escrita, me surpreendo e me divirto quando algum leitor me conhece e demonstra sentimentos, digamos, interessantes a meu respeito: surpresa, desilusão, não acreditar que eu e o autor sejam a mesma pessoa, "és tu?... pensei que eras muito diferente..." etc.

É sobre isso que quero escrever ao leitor, contar minha experiência ao conhecer pessoalmente F. Robert Rodman, que eu já "conhecia" através da leitura de seus textos e, particularmente, da edição que ele fez de cartas escritas por Donald Winnicott, no livro *O gesto espontâneo* (*The spontaneous gesture, Selected Letters of Donald Winnicott*; Harvard University Press. Cambridge, Massachusetts and London, England, 1987).

Recebi esse livro em agosto de 1987, logo após ter sido publicada a primeira edição, já se vão cerca de duas décadas, através de duas ex-alunas que estavam em Londres, estudando na Tavistock Clinic, Beth Kuhn e Rosa Lucia Genovese, e que sabiam de meu interesse pela obra de Donald Winnicott.

"Pão quente", recém-saído do forno editorial, o livro se tornou uma importante referência não só para mim, como para todos aqueles que buscam compreender o complexo pensamento, embora de aparência fácil, de Donald Winnicott.

F. Robert Rodman faz, nos "*Acknowledgments*" e na "*Introduction*" do seu livro, uma descrição de como se criou a oportunidade de ele ter acesso às cartas de Donald Winnicott e como procedeu, com a ajuda de Clare Winnicott, para editorar *O Gesto espontâneo*.

Mas não estou a escrever uma "resenha" do livro, não foi esse o convite, e sim para falar de minhas experiências no contato direto com F. Robert Rodman, lembrará o leitor, formulando, talvez, uma impressão apressada da minha escrita... e do autor deste capítulo.

Nas ocasiões em que encontrei F. Robert Rodman, ele havia vindo a São Paulo convidado por Ivonise Catafesta (hoje, Ivonise Fernandes da Motta), que gentilmente me incluiu em um evento da Universidade de São Paulo, numa mesa redonda com a participação de nós três: Ivonise, Rodman e eu. Uma mesa em que falamos sobre experiências traumáticas, com F. Robert Rodman abordando, especificamente, a questão surgida, entre os norte-americanos, após o 11 de setembro de 2001: a insegurança emocional que causou a descoberta de que o "ambiente" não era tão seguro como se pensava.

Quando fomos apresentados, ele se mostrou muito gentil e acolhedor, perguntando-me por amigos em comum, como o David Zimerman, e me passando um cartão de visitas, que tenho agora em minha frente, escrevendo seu e-mail no verso, para que mantivéssemos contato. Disse que sabia de meu interesse sobre Donald Winnicott. Eu, como sempre, não tinha nenhum cartão.

O endereço era em Beverly Hills, Califórnia. Um bom sinal: a Califórnia me agrada. O leitor se perguntará por que eu imaginava que seria diferente? Por que ele não seria afável? Bem, o "meu" F. Robert Rodman, *objeto subjetivamente concebido*, tinha muito a ver com um preconceito, seguindo a opinião de S. Freud, sobre a psicanálise e os Estados Unidos... Ocorre, também, que fui adolescente nos anos de 1968, e tenho uma lembrança muito nítida de um outro 11 de setembro, o de 1973, no Chile, quando os norte-americanos patrocinaram um violento e sangrento golpe de militares. Não há como não associar a violência do terrorismo de Estado e o terrorismo de um grupo de fanáticos fundamentalistas. Mas o que tem F. Robert Rodman a ver com isso?

O leitor que o autor "tem em mente" é, em geral, questionador, como a escrita de S. Freud nos revela, ele que – com freqüência – escrevia ao leitor "imaginado", argumentando e respondendo a ele, às vezes, numa animada interlocução.

F. Robert Rodman, na ocasião, fez uma exposição clara, de uma maneira objetiva, e tivemos uma interessante discussão. Terminei por formular uma impressão do *objeto objetivamente percebido*: F. Robert Rodman como alguém afável e acolhedor e um clínico de "mão cheia". Foi a simplicidade, entretanto, o que mais me impressionou. Esperava, talvez, uma pessoa "arrogante" no campo do *subjetivamente concebido* e encontrei alguém distinto dessa idéia, afável e interessado em nosso país e em nossa cultura. Mudei, rápido, o que nem sempre me acontece, de opinião.

Depois, quando o assisti em supervisão, a opinião de que se tratava de um excelente clínico se confirmou. A despeito das dificuldades de idioma e da cultura, ele percebia as diferentes nuances do material clínico e das comunicações do inconsciente – como diz Christopher Bollas – fazendo observações muito perspicazes e pertinentes. Quando temos um supervisor de fora (ou mesmo "da casa", às vezes), pode acontecer de se mobilizarem ansiedades persecutórias nos participantes que – no plano manifesto – podem explicitar-se por uma excessiva idealização. O supervisor experiente trata de manejar a situação de maneira suave, dissolvendo as paranóias e as idealizações, com tato e sutileza. Nessa ocasião, F. Robert Rodman me pareceu muito experiente e conhecedor da clínica, assim como do funcionamento de grupo. Ele logo se tornava "um de nós", desfazendo a idealização, certamente sabendo que esse é o início da "queda" do indivíduo que está sendo idealizado. Não é necessária uma filiação kleiniana para compreender isso, mas é surpreendente como os vapores narcísicos intoxicam e impedem a compreensão, de muitos, desse fato simples.

Enfim, quero dizer que foi muito interessante o meu encontro com esse autor, e que quando tive notícia de sua morte senti a sua importância para o movimento psicanalítico, e que, apesar de termos nos encontrado poucas vezes, ele fazia parte, sim, do elenco de meu teatro interno.

Rodman: o gesto espontâneo em pessoa

Sueli Hisada

Há pessoas que simplesmente passam por nossas vidas e outras que deixam suas marcas, manifestando e imprimindo o seu idioma singular.

Neste texto quero compartilhar o meu encontro com o psicanalista Robert Rodman que veio ao Brasil pela primeira vez à convite da USP em 1997.

Estava ansiosa para conhecer o analista que conheceu Winnicott pessoalmente em 1963. Foi escolhido por Clare Winnicott para publicar as cartas de seu marido, que resultaram no livro *O Gesto Espontâneo*.

Fiquei surpresa ao descobrir o quanto esse psicanalista conhecia do Brasil. Rodman vivia em Los Angeles, mas sua casa acolhia freqüentemente artistas brasileiros, como Ivan Lins, Milton Nascimento, Wanderléa. O passaporte para o contato com esses brasileiros era sua segunda esposa Kathy, casada anteriormente com um músico brasileiro da banda do Sérgio Mendes. Tiveram um filho que gostava tanto do nosso país, que estava escrevendo um guia sobre o Brasil para estrangeiros. Kathy fala fluentemente o português, parece "carioca" no seu jeito de ser. É muito criativa, escreve roteiros para filmes em Beverly Hills. Conheceu Rodman num museu, casaram-se e tiveram um filho.

Sua primeira esposa morreu de câncer, foi um processo longo e doloroso, que Rodman viveu de forma intensa, tanto que transformou essa experiência em um livro, publicado no Japão. Como sou nissei, presenteou-me com esse livro em japonês e eu pedi que meu pai traduzisse o livro; foi uma experiência significativa para ele também, pois nessa época meu pai estava lutando contra um câncer na próstrata.

Em seus seminários, pudemos conhecer um Rodman afetivo com seus pacientes, que mostrava uma escuta sensível privilegiando o respeito com o sofrimento humano.

Pude participar de uma supervisão com ele; apesar das dificuldades de tradução pudemos falar a mesma língua. Senti como se ele realmente estivesse vendo e entendendo o meu paciente. Seu olhar era essencialmente clínico, apontou questões de transferência e contratransferência, possibilitando-me um novo olhar.

Rodman trabalhou arduamente aqui, foram 5 dias inteiros de aulas teóricas para os alunos da Pós-graduação, da graduação, seminários clínicos, supervisão. Rodman parecia entregue a toda essa experiência no Brasil, tanto que ao retornar para o seu consultório um paciente comentou que sentia que ele estava diferente após a sua viagem ao Brasil.

Nessa viagem também conhecemos seu livro *Keeping hope alive: on becoming a psychotherapist* (dedicado à Kathy), cuja apresentação foi feita pelo Dr. Oliver Sacks, neurologista que eu admiro e do qual já "devorei" todos os livros. Qual não foi a minha surpresa quando Rodman me disse que é amigo pessoal de Sacks há 20 anos, que ele cultiva orquídeas, assim como meu pai, e que, antes de vir ao Brasil, Sacks foi à sua casa se despedir e contar como foram as suas férias, e compartilhar a sua experiência quando veio ao Brasil para lançar um livro. Nessa ocasião tentei assistir à sua conferência, mas não consegui pois o evento estava com a lotação esgotada.

Ou seja, ele conheceu e conviveu com as pessoas que eu mais admiro: Winnicott, Sacks, Bollas.

Num dos contatos informais com Rodman aconteceu um imprevisto. Fomos levá-lo para almoçar no Terraço Itália e na volta ele queria conhecer a feira de artesanato da Praça da República. Ele estava com uma filmadora pendurada no pescoço e todo distraído, quando eu notei que vinha em nossa direção um assaltante que ia pular no seu pescoço para arrancar a máquina, em segundos eu puxei o seu braço e atravessei correndo com ele a avenida para fugir do assaltante e ele ficou perguntando o que estava acontecendo, mas me seguiu. Quando chegamos do outro lado e expliquei o que tinha acontecido, ele não se conformava, estava assustado, dizendo que nunca tinha vivido isso e me agradecendo o que eu fiz. Eu não acreditei que consegui puxar um homem com quase dois metros de altura e que ao mesmo tempo parecia tão frágil naquele momento. Depois que ele voltou para seu país ele me mandou pelo correio um anjo que tocava uma música e um cartão agradecendo e dizendo que eu tinha sido seu anjo protetor.

Mantivemos contato por e-mail, e em 2002 felizmente Rodman pôde vir para o Brasil novamente. O mundo tinha acabado de ver o desastre das torres gêmeas, todos estávamos horrorizados. Rodman falou exatamente desse terror.

Nessa viagem, vimos um Rodman mais cansado fisicamente, estava muito gripado, mas muito empenhado em ajudar na nossa formação, mostrando uma incansável disponibilidade verdadeira para que pudéssemos aprender com ele. Na despedida, disse ao casal que eles poderiam escolher um restaurante, que eu queria levá-los, e eles me pediram para ir a um restaurante japonês, no bairro tradicional da Liberdade. Senti que ele respeitava e valorizava a minha origem e o meu idioma, querendo conhecer melhor esse mundo. Ele sabia lidar com as diferenças. Esse conceito de idioma que revela as idiossincrasias pessoais foi um termo criado por Bollas, outro amigo pessoal dele. Novamente recebi outro presente pelo correio: um colar de prata com um pingente de ametista, que é a pedra de proteção do meu signo. Percebo que

Kathy fez essa gentileza, pois ela era muito ligada em pedras preciosas e em seus significados de proteção.

Em maio de 2003 Rodman consegue finalmente publicar seu último livro, *Winnicott, his life and work*, pela Ed. Perseus, um livro em que Rodman vinha trabalhando há muito tempo, e que dedicou a seu filho Nick. É um livro fantástico, com 459 páginas, que fala não só de Winnicott mas de Klein, Clare e Khan, e dos principais conceitos winnicottianos. É um livro que não pode deixar de ser lido não só por psicanalistas, mas por pessoas interessadas na natureza humana. É um compêndio, escrito por alguém que realmente conhece e se dedicou profundamente ao seu tema. Foi sua última obra, e que bom que ele conseguiu realizá-la.

Continuamos a nos corresponder e no mesmo ano, em 2003, tive uma surpresa: Rodman pede que eu envie o material traduzido do meu último livro *Conversando sobre Psicosssomática* que ele gostaria de publicar em Los Angeles. Fiquei muito honrada e feliz com o convite, atendi o seu pedido. Nesse período Rodman começa a ficar muito doente, passa por cirurgias, fica hospitalizado muito tempo, sem esperanças, e assim como Winnicott morre do coração no ano de 2004. Sentimos muita dor, pois ele faz muita falta, mas continua presente em nossos corações. Juntamente com ele vai o projeto da publicação do meu livro lá em Los Angeles, pois com sua morte eu decidi que, em homenagem a ele, não tem sentido eu publicar o livro em parceria com outra pessoa. Tinha de ser com ele, só com ele. Agradeço a oportunidade de ter conhecido e experimentado tantas experiências de gestos espontâneos. Conforme diz sabiamente Milton Nascimento em sua canção:

"Amigo é coisa pra se guardar do lado esquerdo do peito..."

Dra. Sueli Hisada
Doutora em psicologia clínica pela USP,
Mestre em psicologia clínica pela PUC-SP,
Especialização em psicoterapia psicanalítica pelo SEDES,
Docente no SEDES

Uma homenagem a Robert Rodman
(1934-2004)

Neyza Prochet

Dr. F. Robert Rodman, psicanalista conhecido internacionalmente por sua dedicação à propagação da obra de Donald W. Winnicott, faleceu no dia 15 de novembro de 2004, aos setenta anos, em Santa Monica, Califórnia, em conseqüência de um derrame.

Além de uma carreira docente significativa, do vigor de sua produção científica e de uma prática clínica extensa, Robert Rodman deixou duas obras que, em especial, são preciosas não só para aqueles que admiram as idéias de Winnicott mas também para a Psicanálise contemporânea como um todo: a cuidadosa seleção e edição da correspondência de Winnicott (1987), editada sob o título de *O Gesto Espontâneo* e uma minuciosa biografia do psicanalista inglês, ainda não traduzida para o português, *Winnicott: His Life and Work* (2003).

Em *O Gesto Espontâneo,* Rodman compila e seleciona a correspondência de Winnicott com seus pares, amigos, alunos, pessoas comuns interessadas em comunicar-se com ele, tarefa outorgada ao autor pela própria Clare Winnicott.

Winnicott: His Life and Work é um trabalho do qual tive a honra de acompanhar o desenvolvimento desde seus textos originais. Admiro a profundeza e o preciosismo dedicado a essa obra, fruto de quase 18 anos de pesquisa. Dr. Rodman não se limitou aos aspectos meramente biográficos, mas procurou situar o homem Donald Winnicott, em toda a sua complexidade, contextualizando suas contribuições e a evolução de seus conceitos sob a luz dos acontecimentos da época e dos múltiplos desdobramentos da psicanálise inglesa no pós-guerra.

Inúmeras resenhas publicadas nas principais revistas e periódicos de psicanálise enfatizam a riqueza de detalhes com que traça a vida de Winnicott, de seu nascimento, em 1896, até sua morte, em 1971, ao mesmo tempo em que descreve as *raízes* do pensamento psicanalítico moderno e o ambiente complexo da comunidade psicanalítica britânica dos meados até o final do século XX. O livro abrange também a influência de outros analistas contemporâneos ao autor, em especial as influências de Melanie Klein, Anna Freud e Marion Milner, além de buscar acompanhar as transformações pessoais sofridas por ele ao longo de sua trajetória, as dificuldades pessoais, seu casamento, a morte do pai e o encontro e posterior casamento com Clare Britton, relacionando as repercussões teórico-clínicas advindas dessas transformações. Além da pesquisa documental, Dr. Rodman entrevistou um grande número de pessoas diretamente relacionadas a Winnicott, assim como vários colegas de profissão. O retrato advindo dessa pesquisa cuidadosa é iluminador, apresentando uma imagem nítida de uma personalidade brilhante e profundamente humana. Em uma carta pessoal, escrita em 2002 para Andrés Nelken, encontrada no sítio www.psicomundo.org/winnicott/biografias/, Dr. Rodman comenta:

> "Interessei-me por Winnicott durante minha residência em psiquiatria na UCLA, por volta de 1960, e escrevi-lhe pedindo a cópia de alguns artigos e, eventualmente, mandei-lhe dois trabalhos pessoais, ao que ele me respondeu extensamente. Seu trabalho atraiu-me em um aspecto essencial, mais amplo, penso eu, pois sua abordagem era mais natural e mais humana do que daqueles aos quais vinha estudando. Tentei e até fui bem-sucedido em pensar e comportar-me como um dos psicanalistas cuja obra estudara, mas Winnicott ofe-

recia-me rédeas mais livres em relação às qualidades profundamente humanas de um analista".

O Dr. Rodman foi um biógrafo à altura do biografado. Encontro nele as qualidades por ele retratadas em Winnicott: o brilhantismo, a humanidade, o senso de humor fino, o amor por seu ofício. Ele esteve no Brasil em quatro ocasiões, três delas a convite da Universidade de São Paulo, ministrando seminários clínicos e conferências. Sua última vinda ao Brasil não foi profissional. Veio de férias, com toda a família, em setembro de 2003, conhecer um pouco mais do país que o apaixonou desde a primeira visita. Mesmo assim, dispôs-se a debater um caso clínico, encontro no qual participaram vários colegas da Instituição.

Em correspondência pessoal, logo após o primeiro seminário em São Paulo, em 1998, Dr. Rodman escreve-me comentando sobre o efeito profundo que o Brasil havia causado nele, pessoalmente, e em sua clínica, a tal ponto de ter percebido, no atendimento de um determinado paciente, a evocação dessas lembranças. Disse-me que suas experiências no Brasil o remeteram ao sentimento de estar vivo e da importância da vitalidade do analista para sustentar, sem sucumbir, as fantasias e vivências de destruição e catástrofe, num paciente severamente regredido, auxiliando-o tanto na criação de um holding quanto no estabelecimento do setting necessário para o momento. Disse-me da alegria de encontrar uma clínica psicanalítica viva, renovadora e altamente criativa entre os psicanalistas brasileiros e o quanto aprendera com esse convívio. Voltou aqui outras vezes, sempre trazendo contribuições significativas e interesse efetivo nas participações de seus pares, num despojamento natural, sem pretensão ou saber arrogante.

Ao estar com sua família, após seu falecimento, Kathy Rodman ofereceu-me, num gesto espontâneo e característico do casal, livros e revistas de psicanálise da biblioteca pessoal do Dr. Rodman. Aceitei vários, em nome da Biblioteca do CPRJ, e Kathy, ampliando a generosidade do gesto, encarregou-se de efetivamente despachá-los ao Brasil.

Temos agora, na Biblioteca do CPRJ, não só os livros que Dr. Rodman escreveu, como também um bom número daqueles que fizeram parte de sua formação.

Gostaria de terminar esta homenagem com as mesmas palavras usadas por Robert Rodman ao encerrar sua biografia de Winnicott:

"Seu trabalho está feito. Continua a ser trabalho dos vivos fazer o que podem – e o farão". (*Tradução livre da autora*)

O analista humano e a contemporaneidade nas idéias de Robert Rodman

Gina Khafif Levinzon

Desde Freud, a Psicanálise tem se dedicado a estudar os meandros do psiquismo e para isso tem enfrentado o desafio de desenvolver uma técnica que lhe permita se aproximar daquilo que é essencial no ser humano. Diversos autores têm delineado caminhos próprios na busca de compreensão e manejo do mundo emocional das pessoas, e contribuem para que o conhecimento, questionamento e investigação estejam em contínuo movimento. Entre eles, Robert Rodman nos proporciona a oportunidade de refletir sobre pontos essenciais do trabalho psicanalítico e sobre como a psicanálise está inserida no panorama atual em que vivemos.

Rodman levou a cabo a organização das cartas de Winnicott no livro *O gesto espontâneo* (Winnicott, 1987), nas quais pode-se ver a liberdade de pensamento e expressão deste último. Na introdução desse livro, Rodman comenta o senso de ironia, a impetuosidade, o humor e até o que chamou de "atrevimento" de Winnicott, e mostra como ele trabalhava pela criação de condições que encorajariam pacientes, analistas e cidadãos comuns a produzirem contribuições únicas, a "arriscarem o gesto espontâneo". Ao ter contato com os trabalhos e comunicações de Rodman, podemos observar o quanto a preocupação com a espontaneidade e especificidade do analista também ocupa um lugar central em suas idéias.

Em seu livro *Keeping hope alive* (1986), Rodman descreve sua trajetória como psicanalista, e delineia os principais aspectos necessários para a formação de um psicoterapeuta. Ele salienta que não há um acesso óbvio para o caminho em direção à saúde. Embora a teoria e a prática proporcionem referências importantes para o trabalho analítico, as regras da técnica psicanalítica têm limitações quando se considera a pessoa viva, da mesma forma como as outras linhas de psicoterapia. Isso não significa que essas regras não tenham valor e, pelo contrário, nos faz pensar no desafio de elaborar meios para ajudar as pessoas a poder viver de modo mais harmônico.

Nos três Encontros promovidos no Brasil pelo Instituto de Psicologia da Universidade de São Paulo de que o Dr. Rodman participou (1997, 1999 e 2002), pôde-se acompanhar o desenvolvimento de suas observações e considerações sobre o que se passa de essencial na relação analítica.

Rodman (1997a) ressaltou a insistência de Winnicott em ser ele mesmo, e considera este também um objetivo seu, e de todo aquele que faz análise. Chama a atenção para o perigo de se filiar a uma linha de pensamento e de se considerar as verdades provisórias como crenças definitivas. O próprio Winnicott se recusava a ser o líder de um grupo ou uma escola de pensamento. Rodman salienta que os psicanalistas precisam lidar com o desejo de encontrar verdades definitivas que lhes dêem o poder necessário para fazer seu trabalho de forma eficiente. A humildade, a perda da ilusão de onisciência, a consciência de que ninguém tem todas as respostas são requisitos indispensáveis para o trabalho analítico. Dentro dessa mesma linha de pensamento, ao mesmo tempo em que se identifica com as idéias de Winnicott sobre o verdadeiro self do analista, Rodman enfatiza o perigo de idealização e cita inclusive o que considera que são pontos fracos de sua teoria: os assuntos relativos ao pai e à sexualidade.

A percepção de que "nunca conseguimos ser completos no esforço de encontrar coerência na massa de dados que vêm do paciente", e de que o analista é humano e suas deficiências são inevitáveis se mostra valiosa no movimento de ajudar os pacientes a crescer e entrar em contato com seu ser único e pessoal. Os psicanalistas se tornam mais aptos a auxiliá-los quando estão mais próximos de sua humildade e ignorância.

O aspecto humano do psicanalista como característica essencial de seu trabalho foi desenvolvido com acuidade pelo Dr. Rodman nas palestras proferidas na USP (1997b, 1999a). Ele afirma que uma parte importante da ação terapêutica do trabalho psicanalítico se baseia no que o paciente apreende sobre a natureza profunda do analista. No início de sua vida profissional este último se esforça por ser anônimo, buscando a disciplina necessária para poder apreender os principais aspectos de seu paciente e limitar as possíveis interferências pessoais. À medida que sua experiência vai aumentando, no entanto, ele provavelmente se tornará mais espontâneo em seu trabalho. Segundo Rodman (1997b) uma parte importante da ação terapêutica da psicanálise consiste no que o paciente capta sobre a natureza profunda do analista. Isso não significa que o analista vá contar sua vida pessoal ao paciente, mas ele expressa a si mesmo na forma como interpreta, em suas expressões de afeto em certos momentos, ao se surpreender com algo e até mesmo pela revelação de algum pequeno fato. A voz do analista diz ao paciente quem ele é, e assim este último chega a conhecer algo mais profundo sobre seu analista.

O verdadeiro self do analista pode existir e ser produtivo dentro da sessão, embora o analista o mantenha sob controle e esteja ciente, em certa medida, do que é relevante e útil para o paciente. Para Rodman, a vida pessoal do analista está presente na relação terapêutica como um elemento essencial, e traz seu colorido em sua linguagem e forma de compartilhar o momento com o paciente. O analista experiente coloca de lado o conceito de "interpretação perfeita". Com suas frases espontâneas, baseadas em pensamentos que não haviam sido anteriormente formulados ou em novos pensamentos surgidos no momento, vai se aproximando do mundo emocional do paciente.

Podemos acompanhar, a partir do que foi exposto acima, como Rodman rediscute o conceito de neutralidade no trabalho analítico. Sabemos que o psicanalista tem como objetivo investigar e conhecer o mundo psíquico do paciente, criando condições para seu desenvolvimento. Sua neutralidade dentro do enquadre analítico proporciona condições para que isso ocorra, de modo que aquilo que se refere à "essência" do paciente sobressaia e possa ser identificado e compreendido. No entanto, a neutralidade não pode ser confundida com frieza e distância, visto que a matéria-prima para o trabalho emerge de uma relação próxima entre duas pessoas (Levinzon, 1998).

Rodman (1999a) ressalta a inevitabilidade da revelação do *self* do analista ao lado da tentativa de anonimato e neutralidade. Ele busca um equilíbrio entre a capacidade de observar objetivamente e a influência do contato subjetivo, incluindo a si mesmo no campo de observação. Em alguns momentos, falando ao paciente, ele pode estar inclusive falando a si mesmo. A expressão do *gesto* e do Verdadeiro *self* é inerente ao trabalho do analista, pode ser comparada a uma "canção própria", mas precisa ser coordenada em certa medida com os parâmetros técnicos aprendidos, também necessários.

Os efeitos emocionais da contemporaneidade na vida dos indivíduos e sua relação com a psicanálise também foram objeto de reflexão de Rodman em suas conferências realizadas na Universidade de São Paulo (1999b), (2002). Ele destacou o desafio de preservar a vida interior das pessoas em um mundo tecnológico, ou seja em um mundo sujeito a rápidas mutações, baseado no desenvolvimento da tecnologia, das imagens, das novas drogas e da internet. Rod man sustenta que a arte, a oração e a psicanálise proporcionam ao indivíduo condições de mente que lhe permitem ser livre para se desenvolver e fazer uso de tudo o que está disponível para esse fim. Num mundo que se volta para as drogas e antidepressivos como solução de problemas, e que desenvolveu uma espécie de "filosofia da eficiência química", é essencial manter o contato com as condições que permitem ao ser humano ter uma vida interior independente das compulsões geradas pelos mercados de capital do mundo. O termo "vida interior" refere-se ao local privativo e seguro ao qual nos recolhemos, onde podemos relaxar, e do qual emergem os gestos espontâneos que são o Verdadeiro *self* em ação. A tecnologia não é necessariamente danosa à vida interior. Ela pode ou não ser usada com a finalidade de dar boas condições de vida. A psicanálise por sua vez, com seu ritmo lento, permite-nos um espaço de contemplação e reflexão, no qual não há prêmio para a eficiência, e onde o indivíduo pode se permitir viver com sua confusão inevitável. Ela nos possibilita o encontro com a complexidade e beleza do modo de ser inerente a cada ser humano.

Podemos observar que tanto ao se referir às condições necessárias para o analista em seu trabalho, quanto ao falar dos efeitos atuais da tecnologia, Rodman expressa a importância de se buscar um estado de liberdade pessoal. A especificidade do sujeito dá o colorido à vida e às suas relações com os outros, enriquece seu mundo, e precisa ser preservada de invasões. Estas últimas ocorrem não apenas em decorrência dos desvios da tecnologia, mas também em função de eventos traumáticos, como aqueles ocorridos nos Estados Unidos em 11 de setembro.

Em conferência na Universidade de São Paulo, Rodman (2002) propõe um espaço de reflexão sobre o efeito que uma ameaça externa real, como o grande atentado terrorista ocorrido nos EUA em 11 de setembro, exerce no psiquismo das pessoas. Ele comenta que observou em seus pacientes um sentimento de desamparo muito grande depois desse evento, e reações defensivas como a formação de uma espécie de cápsula protetora. Os pacientes pareciam recolher-se para dentro de si mesmos, como se precisassem proteger-se de algo muito ameaçador. Rodman observou nessa situação que o ambiente de *holding*, que faz as pessoas se sentirem protegidas como continuação do útero da mãe, foi perturbado. As pessoas foram compelidas a se deparar com uma percepção que normalmente fica negada, a de que a morte é universal e inevitável. Ele afirma: "o conhecimento de que vamos morrer é inaceitável e inacreditável", e no entanto certas situações ou momentos da vida levam o indivíduo à necessidade de aceitar e integrar esse fato.

A percepção da inevitabilidade da morte mostra Rodman refletindo a respeito da transitoriedade da vida. Um evento traumático pode precipitar uma percepção que poderia ser alcançada de forma mais amadurecida, de que viver em sua plenitude também significa saber que se vai morrer um dia. Rodman finaliza seu texto ressaltando a necessidade de busca de um novo ambiente de *holding*, que restaure o sentimento de segurança severamente comprometido.

Ao acompanharmos o desenvolvimento das idéias de Rodman, encontramos um analista sensível, humilde, preocupado com questões primordiais, como a liberdade de ser si mesmo e a preservação de uma vida interior. Para ele, o homem está inserido num mundo, e suas inter-relações têm de ser consideradas. A Psicanálise, por sua vez, exerce um papel valioso no estabelecimento de condições para um viver autêntico e criativo.

Referências Bibliográficas

LEVINZON, G. K. Vicissitudes da Neutralidade no Processo Analítico. *Jornal de Psicanálise – Instituto de Psicanálise – SBPSP.* v. 31-1998, n. 57.
RODMAN, R. F. *Keeping hope alive.* NY, Harper & Row, 1987.
_____. *As dificuldades de Winnicott e sua insistência em ser ele mesmo.* Conferência sobre Winnicott, Lacan e Klein na Universidade de São Paulo. São Paulo, Universidade de São Paulo, 27/9. 1997a.
_____. *O gesto espontâneo.* Conferência sobre Winnicott, Lacan e Klein na Universidade de São Paulo. São Paulo, Universidade de São Paulo, 27/9. 1997b.
_____. *O verdadeiro self do analista.* Apresentação à Sociedade Psicanalítica e Instituto de Los Angeles. Los Angeles, 18/2. 1999a.
_____. *A vida interior das pessoas em um mundo tecnológico.* Palestra proferida no encontro "O viver criativo com o olhar de D. W. Winnicott", promovido pela Universidade de São Paulo. São Paulo, outubro, 1999b.
_____. *O ambiente de holding após o 11 de setembro.* Conferência na Universidade de São Paulo, no Encontro: "A psicanálise no século vinte e um: um momento de reflexão". São Paulo, 6/4. 2002.
WINNICOTT, D. W. *O gesto espontâneo.* São Paulo, Martins Fontes, 1987.

A criatividade do Dr. Rodman

Rita de Cássia Kleber Barbosa
Psicoterapeuta psicanalítica

Estava eu no último ano da graduação quando conheci o Dr. Rodman. Pessoa tranqüila, que envolveu a audiência de um seminário clínico com seus comentários, paciência, respeito e carinho pelo ser humano.

Não era exatamente *o que* ele dizia, mas *como* ele o fazia. Sua fala foi pouco pretensiosa; suas idéias não foram totalmente inovadoras, mas ele era uma pessoa muito criativa, no sentido winnicottiano (1971), ou seja, tudo o que ele comunicava parecia ter sido "digerido", transformado e elaborado de uma maneira absolutamente singular.

Agradava-me o que estava presenciando e, logo que o Dr. Rodman convidou a audiência a participar com questões, houve um silêncio. Parecíamos todos satisfeitos com o que acompanhamos, mas mesmo assim, fiz-lhe uma pergunta a respeito de como ele entendia a transferência. Tentei me referir aos interessantes processos de comunicação que ele apontara entre o paciente e a analista expositora, e também gostaria de saber mais sobre sua habilidade na relação presente com a expositora do caso clínico. Ainda não conseguia compreender ou nomear esses processos e desejei que ele tivesse desenvolvido um conceito alargado de transferência ou algo do tipo. Contudo, para minha frustração, ele respondeu com uma definição clássica de transferência, algo do tipo: *tendência de confundir as figuras do início da vida com as do presente*. Na época, atribuí a resposta a uma subestimação dos estudantes brasileiros; imaginei que a formação básica para psicólogos no exterior não fosse além dos conceitos clássicos etc.

Mais tarde, quando li seu livro *Keeping hope alive: on becoming a psychotherapist*, encontrei um caminho melhor para entender o ocorrido em 1999. Ele mesclou sua biografia ao seu aprendizado da psicanálise. Detalhes de sua própria vida e memórias foram matéria-prima para a montagem de cenas que visavam compreender o que os pacientes viveram ou sofreram, culminando em *insights* clínicos. Ele defendeu a posição de que a informação na qual a teoria da técnica está baseada é incompleta sem a contribuição da pessoa do analista.

"(...) I first realized that my imagination was being put to use in a way resembled that of the novelist" (1987, p. 101).

Rodman aproximou a tarefa clínica da tarefa do escritor de romances, que deve imaginar cenas para seus personagens, ajustadas às características dos mesmos. A função clínica seria ter sonhos sintonizados às realidades do paciente, algo como um brincar (Winnicott, 1971), situado entre o sonho e a realidade, entre a não-integração criativa e a integração (Winnicott, 1971).

Nesse mesmo livro, há uma passagem interessante a respeito de suas expectativas sobre ser um psicanalista. Os critérios que usou para escolher seu analista didata foram a fama e a capacidade deste de escrever bem e bastante. Era um modelo para sua ambição. Acredito que o pretensioso aprendiz de psicoterapeuta que ele um dia fora tenha se tornado um analista despretensioso, satisfeito com sua criatividade e respeitoso com a alheia:

"(...) a psychoanalyst, by virtue of his power in the life of na exposed patient, can behave in ways that injure creative ability"[1] (idem, p. 79).

O Dr. Rodman conquistou uma humildade e uma simplicidade na comunicação (virtudes raras e valiosas nos meios universitários) que suas próprias idéias pareciam conseqüências lógicas dos clássicos, da tradição psicanalítica. Ele não precisou criar novos conceitos, não precisou mudar letras ou tornar sua fala rebuscada para comunicar de forma criativa o que ele desenvolvia em sua experiência clínica.

Se a aceitação da tradição é importante, sua reverência também foi questionada:

"I did not wish to be captured by a theory (...)"[2] (idem, p. 89).

Penso que a força de sua contribuição esteja relacionada à capacidade de usar (Winnicott, 1971) a tradição de forma singular, sem dogmatismo. Da mesma forma que considera a teoria, respeita profundamente seu paciente, sem deixar de ser criativo.

O que parece realmente importante não está só nos conceitos, mas em sua utilização transformada, de acordo com as necessidades da relação analítica. Estaria tentando me ensinar isso com sua resposta frustrante?

---

[1] Um psicanalista, devido ao seu poder na vida de um paciente vulnerável, pode atuar de forma tal que seja nocivo à habilidade criativa dele.
[2] Eu não quero ser capturado por uma teoria.

Bibliografia

RODMAN, F. R., (1987) *Keeping hope alive on becoming a psychotherapist*. Nova York, Harper e Row.
WINNICOTT, D. W. (1971) *O brincar e a realidade*. Trad. José Octávio de Aguiar Abreu e Vanede Nobre. Rio de Janeiro, Imago, 1975.

As dificuldades de Winnicott e sua insistência em ser ele mesmo[*]

F. Robert Rodman, M. D.
Tradução de Sonia Strong

"A insistência de Winnicott em ser ele mesmo" – esse título foi dado a uma versão refeita de minha introdução às cartas selecionadas de Winnicott. Eu não escolhi esse título sozinho, mas ele sugere sua luta, a qual é, a uma extensão considerável, minha também, e em graus variados a luta de todo aquele que faz análise. Que estranho, alguém poderá dizer, que um psicanalista que luta por entender seus pacientes, deveria ao mesmo tempo empenhar-se em ser ele mesmo. Por que "ser você mesmo" deveria ser um assunto digno de nota? Eu acho que a resposta está nas distorções que podem advir de nosso treinamento. Nós somos treinados, todos nós, numa variedade de teorias, as quais tendemos a utilizar de maneiras complexas. Alguns de nós se tornam partidários de certos pontos de vista teóricos, e é precisamente aqui que a experiência me levou a Winnicott, que lutou suas próprias batalhas no curso de uma longa carreira na qual ele parece ter sido bem-sucedido em ser ele mesmo. Isso deixa em aberto a questão do que "ser você mesmo" significa.

[*] Apresentado na Conferência sobre Winnicott, Lacan e Klein, na Universidade de São Paulo, Brasil, 27 de setembro de 1997.

Em Los Angeles, onde fiz minha formação, fui testemunha de um conflito teórico extremamente emocional, misturado, como sempre é o caso, com conflito pessoal. É provavelmente impossível separar as duas áreas, o teórico e o pessoal, num campo como o nosso. O Los Angeles Institute havia sido um baluarte do assim chamado ponto de vista clássico. Isso, e todos os outros rótulos são simplificações ridículas, já que cada pessoa tem uma história individual e um ponto de vista individual que torna seu trabalho único. Contudo há um acordo generalizado sobre certos princípios fundamentais, os quais também podem ser chamados de o ponto de vista da psicologia do ego, derivada das últimas revisões de Freud. Nessa atmosfera, surgiu um interesse kleiniano, o qual cresceu em força até que surgiu um estado de conflito. Havia uma posição real de divisão no Instituto. Com uma análise clássica em meu passado, eu me tornei profundamente interessado em Klein, mas não podia imaginar-me como um seguidor de um ponto de vista em particular. Nessa época, eu também estava estudando o trabalho de Ronald Fairbaim, e estava gradualmente me conscientizando de que o valor do trabalho analítico de uma pessoa não podia ser julgado apenas pela teoria que essa pessoa adotava. Eu sabia que traços individuais era uma grande parte, em sua maioria desconhecida, do trabalho analítico de alguém.

Mais tarde, houve uma explosão de entusiasmo pelo trabalho de Heinz Kohut e sua tão chamada "psicologia do self". À parte de uma ênfase renovada sobre a importância da empatia e um olhar mais próximo às transferências primitivas, eu nada vi lá que fosse atraente. O que eu realmente vi foi um movimento dirigido pela emoção, o mesmo tipo de coisa que eu tinha visto com Klein. Grupos de analistas conversavam entre si, faziam conversões, enviavam pacientes uns aos outros, e utilizavam uma linguagem que os diferenciava de outros analistas. Havia uma atmosfera de conversão religiosa, desmentida sob uma frente de interesse em todos os pontos de vista. A hipocrisia era freqüente e logo os recém-convertidos começaram a atacarem-se uns aos outros num esforço pela primazia entre as personalidades em combate.

Estou descrevendo um fenômeno mundial que sempre caracterizou a psicanálise, para seu detrimento. Pode ser que nosso trabalho requeira tanto controle da expressão do Self no consultório que uma tremenda carga emocional tende a crescer secretamente e então vir à tona quando uma nova e cativante teoria aparece. Há um impulso de ação entre alguns dos profissionais isolados, e sempre há aquela esperança de alguma verdade definitiva a qual nos dará o poder necessário para fazer nosso trabalho de forma eficiente. Esse é freqüentemente um esforço pela onipotência, com perda radical da humildade. E nenhuma discussão razoável pode correr sem uma medida de humildade, a consciência de que ninguém tem todas as respostas, que nós estamos em busca de verdades provisórias, sem nenhuma finalidade.

A psicologia de grupo que eu tenho descrito nos divide e tende a levar-nos a um trabalho analítico com candidatos que os transforma em discípulos ao invés de profissionais de mentes independentes e colaboradoras. Esses são os antecedentes de minha resposta a Winnicott, que se recusou a ser o líder de um grupo e sabia que cada pessoa tinha de reencontrar e reiterar suas descobertas em seus próprios termos ou nosso campo morreria sob o peso de ser uma verdade aceita.

A análise que ocorre sob a égide de uma agenda destrói a necessária neutralidade de atitude e abre caminho para a possibilidade muito real de que o Verdadeiro Self regredido de um paciente seja explorado, ou alternativamente, que um falso self submisso entre na análise, a qual seria então considerada um sucesso, sem que o Verdadeiro Self tenha tido uma chance de manifestar-se em segurança. A análise com uma agenda é uma tentativa de cooptação da vida do analisando e deve falhar, algumas vezes de forma trágica. Essa então é a razão fundamental por que uma forma veemente de sociedade de grupo pode acabar com o nosso campo.

Eu não fiz justiça a um assunto tão complexo, já que todos os seguidores de um líder carismático, Freud, Klein, Lacan, Kohut, Jung, pensarão que eles estão olhando mais profundamente do que outros para dentro da vida de seus pacientes e provendo a linguagem através da qual eles serão liberados de seus conflitos inconscientes. Eles dirão que os seguidores de outrem não têm a percepção adequada e sendo assim não estão dando a seus analisandos o que eles precisam. Eles atestarão que suas próprias vidas foram revolucionadas por seu conhecimento das teorias do grande líder que eles seguem, e irão adquirir certa arrogância que os define e a seu grupo contra todos os outros. Eles não terão apreciado o que eu acredito ser um fato, que você não pode distinguir um bom analista da teoria que ele adota. Se isso é verdade, então os fatores do inconsciente de um indivíduo profissional terão sempre um papel que excederá em efeito os efeitos sugeridos das teorias mantidas conscientemente. Essa é uma outra maneira de dizer que, a uma extensão considerável, nós não sabemos o que estamos fazendo. O fracasso em apreciar a natureza profundamente individual do trabalho analítico indica uma falha do analista, o que é dificilmente um bom presságio em seu esforço de ajudar seu paciente a ver tão profundamente quanto possível seu próprio inconsciente através da análise.

Isso tudo é para apresentar Winnicott e seu esforço em ser ele mesmo. Na maré de entusiasmo por seu trabalho, há o risco de que ele também será, ou, mais provavelmente, tenha sido, idealizado de forma similar, para detrimento daqueles que aprendem com seu exemplo. Meu próprio ponto de vista é que o teste de um colaborador é a extensão pela qual ele promove, naqueles que aprendem com ele, uma maior apreciação de seus próprios poderes, que é uma mistura complexa que deriva de estudo e de elementos que são inerentes ao caráter. Onde o mestre é visto como o depositário de tudo o que é bom, e o aluno sempre aos seus pés, há falha. Onde a sabedoria do mestre brilha perante o aluno, que é hipnotizado e o segue como um rato em Hamelin, nós temos um grupo de seguidores que são atrofiados em seu próprio desenvolvimento como indivíduos. Nós temos de estar em guarda contra tal desfecho, o qual é uma parte tão presente da psicologia humana, e também dos movimentos carismáticos estimulados por indivíduos especialmente inteligentes. Sempre existiram tais vozes na psicanálise, e elas são ouvidas às vezes ainda hoje. Às voltas com o conflito pessoal e teórico pela primazia, nós podemos deixar de lado a simplicidade do momento quando o paciente que sofre conta sua história ao analista neutro que deve tentar colocar em palavras o que o paciente nunca poderia.

Se eu me pergunto o que meus pacientes querem de mim, eu teria de responder que eles querem que eu os ajude a viver. Eles querem tirar mais proveito de suas vidas ao manifestar seu potencial, de tal forma que eles mesmos e outros possam ser testemunhas de sua existência única e inigualável. Essa é uma outra forma de dizer que eles querem que eu os ajude a resolver seus conflitos neuróticos e, às vezes, psicóticos, conflitos que impedem a expressão. E além disso, além da análise cuidadosa das defesas, eles querem que eu reconheça seu ser único. Muito freqüentemente, nós psicanalistas somos as primeiras pessoas capazes de fazer isso. A paz interior que eles buscam será um subproduto do sentimento de que eles não estão vivendo vidas falsas, não estão vivendo somente no sentido fisiológico. Esse é o caminho que leva a Winnicott, como aconteceu com Freud. E sem dúvida todos os outros colaboradores carismáticos diriam o mesmo de si próprios.

A luta de Winnicott em ser ele mesmo foi-me mostrada primeiramente em seu trabalho "Ódio na contratransferência". Como residente em psiquiatria tentando encontrar orientação para entender os pacientes, eu respondi ao fato de que ele era bem-sucedido como pessoa real. Havia algo de encorajador, ou talvez reconfortante, no encontro de páginas impressas que abriam uma janela através da qual uma pessoa viva comunicava sua própria luta com o intento de entender sua experiência. Tais escritores são raros. O que eu mais encontrava, e ainda encontro, é um estilo impessoal que implica numa objetividade falsamente pura. O homem ou mulher que executa o trabalho não pode ser encontrado em lugar algum, e isso é freqüentemente verdade mesmo entre escritores que revelam muitos sobre si mesmos. Visto que não somos físicos ou biólogos, nós não observamos nossos pacientes como se estivessem sob um microscópio, muito embora nossas raízes Freudianas levem a essa direção. Nós freqüentemente nos decidimos pelo o que poderíamos chamar de fatos, a inconfundível fenomenologia da vida, do nascimento, da morte, e dos acidentes do destino. E, da melhor forma possível, nós organizamos todos esses dados numa figura coerente, esforçando-nos por ver nossa própria subjetividade no mundo fora de nós mesmos, o mundo interior de outra pessoa. O que precisa ser reconhecido a todo o momento, não importando nossos talentos e predileções, é que a tarefa é extremamente difícil. Nunca é fácil. Não importa quão autoritário seja o comentário de alguém sobre o trabalho do psicanalista, nós temos que nos lembrar que os seres humanos esforçam-se todo o tempo contra suas dificuldades para encontrar coerência na massa de dados que vêm dos pacientes. E nós nunca conseguimos ser completos.

Os escritos de Winnicott demonstram seu imenso esforço em levar todos os fatores em consideração para chegar à compreensão. Mas, obviamente, ele também tinha suas fraquezas. Pense no fato de ele raramente mencionar o pai. Pense no fato de o assunto sexo ter um papel mínimo no que ele escreveu. Nós podemos discutir isso, ele tinha suas razões, sem dúvida. Mas o ponto é que ele é sempre humano e sendo assim estabelece uma ponte para que o analista sempre humano empenhe-se em sua luta pessoal para entender seus pacientes. Eu não estou dizendo que deficiências são virtudes. Elas não são, mas são inevitáveis.

Winnicott era alérgico à sociedade em subgrupos. Ele recusou-se a se tornar o líder do que costumava ser conhecido como o Grupo do Meio Inglês. Ele achava que tais grupos de seguidores eram contrários ao desenvolvimento pessoal que cada analista precisa, se ele ou ela quiser tirar o máximo proveito de sua capacidade. Seu objetivo sempre foi a extensão de seu próprio trabalho, não-relacionado a qualquer tentativa de se alistar ao apoio de grupos. Não que ele fosse indiferente à reação dos outros. Ele queria, e, às vezes, *precisava* de uma resposta positiva ao que ele chamava de seus gestos, e simpatizava com todo aquele que fizesse gestos similares.

Ele criticou Melanie Klein(1) por não responder à sua apresentação, dizendo que ele falhou em obter esse aspecto do que ele necessitava em ambas suas análises. E ele declarou abertamente que uma linguagem como a de Klein, desestimulada pelos recém-chegados que expressavam suas descobertas em sua própria linguagem, era uma linguagem morta. Não poderia haver exclusão nas contribuições profundamente individuais de pessoas profundamente individuais, ou o campo morreria. Isso faz sentido quando estamos face a face com esse fato, já que o desenvolvimento individual do analista está ligado de forma indissolúvel à sua capacidade de promover o desenvolvimento individual de seus pacientes. Não há espaço para a conversão em psicanálise, nem para doutrinação, nada além da incansável busca do conhecimento de vidas individuais, uma a uma, com tão poucas pré-concepções quanto for humanamente possível. Nós nunca podemos chegar a uma condição na qual nós não apresentaremos nenhuma pré-concepção, nunca poderemos ver como se fôssemos instrumentos mecânicos, nunca poderemos dispensar nossa própria subjetividade. Nosso maior defeito como psicanalistas é que temos muitas explicações prontas para o que nos dizem os pacientes, e deveríamos, se pudermos, chegar a eles num estado tão puro quanto possível. Isso significa tomarmos cônscios dos perigos do que eu chamaria de pseudo-onisciência, significa nos tornarmos humildes e ignorantes, o que todos somos, de qualquer forma, seres humildes e ignorantes às portas da mente de outrem, esperando e tentando formar as novas frases que farão a diferença. Chegar a tal condição de ignorância é, à face disso, o oposto de todas as nossas lutas para crescer em conhecimento, e somente pode ocorrer com uma profunda análise de nossas próprias defesas contra a inabilidade. Aqui, eu me referia à palavra de Winnicott, não-integração, a condição da mente do bebê da qual vem o gesto espontâneo.

Eu sei que não dispensaremos tudo o que nós aprendemos sobre a psicologia humana como foi codificada em nosso método, mas eu diria que uma maior parte do que nós fazemos, a tentativa de nos tornarmos suscetíveis à comunicação do paciente de sua condição interior, através da influência de nosso estado mental, somente pode ocorrer quando estamos tão próximos quanto possível do ignorante e humilde. Nós não podemos fingir, tampouco. Temos de reconhecer que não importa quanto saibamos, ainda não temos conhecimento da nova pessoa, e, em qualquer dia, não estaremos atualizados até que tenhamos registrado o que está sendo mostrado e dito. Isso é apenas um aviso aos profissionais em face da "psicologia do sabe-tudo", que é muitas vezes a atmosfera gerada ao tornar-se membro de uma Escola de Pensamento em particular. Nossa natureza devia ser a modéstia, Kohut ou Lacan ou Klein diriam que eles também fizeram suas próprias contribuições individuais da mesma forma que Winnicott, então qual a diferença entre eles? Para mim, a resposta é que *não há uma Escola de Winnicott*, a despeito das muitas influenciadas por eles. Podem-se encontrar pessoas completamente diferentes que o descobrem, pensam que encontraram um Centro de Sabedoria e estão sempre satisfeita ao encontrar alguém que também o descobriu. Mas não há uma Escola, uma Organização, um Círculo, ou grupo psicanalítico brigando em busca de poder e influência. Como isso é estimulante!

Essa é uma visão de indivíduos atraídos pela luz brilhante da psicanálise lutando pela compreensão cada vez maior de si mesmos e de outros, numa irmandade de mentes similares. Não há nada de feio aqui, nenhuma trama pelo poder, não há o uso de insultos, nem referências a outros por não terem sido adequadamente analisados, nenhuma tentativa de derrubar outros, nada para abarrotar a mente preocupada com o lixo da política psicanalítica.

Um ex-paciente escreveu o seguinte para Clare Winnicot em 1971:

"O que eu talvez mais apreciava nos trabalhos de seu marido, e em meu breve encontro com ele, era sua mais absoluta recusa em simplificar ou comprometer a realidade ao permitir que os fatos liberais ou as partes muito inatingíveis dominassem, e a maneira pela qual ele aceitava a tensão que surgia da recusa. De alguma forma, ao vê-lo aplicar aquela forma particular de honestidade às minhas tentativas de comunicar minha situação, permitiu-me continuar tentando aplicá-la a mim mesmo, apesar da austeridade imposta a ela".

Quero enfatizar a tensão em Winnicott entre os mundos objetivo e subjetivo, a luta em fazer justiça a ambos, e sua sensibilidade a qualquer influência que o desviaria para certa direção ou outra. A frase refere-se à experiência de um paciente, sem dúvida um reflexo de sua própria atitude em relação a ele mesmo. Eu gosto da palavra "austeridade", uma palavra inglesa que se refere a controle, uma falta de sentimentalismo, a coragem de passar sem indulgências. Visto que todas as convicções profundas devem ter raízes na infância, atrás de suas bases racionalizadas, pode-se concluir que os conflitos na infância de Winnicott resultaram numa pessoa para quem a realização autêntica do Self era a coisa mais importante. Seja lá como for que lidamos com fatos conhecidos, ainda assim teremos de chegar a essa conclusão, e não nos enganarmos pensando que podemos arranjar esses fatos de tal forma que poderemos produzir uma explicação definitiva. Nós não o teremos resumido adequadamente, não encontraremos a causa ou causas mais importantes, para ele e para outra pessoa, incluindo nossos pacientes estudados extensivamente. Essa derrota deve ser aceita e coincide com seu comentário de que o cerne do verdadeiro self é desconhecido, que "cada indivíduo é um isolado, permanentemente não-comunicado, permanentemente desconhecido, de fato, não-encontrado"(2).

É interessante notar que sua mãe era provavelmente deprimida, e que ele sentia que era sua obrigação animá-la. Isso deve ter sido básico às suas preocupações e podemos especular que durante toda a sua carreira, dedicada, como ele disse, à apreciação da mãe devotada comum, veio de seu senso de responsabilidade para com sua própria mãe. Ele escreveu sobre crianças com mães deprimidas que não desenvolvem seu próprio potencial à sua maneira, preocupadas como estão com o impacto de cada ação, cada gesto que executam. De fato, há uma parte do trabalho que acabei de mencionar que é dedicado a esse tópico. Ele escreve: "Em certos casos... o objeto interno central da mãe está morto num dado momento crítico no início da vida do bebê, e seu estado de espírito é de depressão. Aqui o bebê tem de se adaptar ao papel de objeto morto, ou então tem de ser alegre para *contra-agir* com a pré-concepção da mãe com a idéia da falta de vivacidade da criança... A tarefa do bebê em tal caso é estar vivo, parecer vivo e comunicar estar vivo; de fato, esse é o objetivo principal de tal indivíduo, a quem é negado o que crianças mais afortunadas têm, o prazer que a vida e estar vivo podem trazer. Estar vivo é tudo. É uma luta constante para chegar ao ponto de partida e ficar lá. Não é à toa que existem aqueles que fazem da vida algo especial e a transformam em religião. "Compare este trecho escrito com outro, um poema que Winnicott escreveu em 1963. O poema é chamado de "A árvore"(3). Tem um sentido religioso e eu citarei estas poucas linhas:

> Mamãe lá embaixo está chorando
> chorando
> chorando
> Assim eu a conheci
> Uma vez, deitado em seu colo
> Como agora numa árvore morta
> Eu aprendi a fazê-la sorrir
> Para secar suas lágrimas
> Para desfazer sua culpa
> Para curá-la de sua morte interior.

E adicionaremos esse trecho de sua biografia incompleta(4): "Deixe-me ver. O que estava acontecendo quando morri? Minha prece tinha sido atendida. Eu estava vivo quando morri. Isso fora tudo o que havia pedido e o havia conseguido" (Winnicott, 1994, p. 3).

Nós podemos dizer que alguma ou boa parte de suas reflexões e escritos representavam uma forma de falar sobre o que ele tinha aprendido de seus pacientes e dele mesmo, que, enquanto ele tentava achar um caminho de volta para o potencial de seus pacientes, ele estava simultaneamente tentando encontrar um caminho de volta para si próprio, e foi incapaz de abandonar a "questão especial de existir" com a dor de viver uma vida quase totalmente adaptada, na qual o meio ambiente domina. Podemos dizer que esse foi um componente vital de sua mensagem a Melanie Klein, com quem ele aprendeu tanto que ele necessitava de uma resposta a seu gesto, que aquilo era ele falando a ela sobre sua linguagem morta, Winnicott dizendo a ela que ele se recusava a sucumbir ao esforço para conseguir que ele a agradasse. Podemos dizer que aqui está a raiz de sua necessidade intransigente e esforço em ser ele mesmo, qualquer que fosse o Self que iria ser. E esse fator está por trás de cada um dos escritos brilhantes que falam às nossas mentes e corações, cada trabalho que nos encoraja a encontrar nossos próprios caminhos como indivíduos. Aqui entrevemos a simultaneidade de seu trabalho para outros e seu trabalho em prol de si mesmo, o que nós todos intuímos sobre nós mesmos – ou pelo menos eu assim acredito. Quantas vezes, após fazer uma interpretação para um paciente, eu me perguntei se eu estava falando comigo ao mesmo tempo?

Muitos ficam desconcertados com sua linguagem, é muito distante do que eles pensam. Para ele, tal falta de apreciação de seu trabalho seria bastante compreensível. Ele saberia que nós trazemos nosso self individual para cada página de leitura e tudo o que ele poderia fazer seria contar o que ele havia visto e pensado, na esperança de que algo ficasse registrado que levaria o leitor a um novo caminho. Ele disse a British Society durante os

Extraordinary Business Meeting no início do anos 40(5), no ápice do conflito entre o grupo que rodeava Melanie Klein e aquele ao redor de Anna Freud, que: "A busca pela verdade é um ciclo de três fases: observação gradual; construção e tese da teoria baseada em fatos observados; imaginativa frente a uma teoria autorizada em direção à invenção de novos instrumentos de precisão, estes abrindo novos campos de observação objetiva". Foi o terceiro elemento, a "imaginativa" que provou ser difícil para muitos. E é um fato que em todos os seus anos de prática e escrita nunca foi-lhe permitido falar aos candidatos à análise infantil da British Society em mais de três palestras por ano.

Ainda assim, Anna Freud escreveu a ele que seu trabalho sobre objetos transicionais tinha "conquistado o mundo psicanalítico". Como poderia ser que o fenômeno que ele observou e do qual ele tirou tanto, tivesse escapado à atenção concentrada de todos aqueles momentos? Qualquer que tivesse sido o impacto de seus trabalhos anteriores, este não podia ser ignorado. Tal aprovação deve ter sido profundamente satisfatória para ele. Quando ele escreveu o artigo, ele tinha acabado de se casar com Clare Britten, que o nutria de uma forma que sua primeira esposa psicologicamente incapacitada jamais pôde.

Alice Tylor, poucos anos mais velha do que ele, era uma ceramista e pintora com quem ele se casou em 1923. Ele tinha 27 anos, começava a praticar pediatria, e tinha consultado Ernest Jones como "um homem jovem e inibido", como ele o disse. Jones o enviou a James Strachey, que havia acabado sua análise com Freud e era membro do grupo literário de Bloomsbury com óbvios conflitos próprios. Alice e ele gostavam um do outro, tocavam música juntos, viviam em Hampstead, sem filhos, sem sexo. Ela era portadora de uma síndrome cerebral ou doença psicológica ou ambos, que fazia com que ela adormecesse em situações inconvenientes, tais como dirigindo um carro ou comendo à mesa. Ela ficou zangada porque ele queria ser um psicanalista em Londres ao invés do médico de campo que ele havia prometido a ela que queria ser. Ela pensava que Lawrence da Arábia, a quem ela nunca havia encontrado e por quem ela nutria uma paixão romântica, estava se comunicando com ela através de um papagaio.

O casamento estava condenado quando ele encontrou Clare Britten em Oxfordshire, em 1944. Eles estavam trabalhando juntos nos problemas de crianças inglesas refugiadas da Guerra. Nos anos seguintes, seu relacionamento foi mantido em segredo de modo geral. Marion Milner sabia, e disse a ele, depois de seu primeiro ataque cardíaco, que, se ele não deixasse Alice, ele morreria. Ele não queria magoar seu pai ao tornar público sua desavença conjugal. Quando Sir Fredrick morreu, no último dia de 1948, ele seguiu adiante com os planos do divórcio e novo casamento, e desse período veio seu trabalho sobre objetos transicionais. E o resto. Apesar de sempre ter sido produtivo – aos 35 anos ele publicou seu primeiro livro – texto de pediatria que enfatiza fatores psicológicos – ele então cresceu em produção com a maioria dos escritos através dos quais conhecemos.

Aqui podemos ver, atrás do assunto de cada contribuição, o espírito num estado de plenitude, no contexto de um relacionamento com uma mulher que era diferente da mãe que ele se sentia compelido a estimular, e diferente da sua escolha inicial, a mulher deficiente que dependia dele para fazer uma vida para a mesma. Clare, que eu conheci um pouco, era uma mulher inteira por si só. Uma noite ele acordou e disse a ela: "O que aconteceria se eu nunca tivesse outro pensamento original? Eu tenho de continuar praticando no Centro de Londres ou eu nunca conseguiria outro paciente, não é certo?" Ele podia confiar a ela seus sentimentos profundos de vazio, ou assim eu estou concluindo a partir do que me foi dito. Talvez ele tenha tido um tipo de criatividade compulsiva em encher o espaço vazio originário de sua infância com uma mãe deprimida. Nós vemos aqui o eterno esforço para estimular, bem-sucedido ao fazê-lo para milhares de outras pessoas que responderam a seus escritos? É esta a dor motivacional vigorosa que tornou imperativo que ele se manifestasse ao máximo? E poderíamos dizer também que tudo o que ele deu às mães através da vastidão de seus escritos, uma apreciação do valor de sua devoção comum, originou-se em sua tentativa de aliviar sua própria mãe deprimida? Que por trás de todo o crescimento ele permaneceu preocupado com seu cuidado central, e tinha de ser ele mesmo, fossem lá quais fossem as conseqüências, pois ao ser ele mesmo ele estava demonstrando a si próprio e a outros que ele não havia sido destruído? Esta é a persistência dos padrões da infância durante toda a vida adulta, apesar de toda a nova estrutura que cresce da experiência adulta, toda a tensão ao *não-eu*, o mundo externo, separado do conflito interno.

Será que devemos dar um desconto às suas contribuições sobre essa base? Será que devemos dizer que ele foi inadequadamente analisado e, portanto, não deveria ser levado a sério? Ou será que deveríamos reconhecer a nós mesmos e a outros analistas no esforço seqüencial para discernir o genuinamente novo no mundo do *não-eu*, através da propensão geralmente despercebida de nossa própria idiossincrática conjectura da mente?

Ele na maioria das vezes usava de hipocrisia para com o valor dos pais. Ele tinha um tipo de cegueira para com eles e também não era pai. Não tinha filhos, Clare disse que ele era tal criança que não teria espaço para filhos. Este foi um passo de desenvolvimento que ele nunca tomou quando ele e Clare se casaram, ela já não tinha idade para ter filhos. Há uma história a ser contada sobre Winnicott e seu pai, e a história poderia estar ligada ao seu relacionamento com Freud, que foi, para ele, como eu escrevi em outro lugar, um tipo de "pai ambiente" análogo à "mãe ambiente" sobre a qual ele escreveu. Ele era parte do pano de fundo, não o que excitava os instintos como a mãe-objeto faz. Freud sempre foi reconhecido, mas Winnicott nunca tentou mostrar as formas pelas quais ele tinha divergido de seu pai psicanalítico, somente dizendo que era seu espírito inquiridor com o qual ele se identificava. E poderia se dizer que, a esse respeito, Winnicott foi o mais freudiano de todos.

O que me traz de volta aos meus comentários de abertura sobre o desenvolvimento individual do analista, em oposição ao desenvolvimento dentro do contexto de uma escola de pensamento. Winnicott não podia evitar ficar preocupado com ser ele mesmo e ele inadvertidamente atraiu aqueles numa posição similar, o que quer dizer todos aqueles que se desviaram da fonte de seu próprio ser. Em nossos institutos, em nossa análise de treinamento, qualquer importância dada à pressão por um ponto de vista paroquial é uma imitação grosseira do desenvolvimento individual. Eu não estou falando de perfeccionismo inumano aqui, mas da importância de dar o maior escopo possível para conhecer-se a vida interior de outra pessoa e a conseqüente possibilidade de que os talentos e as capacidades, que de outra forma seriam inacessíveis, encontrem seu caminho para se abrir.

Como Winnicott demonstrou com suas próprias contribuições, é possível que mentes altamente originais adicionem sua percepção e suas descobertas à massa de conhecimento psicanalítico. Não há uma Mesa de Juízes que dita o que pode ser adicionado ou não. A comunicação de idéias é agora possível de uma forma mais ampla do que nunca foi anteriormente. Aqueles que continuam a pensar que há um inimigo dentro de nosso campo que deve ser derrotado estão dando vazão à sua própria dinâmica. Aqueles que posam como árbitros finais da verdade podem agora ser vistos como figuras cômicas não-dispostas ou incapazes de reconhecer as limitações humanas.

Eu sei que meu assunto é muito amplo e muito profundo. Há muito para ser articulado, muitas complicações as quais eu posso apenas sugerir, parcialmente porque eu também estou preso ao mistério. Eu terminarei repetindo algo que nós aprendemos com Winnicott, que o Verdadeiro Self é a fonte inexaurível que não pode ser possuída nem mesmo pelo seu portador ou qualquer observador, pode ser sentida, mas, nunca vista, e somente termina com a morte. Como um homem completamente vivo, Winnicott, o músico, o poeta, o crítico social, o palhaço, o "amante" das mães devotadas comuns e seus bebês, o psicanalista dos indivíduos profundamente perturbados e não tão profundamente perturbados, o militante de sua sociedade profissional, aquele que lutou com a dificuldade que cada homem tem no seu relacionamento com a realidade, o observador atento de outros em ambas as formas, objetiva e subjetiva, o escritor de livros, o artista de rabiscos, Winnicott, o homem em movimento, mostrou-nos em ação o cerne vibrante e trepidante que não poderia ficar parado por tempo suficiente para permitir que a câmera o captasse, classificasse, arquivasse, ou resumisse.

Nesta data, 25 anos após a sua morte, estamos gratos que Winnicott tenha falado, não simplesmente por causa de suas muitas idéias originais, não simplesmente por ter chamado nossa atenção às áreas de relevância à psicologia humana não-identificadas anteriormente, mas por causa de sua odisséia, como foi comunicado a nós pela palavra escrita, ele deu apoio à luta que todos nós temos – de manifestar nosso potencial, de forma que nós e outros possamos ser testemunhas de fato de que existimos, nós temos vivido, nós realmente vivemos.

Referências Bibliográficas

(1) *O Gesto Espontâneo*. Carta a Melanie Klein, 17 de novembro de 1952.
(2) Comunicado e não comunicado levando ao Estudo de Certos Opostos. (1963) em TMPATFE.
(3) "A árvore", poema não-publicado, datado de 4 de novembro de 1963.
(4) DWW: Uma reflexão. Por Clare Winnicott. Entre a realidade e a fantasia. Ed. Simon Grolnik e Leonars Barkin. Northvale, New Jersey e Londres, Aronson, 1978.
(5) As controvérsias Freud-Klein. Entrevista à The Paris Review, 1997. Ibid., p. 69-70.

O Gesto Espontâneo*

F. Robert Rodman, M.D.
Tradução de Sonia Strong

Como um desenvolvimento da conferência que apresentei esta manhã, é fácil chegar ao assunto do gesto espontâneo. Há uma óbvia conexão entre o gesto espontâneo e o conceito do Verdadeiro Self em ação, o gesto que advém do estado não-integrado de um bebê como uma expressão de um impulso natural, e tudo o que pode ser expresso por uma pessoa durante sua vida representa sua natureza mais profunda. Winnicott achava que o Verdadeiro Self é um fenômeno isolado, sempre incomunicado, nunca encontrado. Eu diria que o Verdadeiro Self pode ser sentido, mas nunca resumido ou verbalizado ou conquistado por uma formulação. Não importa quão inteligente nossa linguagem seja, nós não capturamos o coração vivo da pessoa. Isso deve ser dito e, de fato, é uma idéia libertadora, já que podemos simplesmente dispensar todos os esforços onipotentes e dar um suspiro de alívio. Pensando em termos do conceito de Winnicott do "Uso de um Objeto", encontramos uma realidade externa às nossas fantasias destrutivas que sobrevive a elas e, sendo assim, é real. Livramo-nos da culpa que acompanha a superestimação do alcance de nossas fantasias. Somente podemos apreender parte da pessoa se tivermos sorte.

---

* Apresentado na Conferência sobre Winnicott, Lacan e Klein na Universidade de São Paulo, Brasil, 27 de setembro de 1997.

Nunca o todo. E isso também é verdadeiro a respeito de nós mesmos, já que não podemos conhecer a nós mesmos completamente. Há sempre uma vasta reserva de desconhecido, e isto, talvez, é o que torna a vida interessante, mesmo que às vezes frustrante. Nós todos temos um inconsciente, que na sua maior parte não pode ser apreendido. Uma linha de meu próprio pensamento tem sido a de que uma parte importante da ação terapêutica da psicanálise consiste no que o paciente aprende sobre a natureza profunda do analista. Da forma como eu vejo, o analista faz um esforço para manter-se anônimo, com várias marcas no seu comportamento advindas dessa palavra. Alguns alcançam o anonimato tão completamente, que podem gabar-se de ter executado a disciplina necessária para abrir espaço para o paciente, como ensinado por Freud, enquanto outros não serão capazes de alcançar essa condição por razões de temperamento, ou porque eles a consideram prejudicial se levada a extremos. Penso que há espaço para todos nós sob o guarda-chuva psicanalítico, e é melhor que haja, porque não há um tipo único de personalidade que represente a vasta gama de pessoas que executam nosso trabalho.

É também verdade que as pessoas mudam à medida que ganham experiência e ficam mais velhas. Isso certamente ocorreu comigo. Estudantes tentando aprender análise irão seguir o conselho de seus supervisores e tendem a obscurecer a si próprios, enquanto, com o tempo, à medida que seus superegos profissionais ficam mais à vontade, eles provavelmente se tornarão um pouco mais espontâneos. Isso é diferente de contar aos pacientes sobre sua vida pessoal, o que eu não faço. Mas há outras dimensões para a auto-revelação, certa atitude que permite a expressão pessoal na forma que as interpretações adquirem, na expressão de afeto de certos momentos, ao sermos capazes de nos surpreender, ou mesmo, às vezes, pela revelação desse ou daquele pequeno fato. De vez em quando pode ser um grande fato. A expressão do Self da qual eu falo tem algo a ver com alegrar-se com sua própria "voz", a marca que diz aos outros: "este é quem eu sou".

Meu ponto de vista é que o paciente chega a conhecer algo mais profundo e constante sobre seu ou sua analista durante o curso de um longo período de trabalho, no qual o analista está principalmente tentando não se intrometer. A tensão gerada por essa disciplina dá uma veracidade adicional ao que realmente se torna detectável. E sendo assim, utilizável. Este pode ser o sentido do Verdadeiro Self do analista, como um exemplo do fato de que um Verdadeiro Self pode existir e ser produtivo, embora mantido sob controle enquanto aspecto expressivo, para não mencionar quaisquer características específicas daquele Verdadeiro Self que não são relevantes e úteis ao paciente. O que estou dizendo aqui é, eu acho, algo diferente do reconhecimento de que o par paciente/analista é um par interativo, ou que há algo chamado contratransferência, ou a questão de se é certo ou errado para o analista às vezes admitir que ele cometeu um erro. De certa forma, meu ponto de vista engloba tudo isso e é o pano de fundo regular de qualquer trabalho. A vida pessoal do analista é uma característica intrínseca do seu trabalho, não expressada em palavras, mas colorindo sua linguagem e todas as escolhas que ele ou ela faz, em relação ao que interpretar e o que deixar de lado.

Em minha introdução às cartas de Winnicott fiz uma conexão entre o gesto espontâneo e a associação livre, enfocando o paciente. Interesso-me pelas associações livres do analista, e tenho tentado estudar o assunto ao tomar notas cuidadosamente sobre o conteúdo de minha mente durante a análise de um paciente em particular. As origens disso vêm de quando me tornei consciente das imagens em minha mente durante as horas de trabalho. Isso pode ter sido estimulado pelo advento da tela do computador nos anos 80, ou talvez através de certos desenvolvimentos de minha própria vida que levaram minha atenção a focalizar-se na operação de meu processo de pensamento. Comecei a perceber que muito da minha memória tomava a forma de imagens visuais, que eram colocadas em certo tipo de arranjo, de forma que lembrar-me de algum fato sobre o paciente era notar uma imagem pictórica que podia ser colocada em palavras no momento apropriado. Com atenção, essas imagens, ou ícones mostravam seu conteúdo, como se a memória fosse decodificada através de um ato de atenção. Quando perguntei a outros, fiquei sabendo que as pessoas se lembram de formas diferentes, alguns mais verbais ou musicais. Eu ainda não posso classificar os aspectos pessoais da memória individual, mas percebi, ao estudar a mim mesmo, que as percepções sobre um paciente podem surgir de uma mudança nos relacionamentos de imagens. Notei que me movia entre o rascunho, no qual podia ver agrupamentos de fatos e idéias espalhadas à minha frente, e o estudo em close de arranjos individuais, quando eu era incitado pela curiosidade ou pelo fluxo das associações do paciente a fazê-lo.

Quando notei essa característica de meu pensamento, comecei a escrever tudo o que eu podia notar das imagens e associações em minha mente sugeridas ao escutar o paciente, e também quando elas surgiam espontaneamente bem distantes do que o paciente tinha a dizer. Eu estava procurando uma forma de capturar a matriz da mente dentro do que a psicanálise revela. Então escrevi o que cada um de nós disse na verdade, e ao mesmo tempo, minhas observações sobre meu estado mental.

O resultado disso foi um registro volumoso de minha própria condição de vida, simultaneamente com a tentativa de entender o paciente. Como resultado da observação atenta da interação paciente/analista, notei que às vezes eu não sabia o que pensava a respeito do paciente até eu começar a falar. Eu podia ter uma idéia do que queria pôr em palavras, mas ao começar a falar, encontrava muitas outras idéias enfileiradas esperando atrás do que estava sendo falado, o que me levava a perceber muito mais a respeito do paciente do que eu estava cônscio. Havia um fundo visual ao meu discurso quando falado. Eu podia estar olhando fixamente para um quadro que não estava sendo percebido, já que as minhas visualizações estavam sobrepostas a ele. Havia, dessa forma, percepções de visualizações de meu pré-consciente e uma impressão dessas visualizações em idéias, que eram então transformadas em discurso.

Isso parece complicado, e talvez seja, mas também é natural, para mim pelo menos, e para outros deve haver um padrão igualmente natural a eles. Foi, eu penso, a condição espontânea do discurso que me levou a esse conhecimento.

Nesse momento, comecei a ver que o que nós sabemos, seja o analista ou o paciente, é limitado quando nos baseamos apenas na introspecção para percebê-lo. Temos de nos empenhar num ato de expressão do Self para saber o que conhecemos. Para os escritores, é o ato de expressão do Self através da escrita que lhes dá aquele conhecimento. Como disse o novelista John le Carré: "Sem uma caneta em minha mão não consigo pensar". Isso certamente explica por que a associação livre é um método tão indispensável, por que uma pessoa não pode deitar num divã uma vez por dia sozinha e pensar sobre sua vida e chegar aos resultados que essa pessoa chegaria se palavras faladas fossem dirigidas a um(a) ouvinte. Dessa forma, escrever cartas pode se tornar uma espécie de análise, e foi dito que Fliess era o analista de Freud.

Freqüentemente, o que eu teria dito ao paciente de forma menos cuidadosa, depois de um começo ensaiado, por assim dizer, tem uma qualidade mais memorável. Pode ser que o que eu eventualmente diga seja um tipo de informação resumida, palavras novas e concisas para o que eu tenha procurado articular, e isso também tem uma qualidade mais espontânea do que aquilo que levou a essa afirmação. Um analista geralmente deve ter adquirido confiança antes que ele ou ela possa dirigir-se a um paciente dessa forma. Deve-se colocar de lado qualquer conceito de uma interpretação perfeita a fim de abrir caminho para as próprias frases espontâneas. Com "frases espontâneas" eu não estou me referindo a afirmações agressivas não-examinadas, como o são certas palavras quando aparecem na mente de um analista, mas ao resultado de pensamentos anteriores que não tenham sido previamente formulados, ou a novos pensamentos que nunca teriam ocorrido numa condição de silêncio. A confiança na própria habilidade de escolher o que é potencialmente útil deve ser pano de fundo de tais declarações, e esta confiança em geral não está presente no aluno.

Então, combinada com a espontaneidade, está a capacidade de escolher. Essa qualidade de interpretação pode ter mais do Verdadeiro Self do analista do que a do tipo ensaiado, ou, se posso dizer dessa forma, a do tipo mais completamente despersonalizado, que exclui o elemento espontâneo da expressão do Self do analista. E confesso que, aqui, posso estar expressando algo da frustração que advém de uma longa carreira de anonimato.

Em qualquer análise a longo prazo o paciente quer saber quem eu sou, e geralmente não consegue dizer o que tal frase significa. Pois se o que ele ou ela deseja são informações pessoais, fatos sobre a minha vida pessoal e formação acadêmica, essa não é a questão mais profunda. Acredito que o que eles diriam, se pudessem, é que querem saber algo que tem a ver com o meu Verdadeiro Self. A única forma de eles conseguirem um pouco disso é ficarem comigo por um período de tempo durante o qual eles e eu passamos por muitos estados de espírito dentro das regularidades do *setting* analítico. O que eles eventualmente ficam sabendo é algo sobre mim inadvertidamente expresso através da disciplina do anonimato, dentro da qual eu focalizo minha atenção e poderes de reflexão nos pacientes.

O que eles aprendem é que eu não sou uma das figuras de transferência que eles regularmente pensam que percebem, mas ao invés disso, uma estranha e nova figura que eles nunca encontraram antes. Essa estranheza pode ser um eco da estranheza original de seus próprios pais, a quem eles conhecem apenas em parte, e às vezes em um grau mínimo. Pode-se viver uma longa vida e mal conhecer os pais, quero dizer, compreender as dimensões subjetivas da experiência de vida de seus pais. Isto leva à questão do valor de conhecer alguém, o que está próximo às limitações narcísicas do conhecimento subjetivo. O que é frustrante em meu método de pesquisa de fazer anotações é ele que altera de forma absoluta a natureza das interações. Minha própria absorção no meu Self coloca-me num lugar muito mais central do que quando nenhuma anotação é feita. Fazer anotações começa a se aproximar de minha própria autobiografia, um tipo de associação livre evocativa do trabalho do escritor irlandês James Joyce, enquanto os comentários do paciente retrocedem para o último plano. Aqui está meu narcisismo, que pode impor limites ao meu conhecimento subjetivo do paciente enquanto "outro". Quando leio minhas anotações, posso ver a mim mesmo tratando de entender os significados, e sou capaz de traçar meus comentários verbais através da matriz de minhas próprias associações pessoais. Isto foi, assim pensei, valioso. Mas minha tentativa de escrever os momentos fugazes de meu trabalho está condenada. Os momentos que capturo são o resultado anormal de minhas próprias preocupações.

Todas aquelas trocas brilhantes que mereciam, assim pensei, ser gravadas, têm de ser deixadas em seu estado transitório como palavras faladas as quais ninguém mais, somente o paciente e eu, terá ouvido. O elemento incomunicado do Verdadeiro Self não pode ser engarrafado. As expressões fugazes da verdade profunda podem apenas ser recriadas, ou criadas novamente em forma de arte. A busca científica de tais expressões estava, em minhas mãos, tão sujeita ao princípio de incerteza de Heisenberg, de acordo com o qual a presença do observador altera o objeto de sua atenção, que meus objetos de estudo, o paciente e eu mesmo, eram continuamente modificados, e de uma maneira que não podia ser desprezada. Uma vez no caminho evocado por uma frase minha em particular, a natureza da análise ficava permanentemente alterada. Não necessariamente para pior, eu diria, mas diferente do que teria sido se eu não estivesse tão preocupado em escrever. A espontaneidade do intercâmbio seria dificultada. E mais uma coisa: eu não podia escrever o que eu estava falando à medida que falava, e quando eu voltava a escrever algo, qualquer coisa depois de ter terminado, as palavras pareciam pálidas e sem vida quando comparadas com o que eu pensava que tinha acabado de dizer, e o que eu tinha sentido quando as estava dizendo. Além disso, depois de falar, eu queria ouvir a reação do paciente, e minha atenção estava comprometida pelo esforço simultâneo de registrar o que eu havia dito. Então, naqueles momentos cruciais, eu estava tentando me manter atualizado e ao mesmo tempo escutar atentamente, uma tarefa difícil, se não impossível. Tudo isso é parte do problema de estudar as sessões de análise de forma concreta, isto é, com algo registrado ao mesmo tempo, ao invés de lembrado, e, como eu acredito, bastante distorcido em seus resultados.

A atenção ao gesto espontâneo e às revelações do Verdadeiro Self podem aumentar a consciência do analista às lutas pessoais de seus pacientes e, claro, dele mesmo. Tive uma experiência com um paciente, recentemente, na qual ficou claro que o homem tinha o hábito de reprimir a expressão do Self durante sua vida numa variedade de formas. Havia vários exemplos de momentos em sua vida quando algo inerente a ele explodia em expressão e ele prestava muita atenção a esses momentos, maravilhando-se com eles e tendendo a falar sobre eles em termos religiosos. Às vezes, essas expressões eram acessos de fúria inoportunos. Fossem bem-vindos ou não, entretanto, eles eram sempre interrompidos e guardados na memória, ao invés de levados a outros. Esse homem imensamente talentoso não conseguia escolher uma esposa ou uma carreira. Contava 40 anos de idade, com muitas namoradas durante anos, algumas das quais eram possibilidades muito sérias. E ele conseguia realizar muitas coisas como um tipo de figura de fundo a serviço de outros. Mas não podia cruzar a linha que levava ao casamento ou a uma carreira num sentido apropriado. Em nossa interação durante uma sessão em particular, consegui discutir sua condição mental de maneira detalhada, o que nos levou de volta à discussão que tivéramos uma vez, quando ele me perguntou se eu estava em contato com meus sonhos. Ele estava olhando para mim como um exemplo de vida que ele podia aprender a emular. Ele sempre trazia à tona seus sonhos, os quais ele anotava. Não olhava para o que ele tinha escrito até que a sua sessão chegasse. A análise de seus sonhos era bastante produtiva, e nós nos referíamos a muitos de seus sonhos antigos memoráveis no curso de nosso trabalho. Mas ainda assim não havia mudança em áreas para as quais ele havia buscado a análise, para começar. Eu havia dito a ele que meu trabalho requeria uma consciência dos sonhos, e sendo assim eu estava mais em contato com os meus do que as pessoas de outras profissões. Mas na sessão à qual me referi, eu percebi algo mais. Espontaneamente, comparei seu tratamento dos momentos surpreendentes de expressão do Self com o trabalho do artista americano Joseph Cornell (uma biografia que eu havia lido recentemente), que arranjava objetos do dia-a-dia em caixas. Eu disse que ele encaixotava seus momentos e os mostrava, como se estivessem num pequeno museu pessoal. Mais tarde, durante a consulta, disse a ele que eu não teria dito aquilo se não tivesse estado falando longamente acerca de nosso trabalho, durante o qual eu usei a palavra caixa. Então trabalhei em cima da palavra, acrescentando a ela o nome Joseph Cornell e depois disso a noção de museu pessoal. Eu estava respondendo ao seu desejo de saber mais a respeito de mim e de meu processo de pensamento.

Então percebi que essa minha construção espontânea era um tipo de sonhar acordado, um tratamento metafórico do que eu sabia sobre ele. Consegui então dizer que ele tomava um grande cuidado em não permitir que sua própria vida de sonhar acordado fosse expressa a outrem, mesmo que ele colecionasse muitos sonhos na forma escrita para serem mostrados a mim. Lembrei-me do comentário de Winnicott em algum lugar sobre estar em contato com o sonho como um critério de normalidade. Ele estava diferenciando o sonhar do sonhar acordado.

Esse é um pequeno exemplo da forma pela qual a atenção ao gesto espontâneo e sua contraparte adulta, o Verdadeiro Self em ação, pode colocar o analista em contato com certo tipo de estado inibido. A propósito, esse homem, como tantos outros pacientes, sempre havia pensado que ele tinha matado alguém. Não no sentido no qual nós geralmente pensamos de um assassino, isto é, ele não matou ninguém, mas ele apenas pensava que sim, no fundo dele mesmo. Uma vez ele esteve envolvido num incidente no qual seu carro foi roubado e utilizado para a realização de um crime, e ele teve de perguntar a si mesmo se ele havia realmente cometido o crime. Era impossível que ele o tivesse feito, mas sua culpa era tão grande, que ele tinha de pensar naquilo muitas e muitas vezes. Durante a sessão sobre a qual eu estava comentando, percebi que a probabilidade é que a pessoa a qual ele se sentia culpado de matar seria ele mesmo, e não apenas na infância quando ele inventou o seu método de autocontrole, o qual, de fato impediu seu desenvolvimento, mas durante toda a sua vida. Ele viveu sempre assassinando a expressão do seu Verdadeiro Self, impedindo a ele mesmo de viver sua vida. Essa idéia levou-me à idéia de Lacan do Inconsciente como o Outro, e a possibilidade de que ele tivesse a experiência de seu Verdadeiro Self como o Outro, de forma que o encarceramento de sua expressividade poderia ser vista como uma tentativa de evitar a intrusão desse Outro.

Tenho, então, de perguntar a mim mesmo por que algumas pessoas têm conflitos como esses, isto é, por que alguns podem se expressar e sentir que o que eles estão expressando é verdadeiro para eles, enquanto outros, tais como meu paciente, podem sentir que eles devem se proteger dos resultados inesperados ao permitirem que seu Outro inconsciente se manifeste. Suspeito que se o Verdadeiro Self de alguém é tratado como um Outro intrusivo, a base está no distanciamento da mãe em relação a seu bebê. Tenho tentado articular o pensamento produtivo que pode se seguir à preocupação materna com o gesto espontâneo e o Verdadeiro Self. Muito do que eu disse ao meu paciente foi espontâneo, e resultou do estudo cuidadoso e prolongado do paciente e de mim mesmo. Aqui está outra frase da entrevista com John Le Carré, que mencionei anteriormente "Entrevistador: Seus personagens sempre parecem estar em busca de suas próprias identidades. Le Carré: Sim, é verdade, mas isto é parte do centro dourado que não se pode tocar. Eu estou à procura do meu, eles estão à procura dos deles".

Essa é uma outra forma de falar da percepção arduamente conseguida por Winnicott do elemento incomunicado do Verdadeiro Self. Para muitos de nossos pacientes, é o centro dourado que é a questão, e nós estamos na posição de pressionar com nossas interpretações para que haja um alívio da expressão, e ainda assim, ao mesmo tempo, manter uma atitude respeitosa e não-possessiva em relação ao centro dourado. Ele é, obviamente, um santuário pessoal que nunca deve ser invadido, e quando nos dirigimos ao paciente, estamos falando com a parte dele ou dela que tem como obrigação protegê-lo. Estou seguindo Winnicott aqui, em seu trabalho sobre o Verdadeiro e o Falso Self. Há, de fato, quatro figuras envolvidas, o analista, o paciente-protetor, e os centros dourados de ambos. O analista procura as evidências das formas nas quais o paciente não se sentiu seguro o suficiente para se revelar, na forma de defesas e fantasias latentes sobre o analista na transferência. Uma seqüência bem-sucedida inevitavelmente terá o paciente em contato com sua avaliação do Verdadeiro Self do analista. Essa é a razão provável para querer saber sobre ele, ou querer saber o suficiente para decidir se esse relacionamento é diferente dos anteriores, nos quais o trauma precoce fez com que o paciente se tornasse preconceituoso em relação a todos os que, em potencial, poderiam ajudá-lo, alguns dos quais não teriam sido seguros o suficiente, enquanto outros poderiam ter sido, se estivessem visíveis além das fantasias dominantes enraizadas no trauma.

Eu sei que isso não mostra a história completa do esforço pela auto-expressão. Se considerarmos o trabalho de Winnicott "Fear of Breakdown" (Medo de Colapso), notaremos que uma posição menos defensiva inevitavelmente levará alguns pacientes a tão desejada repetição do colapso original, experiência para a qual a criança não estava suficientemente madura emocionalmente. Dessa forma, os nossos melhores esforços podem levar à derrota, baseados no fato de que eles são, inevitavelmente, se efetivos, as conexões para um colapso. Entretanto podemos ser capazes de entender esse medo e esse desejo suficientemente bem para trazê-los à tona.

Eu abri um leque muito além do conceito do gesto espontâneo, para o verdadeiro "self", para livre-associações, para as quatro figuras no consultório. Ao invés da palavra "self" eu poderia ter usado a palavra "identity" [identidade] que Erikson tornou popular alguns anos atrás. Implícita em todos eles há uma essência irredutível através da qual reconhecemos os indivíduos em particular. Seria fácil usar a palavra alma e elaborar a respeito dos aspectos religiosos da psicanálise. As palavras santuário, reverência, alma, absolvição, perdão, prece, humildade, divindade, redenção – todas elas possuem relevância no trabalho que fazemos.

De qualquer ângulo que abordemos o trabalho do psicanalista e os problemas que os pacientes nos trazem, todos os caminhos conduzem ao centro, que é a confusão de quais aspectos de nós mesmos merecem ser identificados como "eu".

Algumas palavras sobre o viver criativo com o olhar de D. W. Winnicott

Ivonise Fernandes da Motta

> *"Se eu me pergunto o que meus pacientes querem de mim, eu teria de responder que eles querem que os ajude a viver."*
> (Robert Rodman)

> *"O que oferecerás à morte quando ela bater à tua porta? Vou oferecer à minha hóspede a taça cheia de minha vida. Não deixarei que ela vá embora de mãos vazias. Colocarei diante dela a suave colheita de todos os meus dias de outono e de todas as minhas noites de verão. No fim dos meus dias, quando ela bater à minha porta, vou entregar-lhe tudo o que ganhei e tudo o que recolhi com o árduo trabalho de minha vida."* (Tagore)

"O viver Criativo com o Olhar de D. W. Winnicott", congresso realizado na USP em outubro de 1999 e do qual Robert Rodman fez parte, teve por logotipo ou imagem representativa a Cruz Ansata. O folheto do evento, além da imagem, continha os seguintes dizeres: "Ankh ou Cruz Ansata é freqüentemente chamada a Chave da Vida ou a Cruz da Vida por causa de seu poder criativo. A alça é considerada como sendo o símbolo do feminino, enquanto que a forma em T é considerada o símbolo do masculino. Juntos, refletem a continuidade da Existência.

Portanto, a Cruz Ansata está relacionada à criatividade do Viver. Em suas origens é um símbolo de Vida vindo do Egito, vindo do Sol. Está relacionado à Saúde e à Felicidade".

Em vários de seus escritos, Winnicott realça o trabalho psicanalítico tendo por objetivo capacitar o paciente a ter uma qualidade de vida melhor. Uma vida melhor significando fortalecer os próprios interesses e tendências, e o sentimento de viver uma vida própria com tons e matizes que lhe são característicos.

A esse respeito, Winnicott (1986) afirma:

> "É claro, então, que nós não estamos satisfeitos com a idéia de saúde como uma simples ausência de desordens psiconeuróticas, isto é, de distúrbios relativos à progressão das configurações do id na direção da genitalidade completa, e à organização de defesas em relação à ansiedade no relacionamento interpessoal. Nós podemos dizer nesse contexto que a saúde não é felicidade. A vida de um indivíduo saudável é caracterizada por medos, sentimentos conflitantes, dúvidas, frustrações, assim como por aspectos positivos. A coisa principal é que o homem e a mulher sintam que ele ou ela *está vivendo sua própria vida*, assumindo responsabilidade por ação ou inatividade, e capaz de ter confiança para o sucesso e culpa pelo fracasso. Sinteticamente, pode ser dito que o indivíduo emergiu da dependência para a independência, ou para a autonomia" (p. 27).

Os temas discutidos no congresso refletiram preocupações com essa abordagem do trabalho psicoterapêutico psicanalítico: "O Verdadeiro Self do Analista"; "O Olhar do Afeto e da Ética no

Viver Atual"; "O Gesto Espontâneo e Criativo na Interpretação"; "A Vida Interna das Pessoas no Mundo Tecnológico"; "A Alegria e a Criatividade".

O olhar de Winnicott para a criatividade, suas características e sua importância no viver humano, irá discordar de seus antecessores, Freud e Klein, ao focalizar suas origens e operatividade desde o nascimento do bebê ou, mesmo antes, na vida intra-uterina.

> "Temos de dizer que o bebê criou o seio, mas não poderia tê-lo feito se a mãe não tivesse chegado com o seio exatamente naquele momento. O que se comunica ao bebê é: 'Venha para o mundo de uma maneira criativa, crie o mundo; só o que você criar terá significado para você'. E em seguida: 'O mundo está sob seu controle'. A partir dessa *experiência de onipotência inicial* o bebê é capaz de começar a experimentar a frustração, e até mesmo chegar, um dia, ao outro extremo da onipotência, isto é, perceber que não passa de uma partícula do universo, um universo que ali já estava antes mesmo da concepção do bebê, e que foi concebido por um pai e uma mãe que gostavam um do outro. Não é a partir da sensação de ser *Deus* que os seres humanos chegam à humildade característica da individualidade humana?" (Winnicott, 1994, p. 89 e 90).

A importância do ambiente e da cultura nessa complexa trajetória, desde a dependência absoluta até a dependência relativa ou autonomia, será sublinhada ao longo de toda a sua obra.

O desenvolvimento psíquico estará baseado desde o início nas funções corporais. As vivências corporais, quer de satisfação ou tranqüilidade, quer de frustração ou excitação, levam a vivências e trocas com o ambiente, com a mãe ou aqueles que desempenham as funções maternas, e irão constituindo experiências, memórias, bases para a construção e constituição gradativa do que denominamos self. Winnicott enfatiza a importância da personalização na conceitualização do que seria saúde. Habitar o próprio corpo, o sentimento de que o corpo lhe é próprio, com limites que são gradativamente adquiridos, ou seja, noções do que está dentro e do que está fora, com a pele estabelecendo as fronteiras, são aquisições gradativas de suma importância para o bebê ou para a criança, e serão imprescindíveis na conquista de bases favoráveis para o desenvolvimento saudável. A integração psique-soma e sua manutenção vão tecendo boas possibilidades de trocas com o ambiente, no assentamento de boas bases de um desenvolvimento psíquico saudável. Para tanto, o ambiente desempenhará função importantíssima, ao propiciar condições favoráveis ou desfavoráveis à construção de boas bases de assentamento e integração psique-soma, boas bases para a personalização.

A importância de ser amado desde o início, da maneira que somos ao nascer e mesmo antes de nascer, aí incluindo-se anomalias, deformidades, deficiências, leva-nos a situações bastantes complexas e com graus diferentes de dificuldades tanto para o recém-nascido quanto para a mãe, para os pais e familiares em geral. Em um dos casos apresentados por Winnicott em seu livro sobre consultas terapêuticas, o Caso Iiro, o menino tinha sindactilia (a presença de uma membrana ligando os dedos), e através do trabalho realizado com Winnicott foi revelado o quanto era importante para o menino a certeza de que seria amado como ele era, incluindo sua deficiência.

A esse respeito, diz Winnicott:

> "Aquilo a que o menino tem de poder ajustar-se é a atitude da mãe e de outras pessoas com respeito à sua deformidade, e acaba por tornar-se necessário ver a si mesmo como anormal. De começo, contudo, a normalidade para a criança deve ser a sua própria forma e função somática. Tal como começa, assim tem de ser aceito, e assim tem de ser amado. É uma questão de ser amado sem sanções.
>
> É muito fácil transportar essas observações para um exame das necessidades das crianças que são deformadas. Ser amado no início significa ser aceito, e constitui uma distorção, do ponto de vista da criança, se a figura materna tiver uma atitude do tipo: "Amarei você se for bom, se for limpo, se sorrir, se beber tudo" etc. Essas sanções podem vir mais tarde, mas de começo, a criança tem um diagrama de normalidade que

é em grande parte questão da forma e do funcionamento de seu próprio corpo. Pode-se pensar que certamente essas questões têm a ver com uma idade posterior, quando a criança tornou-se uma pessoa relativamente sofisticada. Não se pode negligenciar a observação, contudo, de que essas são questões dos primeiríssimos dias de vida da criança. É verdadeiramente no início que a criança precisa ser aceita como tal e beneficiar-se de uma aceitação desse tipo. Um corolário seria que quase toda criança foi aceita nos últimos estágios antes do nascimento, isto é, quando se está pronto para o nascimento, mas o amor é demonstrado em termos do cuidado físico que é usualmente, mas não sempre, satisfatório quando se trata do feto no útero. Nestes termos, a base para o que chamo de personalização, ou a ausência de uma tendência especial à despersonalização, começa antes mesmo do nascimento da criança, e é certamente muitíssimo significante, uma vez que a criança tem de ser sustentada por pessoas cujo envolvimento emocional precisa ser levado em conta, assim como suas reações fisiológicas. O começo daquela parte do desenvolvimento do bebê, que estou chamando de personalização, ou que pode ser descrita como uma habitação da psique no soma, tem de ser encontrado na capacidade que a mãe ou a figura materna tenham de juntar o seu envolvimento emocional, que originalmente é físico e fisiológico" (1970, p. 205).

A integração do envolvimento emocional da mãe com o cuidado físico e fisiológico irá dar a mesma direção de desenvolvimento do bebê, ou seja, a integração do psíquico e do somático. O amor materno expresso através dos cuidados físicos irá, gradativamente, criar um diálogo corporal aliado ao diálogo emocional. À medida que essa união (psique-soma) vai sendo fortalecida através das vivências diárias do par mãe-bebê, bases importantes do que chamamos saúde psíquica estarão sendo estabelecidas.

Nesse contexto, várias das assim chamadas doenças psicossomáticas teriam suas raízes em dificuldades e complicações nessa integração inicial, que indubitavelmente podem ter repercussões as mais variadas no desenvolvimento infantil, desde patologias leves até as mais graves.

Na atualidade, os avanços no campo das ciências, inclusive das ciências médicas, têm nos dado maiores conhecimentos sobre as doenças denominadas psicossomáticas. Tanto os diagnósticos quanto os tratamentos têm sido consideravelmente ampliados, propiciando várias abordagens, inclusive a utilização de vários fenômenos culturais com essa finalidade (pintura, escultura, confecção de arranjos florais etc.).

O acompanhamento de pacientes com severos transtornos psicossomáticos me fez visualizar a importância da integração gradativa de várias vivências emocionais do paciente para a melhora gradativa dos sintomas, sua remissão e possivelmente o conseqüente controle ou paralisação da "doença". O trabalho com esses pacientes revelou-se árduo, difícil, principalmente no início, quando estavam presentes sintomas bastante limitadores (paralisias, dores acentuadas no corpo, bloqueios de movimentos etc.). À medida que o trabalho psicoterápico tinha prosseguimento, aprofundando-se em vivências emocionais por vezes bastante densas, pesadas, primitivas, os sintomas físicos iam diminuindo sua força e magnitude. Essas experiências psicoterápicas com esse tipo de paciente confirmam a importância dessa integração inicial psique-corpo para a construção de boas bases de desenvolvimento psíquico.

O psiquismo ancorado no físico e a elaboração imaginativa das funções corporais são bases primordiais para as aquisições posteriores nos vários níveis do desenvolvimento, tanto emocionais quanto outros (cognitivos, motores etc.). A esse respeito Winnicott afirma:

> "Algumas estruturas de excitação revelam-se dominantes, e a elaboração imaginativa de qualquer excitação tende a ocorrer nos termos do instinto dominante. Um fato óbvio: no bebê, é dominante o aparelho responsável pela ingestão, de modo que o erotismo oral colorido por idéias de natureza oral é amplamente aceito como característico da primeira fase do desenvolvimento instintivo" (1990, p. 58).

E mais adiante:

"Existe uma progressão do tipo de instinto ao longo da infância, culminando na dominância da excitação e da fantasia erótica genital que caracteriza a criança aprendendo a andar, a qual já percorreu plenamente todos os estágios anteriores. No intervalo entre a primeira fase, oral, e a última, genital, há a variada experimentação de outras funções e o desenvolvimento das fantasias correspondentes. As funções anais e uretrais com as fantasias que lhes são próprias dominam de modo transitório, ou mesmo permanentemente, predeterminando assim um tipo de caráter" (1990, p. 58).

Nessa perspectiva, a integração psique-soma já conseguida antes do nascimento e fortalecida com as vivências pós-parto, com as vivências repetidas de diálogo físico-emocional do par mãe-bebê durante os primeiros meses, ao longo dos primeiros anos de vida, abrem passagem para a possibilidade de se chegar ao que denominamos "genitalidade", que sabemos ser um complexo caminho quando pensamos em termos de desenvolvimento psíquico.

"O jogo 'Sabe guardar um segredo?' pertence tipicamente ao lado feminino da natureza humana, assim como o lutar e o enfiar coisas em buracos pertencem ao lado masculino. A menina que não sabe guardar segredo não pode ficar grávida. O menino que não sabe lutar ou enfiar um trenzinho no túnel não pode deliberadamente engravidar uma mulher. Nos jogos de crianças pequenas podemos vislumbrar a elaboração imaginativa de suas funções corporais, especialmente num tratamento analítico, no qual entramos em contato muito íntimo com a realidade psíquica da criança, através de sua fala e de seu brincar" (Winnicott, 1990, p. 64).

Ao apresentar o trabalho sobre o Elemento Feminino e o Elemento Masculino em homens e mulheres em "A Criatividade e suas Origens", Winnicott (1975) desenvolve um tema complexo, porém de grande utilidade e importância aos desenvolvimentos teóricos e práticos da psicoterapia. O elemento feminino puro, estando baseado na fusão inicial com a mãe, estabelece as bases do sentimento de ser, essencial para a constituição do self. *A integração entre os elementos masculino e o feminino puros estabelece as bases para a capacidade para preocupação.*

A integração do elemento feminino puro e do elemento masculino puro levaria à integração do que denominamos Ser e Fazer, ou, segundo a conceituação de Winnicott, ao Viver Criativo. A dissociação desses elementos levaria a dificuldades quanto a viver uma vida criativa ou quanto à noção de que se está vivendo uma vida com valor e com características próprias. Sabemos que ao usar essas conceituações Winnicott não está se reportando a questões sobre identidade de gênero (homossexualismo, bissexualidade, heterossexualidade) e sim às questões básicas de constituição do Self.

Massud Khan, em seu trabalho "Ouvir com os olhos: Notas clínicas sobre o corpo como sujeito e objeto" (1971), utiliza-se desses conceitos estabelecidos por Winnicott. Através de material clínico, o atendimento de uma moça em psicoterapia, Khan reflete sobre uma dissociação presente nesses elementos masculino e feminino sublinhando a importância do olhar, olhar o corpo do paciente. Ouvir as verbalizações e associações trazidas pelo paciente é algo já bastante conhecido e tratado por inúmeros ângulos da literatura psicanalítica. Porém, a utilização da linguagem corporal, o corpo com seus tons e suas características próprias é algo que pode passar desapercebido no trabalho com pacientes e, se bem utilizado, pode revelar aspectos fundamentais para sua compreensão.

"Enquanto a ouvia falar, ocorrera-me a observação de Winnicott sobre seu paciente: 'Sei perfeitamente que você é um homem, mas estou ouvindo uma moça e estou falando com uma moça'. Resolvi fazer uma longa interpretação. Comecei dizendo que, durante todos aqueles meses, eu andara pensando o que a fazia vir às entrevistas, e que hoje, pela primeira vez, eu via que o vínculo entre mim e ela era semelhante ao que havia entre o menino e o velho chefe patane do artigo. Relacionei, então, isto com o paradoxo na minha impressão subjetiva da sua presença física nas sessões e o que ela me contara sobre a exploração orificial do seu corpo feminino pelos outros. Que ela sempre me impressionara como uma bela pessoa, com muito pouca atração sexual para o seu modo de ser um corpo. Que agora eu podia dizer-lhe que ela era duas pessoas distintas na sua presença corporal: uma moça e um rapaz. Que ela, como *objeto*, se apresentava a si mesma e aos outros como uma *menina*; mas, como *sujeito*, ela era um *menino*, e isso ninguém ainda havia reconhecido, nem mesmo ela. Que continuaria vindo a mim para tentar ajudar-me a ver esta dualidade na experiência que tinha do seu corpo, para que eu a reconhecesse e o dissesse a ela" (Khan, 1971, p. 291).

Ao prosseguir a análise do material clínico, Khan acrescenta:

"Voltando à minha paciente. Desde o início, alguma coisa na sua presença corporal na situação analítica me impressionara como significativo. Eu tinha a impressão nítida de estar *ouvindo* com os seus aparelhos de ego: ouvidos e olhos, e o que eles me transmitiam era paradoxal, se bem que não necessariamente conflitivo. Foi ao *ouvir com os meus olhos* que eu, espontaneamente, prestei mais atenção. Numa sessão, experimentei mesmo fechar os olhos e ouvir apenas a sua narrativa com os ouvidos. E o que ouvi foi um tranqüilo relato de bizarras e perversas ocorrências vividas pelo corpo de uma menina. Diante disso, qualquer um só poderia tachá-la – para usar o qualificativo que lhe dera seu amigo – de puta, e uma puta tola e submissa. Mas no instante em que abri os olhos e olhei, só vi um belo corpo estirado no divã, corpo que mal poderíamos acreditar ter sido jamais tocado por alguém, quanto mais imaginar que já fora penetrado por vários homens" (1971, p. 301).

E conclui:

> "Ouvir com os olhos diz respeito a conhecer o outro através da experiência visual que temos dele ou dela. Não creio que esse tipo de trabalho clínico seja possível fora de uma simpatia positiva e explícita pela pessoa do paciente e uma grande consideração pela sua presença corporal. Nestas circunstâncias, se não olhamos para um paciente e o, ou a, reconhecemos, falhamos no nosso empreendimento. A iconicidade da presença corporal de um paciente precisa ainda ser apresentada na sua gramática e na sua semântica. Mas a nossa ignorância de tal tema não nos deve desencaminhar, levando-nos a acreditar que ela, ou não existe, ou não é importante" (1971, p. 304).

A importância do olho e do olhar no desenvolvimento psíquico foi ressaltada por vários autores, dentre os quais caberia destacar Lacan, Dolto e Winnicott. Para eles, o olhar, e principalmente o olhar materno, teriam papel definitório tanto no que se denomina a constituição de uma imagem corporal quanto na constituição de uma identidade integrada, unificada enquanto corpo e também enquanto entidade psíquica. O estágio do espelho, definido por Lacan e Winnicott como extremamente significativos para tais aquisições, vai ser reafirmado por vários trabalhos e pesquisas desenvolvidos por seus seguidores.

Desde o início, o olhar vai constituir uma possibilidade ou não de contato humano dos mais fundamentais. Uma possibilidade de trocas as mais variadas e com tons os mais diferenciados entre o bebê e a mãe, entre o bebê e o ambiente. A esse respeito Priszkulnik (1986) escreve:

> "Muitos psicanalistas consideram o ato do nascimento como a primeira castração que o bebê enfrenta, na medida em que, ao nascer, desprendendo-se das membranas uterinas que o envolvem por tanto tempo, e com o rompimento do cordão umbilical, separa-se irrever-

sivelmente de sua mãe. Depois desta primeira e crucial ruptura, tem lugar uma segunda, quando ergue suas pálpebras e a luz penetra, inexoravelmente, em sua retina pela primeira vez. Podemos, então, falar desta experiência como uma segunda castração, uma vez que ao abrir os olhos, o bebê desperta para um mundo novo que terá de progressivamente apreender e organizar. Nesta perspectiva, o olho e a visão impõem um corte, e com isto uma distância, tanto quanto a cesura do cordão umbilical ou, mais tarde, o aceder à linguagem com a castração simbólica".

Da mesma maneira, a mãe, ao olhar o bebê pela primeira vez, pode ver confirmadas muitas de suas expectativas – no aspecto positivo ou no aspecto negativo. Nesta última categoria incluiríamos o encontro da mãe com uma criança com problemas ou deficiências, e as múltiplas repercussões que isso pode vir a trazer no desenvolvimento psíquico do menino ou menina.

Nesse contexto, a função relacional do olhar e do que alguns autores denominam "fase do espelho", ou seja, ver o que se é na imagem refletida através do olhar da mãe, ou através do olhar de um outro, é fator inegavelmente importantíssimo na constituição do sujeito, na construção de uma identidade integrada.

A esse respeito Dolto afirma:

"... Paradoxalmente, as crianças que mais me ensinaram o que é um espelho, e, além disto, o que é o narcisismo primário – têm sido aquelas que precisamente não têm olhos para ver, isto é, os cegos de nascença. Estas crianças que nunca experimentaram o efeito de uma imagem visível conservando, entretanto, intacta uma rica imagem inconsciente do corpo. Seu rosto é de uma autenticidade de tal modo comovente que elas dão a impressão de deixar transparecer a imagem do corpo que as habita. (...) Isto pode parecer curioso, mas eu não hesitaria em afirmar que a imagem do corpo nos cegos permanece inconsciente bem mais tempo que nos videntes. Os terapeutas tendo a tratar distúrbios de caráter nas crianças feridas de cegueira congênita, escutam freqüentemente a narração de histórias pontuadas de expressões referidas à vista. Os cegos dizem sempre: 'Eu vejo'. E me aconteceu de lhes perguntar. 'Como tu podes ver se és justamente cego?' E eles me responderam: 'Eu digo que vejo porque eu entendo todo o mundo em torno de mim falar desta forma'. E eu lhes replico: 'Todo o mundo diz: eu vejo; mas para significar que se entende'. Estas crianças cegas são dotadas de uma sensibilidade notável. Quando, por exemplo, elas modelam uma escultura, as mãos da figurinha representada tomam um lugar preponderante. Acontece-lhes de traçar desenhos não sobre o papel, mas gravá-los sobre a massa de modelar colocada sobre o plano. E elas obtêm, assim, com a mesma maestria que as crianças que enxergam, verdadeiras imagens do corpo que se projetam em seus grafismos. Ora, em suas esculturas, o talhe das mãos é bem maior que nas modelagens dos que vêem; a razão disto é muito clara; é com as mãos que eles vêem, é nas mãos que eles têm seus olhos. Vocês entendem por que os desenhos são mais gravuras que traçados gráficos. É muito interessante analisar uma pessoa privada de um parâmetro sensorial, porque, tanto quanto o sujeito de linguagem, ela deve reorganizar a simbolização dos outros parâmetros. Neste caso o psicanalista se dá conta de que ele *polariza* sua escuta sobre o parâmetro sensorial ausente, enquanto este mesmo parâmetro passa despercebido nas circunstâncias comuns da análise" (1991, p. 35 e 36).

Dolto ressalta também a importância da participação e da linguagem do outro para a constituição da imagem do próprio corpo: a imagem do corpo refletida no espelho por ele próprio não seria suficiente para favorecer tal integração...

"... porque é decididamente uma prova. Eu penso em uma criança que, de repente, vê surgir uma imagem refletida num espelho que até então ela não observara; as crianças são sempre extremamente sensíveis ao impacto repentino de qualquer coisa. Neste momento, ela se aproxima com alegria do vidro e exclama, toda contente: 'Olhe bebê!' Depois, ela brinca e termina por bater com a testa e não mais entender. Se a criança está só no compartimento, sem a companhia de alguém para lhe explicar que se trata somente de uma imagem, ela fica desordenada. É aí que se faz a prova. Para que esta prova tenha um efeito simbolizado é indispensável que o adulto presente nomeie o que se passa. É verdade que muitas mães neste momento cometem o erro de dizer à criança indicando o espelho: 'Vê, isso é você', onde seria muito simples e justo dizer: 'Vê, esta é a sua imagem no espelho, assim como esta que você vê a seu lado é a imagem de mim no espelho'. Na falta desta palavra essencial na simbolização, a criança efetuará certamente uma experiência escópica – constatando, por exemplo, que sua imagem desaparece quando ela não está mais diante do espelho e que a imagem reaparece quando ela se coloca novamente diante do espelho – mas, esta experiência restará, na ausência de resposta e de comunicação, uma experiência escópica dolorosa. É uma prova muito forte para a criança, se os outros não estão no mesmo recinto que ela, diante do espelho. O outro deve estar lá não somente para lhe falar, mas para que a criança observe no espelho a imagem do adulto diferente da sua, e que descubra, então, que ela é uma criança, pois uma criança não sabe que ela é uma criança e que elas têm o talhe e a aparência de uma criança" (1991, p. 37).

Desde o início da vida do bebê, portanto, o olhar será um fator constitutivo preponderante quer na saúde, quer na doença, quer nos casos de desenvolvimento favorável ou desfavorável. O olhar sempre permeando a participação de um outro, na constituição e estabelecimento de um diálogo relacional que, se bem articulado, poderá ser vitalizante e mediador de trocas afetivas fundamentais ao assentamento de boas bases de integração psique-soma, de integração em nível de identidade e de identificações.

Winnicott (1975), ao escrever sobre o papel de espelho da mãe e da família, também vai reafirmar a importância do ambiente e do rosto da mãe em refletir para a criança quem ela é (crianças que têm visão). O rosto da mãe poderá devolver à criança vários aspectos de quem ela é ou, contrariamente, quando a mãe apresenta algum tipo de patologia (depressão, narcisismo patológico etc.), a criança terá dificuldades nos vários passos sucessivos de separar-se do ambiente objetivamente percebido. A função especular, para esse autor, também ocuparia lugar preponderante nas edificações básicas do ser.

"O que vê o bebê quando olha para o rosto da mãe? Sugiro que, normalmente, o que o bebê vê é ele mesmo. Em outros termos, a mãe está olhando para o bebê e *aquilo com o que ela se parece se acha relacionado com o que ela vê ali*. Tudo isso é facilmente tomado como evidente. Penso que isso, naturalmente bem realizado por mães que estão cuidando de seus bebês, não seja considerado tão evidente assim. Posso demonstrar minha proposição referindo o caso de um bebê cuja mãe reflete o próprio humor dela ou, pior ainda, a rigidez de suas próprias defesas" (Winnicott, 1975, p. 154).

E adiante:

"Retornando ao curso normal de eventos, quando a menina normal investiga seu rosto ao espelho, ela está adquirindo a tranqüilidade de sentir que a imagem materna se encontra ali, que a mãe pode vê-la e se encontra *em rapport* com ela. Quando meninas e meninos, em seu narcisismo secundário, olham com o intuito de ver a beleza e enamorar-se, já existem provas de que a dúvida neles se insinuou a respeito do amor e cuidado contínuos de suas mães. Assim, o homem que se enamora da beleza é inteiramente diferente daquele que ama uma moça e acha que ela é bela e pode perceber o que é belo nela" (p. 155-156).

Gaddini, ao escrever sobre a regressão e seus usos em psicoterapia, também confirma a importância do olhar para a constituição do Self, principalmente nos primeiros estágios do desenvolvimento. O olhar seria semelhante ao contato táctil, estabelecendo ponte importantíssima e indispensável para a integração e constituição do psiquismo.

"Facilitar a regressão como um caminho para a progressão constitui uma inovação da técnica que tem recentemente interessado a muitos analistas. Devemos o pouco que conhecemos a respeito da técnica ao estudo dos estados fusionais do desenvolvimento inicial no processo natural de crescimento (R. Gaddini, 1987; Mahler, 1968), e à nossa tentativa de utilizá-los no tratamento, principalmente em conexão com o olhar e com os olhos da mãe. Olhar, na opinião de Ballesteros (1977), assemelha-se, para o bebê, a agarrar os olhos da mãe, como se eles fossem um seio, um objeto parcial. Também na opinião de Eissler (1978), *olhar* estabelece uma continuidade concreta. E. Gaddini (1968) descreveu uma qualidade muito sensorial do olhar nos primeiros estágios, uma qualidade sensória que ainda não é uma percepção. A pergunta é: já foi um self construído ou não? No último caso, sujeito e objeto ainda são o mesmo. Olhar, neste caso, tem a ver mais com o tato e o contato táctil do que com a percepção da imagem" (1995, p. 151).

Quando estamos trabalhando com regressão, com pacientes que estão passando por fases de regressão, quer por situações específicas de suas vidas (gravidez, crises, lutos etc.); ou por revivências primitivas facilitadas pelo tratamento analítico, o olhar pode adquirir um significado de vital importância. Nessas fases, a recusa do paciente no uso do divã ou sua insistência em ficar sentado para manter contato do olhar com o analista poderia ser indicativo de uma necessidade psíquica presente, e não de uma possível resistência ao tratamento psicanalítico.

A integração do elemento feminino puro e do elemento masculino puro, aspecto básico para a constituição do que denominamos Viver Criativo, teria portanto nas experiências iniciais de fusão com a mãe, de diálogo corporal e emocional integrados com a mãe, as bases primordiais para a sua construção e desenvolvimento favorável.

O congresso que organizamos em outubro de 1999, do qual fez parte Robert Rodman, teve por objetivo trazer à tona esses aspectos antes mencionados: o viver criativo e o olhar segundo uma conceituação winnicottiana, com o sentido de abrir novos diálogos e perspectivas na direção do significado da Cruz Ansata ou Ankh, isto é, na direção de uma qualidade de vida melhor, de saúde, de possibilidades de desenvolvimento, de "felicidade".

Para finalizar, gostaria de citar a participação de Robert Rodman na "Fundação Squiggle", instituição que visa promover e desenvolver estudos decorrentes das contribuições de D. W. Winnicott, e que em última instância teria objetivos semelhantes aos que nos orientaram na organização das conferências brasileiras de Robert Rodman.

André Green, também um dos patronos da Squiggle Foundation, em uma conferência proferida em 6 de abril de 1997, comemoração do aniversário de 25 anos de "O Brincar e a Realidade", traz vários aspectos instigantes para serem discutidos sobre seu trabalho com o negativo e as idéias de Winnicott. Autor de tantos outros trabalhos de destaque, dentre os quais citaria suas conceituações sobre a "mãe morta", Green nos convida a pensar sobre vários paradoxos dessa ordem e a obra de Winnicott.

> "... O homem pré-histórico fez todo tipo de desenhos em suas cavernas: pinturas com os dedos, representações de mulheres com seios fartos, animais selvagens, mamutes, rinocerontes, leões etc. Mas em algumas partes dos tetos das cavernas havia outras representações: o que os historiadores chamam de *mãos negativas*.
>
> Para representar as mãos, o homem pré-histórico usou dois artifícios. O mais simples era colocar tinta na mão e deixar uma impressão na parede, deixando um traço direto dela. O segundo era mais indireto e sofisticado.
>
> Aqui, a mão que desenha não desenha a si mesma. Em vez disso, a colocava na parede das cavernas, espalhando as cores à sua volta. Então, a mão se afasta da parede e uma mão não-desenhada aparece. Esse poderia ser o resultado da separação física do corpo da mãe.
>
> O homem pré-histórico não esperou por nós para saber o que significa o negativo" (2003, p. 86).

As possibilidades de vitalização ou desvitalização que nosso trabalho pode conter são indubitavelmente aspectos centrais de nossos diálogos e pesquisas. A integração do elemento feminino puro e do elemento masculino puro representando a integração do self, de um self sentido como verdadeiro, e portanto possibilitando o viver criativo e o sentimento de que viver vale a pena, faz parte dos objetivos que norteiam todos os nossos trabalhos, quer clínicos, quer acadêmicos. Por isso mesmo a escolha da Cruz Ansata ou Ankh como símbolo das conferências realizadas em 1999.

Quando da realização do "Viver Criativo com o Olhar de D. W. Winnicott", não poderíamos antever o que ocorreria em 11 de setembro de 2001. Muito do que havíamos discutido nos congressos anteriores, dos perigos e malefícios da tecnologia e da modernidade, fez se violentamente presente quando da destruição das Torres Gêmeas nos Estados Unidos. Muito de nossa vulnerabilidade e fragilidade surgiu como verdade incontestável. Restaram nossos esforços na continuidade de resgatar cada vez com maior peso a importância do uso dos avanços tecnológicos ou da assim chamada "modernidade" a favor da saúde, a favor de trabalhos preventivos e de facilitação do desenvolvimento psíquico em bases consistentes. Caberia também lembrar que no primeiro congresso que organizamos, do qual Robert Rodman fez parte (1997), utilizamos como logotipo ou marca do evento a conhecida pintura de Michelangelo na Capela Sistina, "A Criação": duas mãos quase se tocando, numa alegoria do homem sendo criado por Deus.

Essa sempre foi nossa direção e esse é o caminho que objetivamos continuar trilhando. E, para concluir, pediria emprestadas algumas palavras de Winnicott escritas em "O Brincar e a Realidade":

"Quando olho, sou visto; logo existo.
Posso agora me permitir olhar e ver.
Olho agora criativamente,
e sofro a minha apercepção,
e também percebo.
Na verdade,
protejo-me de não ver o que ali não está para ser visto
(a menos que esteja cansado)" (1975, p. 157).

Referências Bibliográficas

DOLTO, F. e NASIO, J. *A Criança do Espelho*. Trad. Alba M. Almeida. Porto Alegre, Artes Médicas, 1991.

GADDINI, R. "A Regressão e os seus usos no tratamento: Uma Elaboração do Pensamento de Winnicott." In: Giovacchini, P. (org.) *Táticas e Técnicas Psicanalíticas D. W. Winnicott*. Trad. José Octávio de Aguiar Abreu. Porto Alegre, Artes Médicas, 1995.

GREEN, A. *André Green e a Fundação Squiggle*. Trad. Magda Lopes. São Paulo, Roca, 2003.

KHAN, M. (1971) Ouvir com os olhos: *Notas com os olhos: Notas clínicas sobre o corpo com Sujeito e Objeto*. In Psicanálise: Teoria Técnica e casos clínicos. Trad. Gloria Vaz. Rio de Janeiro, Francisco Alves, 1977.

_____. *Psicanálise: Teoria, Técnica e Casos Clínicos*. Trad. Gloria Vaz. Rio de Janeiro, Francisco Alves, 1977.

LAPLANCHE, J. & PONTALIS, J. *Vocabulário da Psicanálise*. Trad. Pedro Tamen. São Paulo, Martins Fontes, 1983.

PRISZKULNIK, L. *Jogo e Ilusão: O Olho, A Visão, A Linguagem*. Dissertação (mestrado). Instituto de Psicologia da USP, São Paulo, 1986.

WINNICOTT, D. W. (1970) "Sobre as Bases para o Self no Corpo". In: Winnicott, C.; Shepherd, R.; Dans, M. (orgs.). *Explorações Psicanalíticas D. W. Winnicott*. Trad. José Octávio de Aguiar Abreu. Porto Alegre, Artes Médicas, 1994.

_____. *O Brincar e a Realidade*. Trad. José Octavio de Aguiar Abreu e Vanede Nobre. Rio de Janeiro, Imago, 1975.

_____. *Home is Were we Start From*. New York, W. W. Norton & Company, 1986.

_____. *Os Bebês e suas Mães*. Trad. Jefferson Camargo. São Paulo, Martins Fontes, 1994.

_____. *Natureza Humana*. Trad. Davi L. Bogomoletz. Rio de Janeiro, Imago, 1990.

O verdadeiro self do analista*

F. Robert Rodman
Tradução de Ivelise B. Lima

Introdução

O analista, ao tentar aplicar a razão ao seu trabalho, tanto em pequena escala, no entendimento de um cliente em particular, como em grande escala, quando pondera o valor de teorias alternativas, muito provavelmente não estará consciente das influências irracionais que o(a) afetam tanto quanto a seus pacientes ou a qualquer outra pessoa. Talvez seja impossível estar simultaneamente cônscio do racional e do irracional em cada um de nós, uma vez que o irracional está constantemente retrocedendo às nossas tentativas de ser racionais a esse respeito. Na primeira parte deste artigo, eu trato da pressão para a expressão daquilo que Winnicott chamava O Verdadeiro Self na guerra competitiva das facções psicanalíticas. Tal pressão seria apenas um dos muitos elementos irracionais e pessoais que dão cor às opiniões pelas quais o criador se empenha. A segunda parte tem a haver com a inevitabilidade da auto-revelação pelo analista contra o pano de fundo da tentativa de anonimato e neutralidade. No final eu acrescentei um pequeno esboço que ilustra parte do material.

---

* Apresentado na Conferência sobre o Viver Criativo com os Olhos de D. W. Winnicott, Brasil, 16 de outubro de 1999.

O problema de se tornar consciente dos elementos irracionais dentro de si mesmo, elementos que eu conecto, em parte, com o esforço para expressar O Verdadeiro Self, é que tal consciência inevitavelmente atenua a certeza com a qual são feitas afirmações racionais. É mais difícil para nós argumentar tenazmente, se nós mantivermos em mente que como pessoas nós estamos, assim como nossos adversários, agindo e pensando com base no irracional acrescido ao racional. Tal consciência pode reduzir a virulência com que algumas de nossas rivalidades intergrupais estão saturadas, sem detrimento da seriedade com que nos opomos um ao outro. De fato, se nós considerássemos possível decompor em fatores a pressão por expressão que está dentro de todos nós, teríamos então um campo muito mais amplo no qual pensar sobre nosso trabalho.

Parte I: Idéias e Emoções

O trabalho diário do psicanalista, que é totalmente pessoal, incorpora uma história centenária de conflitos da forma que são trazidos para relacionar-se com as particularidades de uma vida determinada. Durante sua vida, Freud, o árbitro, pode decidir que teorias mereciam ser consideradas psicanalíticas e quais não mereciam. Era uma história de rivalidade e cisão, na qual teóricos como Jung, Adler, Rank e outros eram colocados fora dos limites da psicanálise. Mais para o final da vida de Freud, quando a controvérsia entre Melanie Klein e Anna Freud resultou em acaloradas discussões em Londres, já era muito tarde para a expulsão ser uma opção. Na era do pós-guerra a psicanálise, especialmente nos Estados Unidos, gozou de grande aceitação com relativamente pouca controvérsia. As rupturas sociais do mundo nos anos 60 trouxeram o fim a esse período.

Por volta de 1971, Kohut introduziu a psicologia do Self. Também na época, certos escritores, como George Klein, diziam ser a metapsicologia psicanalítica muito distante da realidade clínica para ser algo mais do que confusa. O ponto de vista econômico recebeu opróbrio especial. Um pouco depois a palavra "intersubjetivo" foi criada. Sob essa bandeira, alguns analistas entoaram sua oposição à noção do paciente como objeto de observação, e o analista de alguma forma como observador objetivo. O princípio de Heisenberg era conhecido e serviu de referência por um longo tempo, mas os tempos exigiam uma atmosfera de clara rebelião contra as lições do passado. Uma mentalidade de desmascaramento veio à tona. Nos anos 80, eventos políticos estimulados por um processo legal dirigido à Associação Psicanalítica Americana impôs uma nova abertura com relação a candidatos sem título médico. Essa abertura acresceu uma ampla diversidade de pontos de vista entre candidatos e graduados felizes por serem conhecidos como analistas e freqüentemente classificados por subtítulos tais como psicólogos do Self ou intersubjetivistas ou Kleinianos ou relações objetais. De alguma forma apenas a palavra "psicanalista" não era suficientemente forte para conter todos os descendentes de Freud.

Por volta de 1987, o presidente da Associação Psicanalítica Internacional, Robert Wallerstein, apresentou seu trabalho, "One Psychoanalysis or Many?" (Uma Psicanálise ou Muitas?), no qual ele concluiu que a resposta era "muitas". No trabalho ele afirma que nós nos mantemos juntos através de experiências comuns como clínicos tentando lidar com transferência e resistência, mas teorias superordenadas explicam que a psicologia humana está longe demais da realidade clínica para ser mais do que metafórica por natureza. Embora ele fosse um adepto da teoria estrutural que é subjacente à psicologia do ego, ele parecia sugerir a noção da igualdade das teorias, levando em conta como ele o fez, a grande popularidade do pensamento Kleiniano, Bioniano, Kohutiano, Lacaniano e hermenêutico. Durante os anos que se seguiram e melhor articulado em uma série de artigos do ano passado, Rangell (1997), disse que em sua opinião Wallerstein estava errado ao responder "Muitas". A resposta dele na verdade era "Uma".

Tanto Wallerstein como Rangell procuraram considerar as profundas discordâncias entre os analistas, Wallerstein de forma eclética, Rangell de forma inclusiva. Rangell cunhou o termo "psicanálise total composta" (total composite psychoanalysis), uma concepção abrangente que inclui e subordina contribuições válidas de quaisquer fontes. Eu voltarei ao assunto mais adiante.

Neste trabalho eu sustento que o analista individual, que, em virtude de sua educação, porta as seqüelas do conflito na história desse campo, busca satisfação profissional, em parte, ao encontrar um lugar para o seu Verdadeiro Self. Não o gratifica provar e voltar a provar que Freud estava certo ou que Klein estava certa ou Lacan, Bion, Kohut ou qualquer outro. Somos desafiados a não apenas explorar as técnicas aprendidas com os outros, mas a inventar e usar aquilo que é natural para nós na luta diária. Em cada configuração educacional, única e pessoal, há uma busca por apoio, por um ponto de vista que crie espaço para o Verdadeiro Self, no caso de uma experiência construtiva e amorosa, ou a supressão do mesmo, se for visto como destrutivo. Não estou sugerindo que as pessoas que adotam um principio de anonimato como vital para o trabalho do analista necessariamente pensem em seus verdadeiros "selves" como destrutivos.

Defrontamo-nos com condições que, à primeira vista, favorecem o desenvolvimento e uso de um falso self, especialmente aquela parte de nós que se preocupa mais com a técnica. Como disse recentemente um colega, "Se você seguir Winnicott, toda técnica provém do falso self". Em minha preocupação com o assunto, eu havia pensado sobre a possibilidade heurística de fazê-lo sem nenhuma técnica. Imagine impulsos naturais guiando o analista – uma condição na qual o que ele sabe sobre fazer análise está tão completamente integrado em sua existência que ele pode falar sem sentir que está fazendo uso de um método. Suponho que o que eu estava imaginando era a fusão da observação objetiva com a realidade subjetiva. É a idéia de que relação e observação podem ser parte de uma única condição mental, como se as ações de um analista integrado viessem a demonstrar integração ao paciente cujos esforços podem estar seguindo naquela direção.

Como parte desse trabalho não técnico ou *ani-technical* que eu tentava entender, eu percebi que em certas ocasiões eu havia desenvolvido uma preferência por falar espontaneamente, e algumas vezes longamente, e o que emergiu dessa atitude mais solta com relação ao meu próprio falar foi que eu sabia mais do que eu imaginara antes de começar a falar. Algumas vezes descobri o que eu sabia ao tentar me expressar para meu paciente. Isso estava distante do ideal de interpretação vigorosa e bem colocada, realmente longe do que Winnicott comentou com relação a que quando ele se viu usando a expressão, "além disso", (moreover), estava realmente na hora de parar de fazer preleção ao paciente. Nessas ocasiões eu esperava não estar fazendo preleções. Ao invés disso eu pensava que estava tentando permitir ao paciente seguir meu processo de raciocínio, para ver o que eu havia encontrado de significativo, e como eu organizava as partes de meu conhecimento numa interpretação.

No entanto, esses pensamentos estavam tirando o mistério do trabalho. Eu provavelmente estava me dirigindo ao medo que se esconde por trás de um encontro com um estranho, o objeto subjetivo que sabe muito a respeito de si próprio.[1]

Além disso, eu estava disponibilizando para mim pensamentos e observações que iriam, a seu tempo, se tornar parte de uma ampla peça de insight de benefício para o paciente. Freqüentemente, surpreendi-me ao chegar a uma declaração condensada que abrangia muito do que havia parecido, a princípio, tão discursivo. Um livro recente (Vendler, 1998) cita o comentário de um celebrado poeta contemporâneo sobre Técnica. Ele escreveu que "(Técnica) é aquele esforço total criativo... para trazer o sentido da experiência para dentro da jurisdição da forma". Aquele "esforço total criativo" do qual ele fala é o trabalho árduo de uma prolongada luta psicanalítica, ou, numa escala diferente, de uma carreira de concentração e compreensão levada à realização interna, em sua frase inesquecível "a jurisdição da forma".

---

[1] Outros diriam que seria melhor que eu me voltasse diretamente para o medo, conforme este aparecesse. Só posso dizer que eu também faço isso.

Um período durante o qual eu anotei tudo o que foi possível sobre meu processo de pensamento enquanto estava sentado atrás de um paciente em particular o que me mostrou, como se eu precisasse de qualquer demonstração, que os meus pensamentos e fantasias estavam presentes por todo o tempo, e em algumas ocasiões uma interpretação feita a um paciente poderia facilmente ter sido feita para mim, ou seja, eu poderia ter estado falando com nós dois. Tais momentos eram uma prova contundente da fusão de duas vidas nas profundezas da análise.[2]

Uma ampla variedade de teorias psicanalíticas atuais se expõe aos indivíduos em busca de uma forma de fazer uso de suas capacidades. É um sinal do enorme apelo da psicanálise que através da disseminação de suas idéias atraiu tantos indivíduos diferentes para sua órbita. Mas as divisões de opinião a respeito do que é fundamental na psicologia humana, da forma que é vista ao menos de um ângulo psicanalítico putativo, não parecem ser o resultado do esforço racional de cada um para encontrar uma teoria que pareça tanto abrangente quanto profunda. Por trás da associação em subgrupos há um indivíduo tentando elevar (alguns diriam abaixar) o método psicanalítico a uma condição que lhe seja adequada. Ou assim me parece.

Aquilo que aprendemos em experiências com uma grande variedade de pacientes, supervisores, analistas e leituras, está profundamente enraizado em circunstâncias especiais da vida pessoal de cada psicanalista individualmente, sendo dessa forma diferente de todos os outros. As partes ficam sob a tentativa do ego de sintetizar para encontrar harmonia, consistência interna e

---

[2] Muitos diriam que eu devo estar trabalhando sob graves condições de contratransferência. Ou que, de acordo com Searles, o paciente e eu devemos estar passando pela fase que ele rotulou como simbiose terapêutica. A teoria de Searles tem muito que a recomende da mesma forma que a maior parte de seus escritos, uma vez que ele nunca é menos do que uma presença humana completa no texto. Precisamos olhar de perto o verdadeiro self do psicanalista conforme ele se expressa em seu trabalho com os pacientes.

força através do processo de integração que ocorre ao longo da vida do analista. Isso é especialmente verdadeiro para os psicanalistas comparados com membros de outras profissões porque nós passamos o tempo buscando a compreensão de nossos pacientes. Estamos constantemente tentando ver a lógica interna das vidas que, na superfície, não se mostram.

A virtude da resposta "muitas" à pergunta "Uma Psicanálise ou Muitas?" é uma filosofia de "viva-e-deixe-viver" que permite um sentido de validade para a versão de cada indivíduo em nossa área. Para aqueles preocupados com o carimbo da aceitação, isso é um alívio. O perigo nesse alívio é que ele possa estimular a continuidade da Balcanização da psicanálise, com a perda do pensamento vital para o todo. A psicanálise não pode se permitir perder seus profissionais para subgrupos que desenvolvem suas próprias culturas que, mais cedo ou mais tarde, tornam-se incompreensíveis para os demais. Não podemos ficar sem aquilo com que cada um de nós pode contribuir, caso a saúde e o crescimento da área queiram ser assegurados.

Acontece que temos uma boa quantidade de documentação sobre o esforço de Winnicott quanto ao problema encontrado pelo contribuinte individual à teoria já estabelecida. Em novembro de 1952 ele escreveu o seguinte para Melanie Klein (Rodman, 1987):

> "Eu acho, pessoalmente, que é muito importante que seu trabalho seja reapresentado por pessoas que o descubram de sua própria maneira e apresentem o que descobrirem em sua própria linguagem. Só dessa forma a linguagem será mantida viva. Se você estipular que no futuro somente a sua linguagem deverá ser usada para expor as descobertas de outras pessoas, então a linguagem se tornará uma linguagem morta..."

A ab-rogação da onipotência é inerente à idéia de Winnicott, o que significa que cada um de nós, na luta pela compreensão máxima, precisa reconhecer que seremos superados por outros, que nossas teorias, não importa quão penetrantes e compreensivas, são apenas estações pelo caminho para teorias mais novas e, esperamos, melhores. Ele muitas vezes se queixava que a linguagem Kleiniana era para aqueles que já faziam parte do grupo e quando era usada em encontros tendia a alienar os outros. O mesmo poderia ser dito da linguagem de Kohut ou Lacan ou Bion ou qualquer outro grupo que não considere importante oferecer hospitalidade através de comentários explanatórios não padronizados aos leitores e ouvintes que não são adeptos de sua ideologia teórica. Se o respeito requerido por todos na audiência não for evidenciado pelo orador, usando uma palavra código, o que se consegue é alienação e raiva e não discussão científica. Creio ser esse um ponto essencial que diferencia as perspectivas de Wallerstein e Rangell, o primeiro com a atitude viva-e-deixe-viver que leva a profundas divergências e falha de intercomunicação, e o último lutando pela união que leva a manutenção de contato significativo mesmo frente a diferenças. E isso não é pouco.

Eu gostaria de examinar o que se tornou reconhecido como a atitude psicanalítica tradicional, em especial ver o paciente como um objeto ao invés de um outro ser humano. Eu digo "tornou-se reconhecido" porque nós sabemos que Freud com muita freqüência era caloroso com seus pacientes, embora alguns de seus trabalhos teóricos sugiram uma atitude mais fria. Também é verdade que seus seguidores tenderam a exagerar no anonimato e na neutralidade tão essenciais ao trabalho analítico, numa espécie de caricatura, mais Freudiana do que o próprio Freud. Alguns pacientes são muito sensíveis a serem objetificados, o que os faz se sentirem isolados fora da humanidade do analista. Eles se sentem depreciados pela nossa própria tentativa de ser objetivos. Eu creio que esses são pacientes cujas primeiras experiências maternas não se desenvolveram bem. Eles não precisam ser pacientes psicóticos ou mesmo neuróticos com um núcleo psicótico ou até mesmo pacientes limítrofes/borderline, embora essas categorias possam manifestar também problemas similares. A queixa deles tem a haver com se o laço subjetivo com o paciente está sendo mantido durante o esforço para ser objetivo. Terá o analista se incluído no campo de observação? Será que ele nunca esquece que como seres humanos tanto ele como seu paciente estão no mesmo barco? É sempre necessário alternar entre um estado de mente empático e o objetificante. Eles podem coexistir? As vicissitudes desses dois estados mentais no tratamento de qualquer paciente têm valor informativo em relação ao estado da transferência. Parece-me possível que esforços nessa área da atividade do analista, esforços bastante fundamentais com relação à coexistência do contato subjetivo e da capacidade de observação objetiva, são relevantes à busca, feita por muitos de nós, por um ponto de vista que nos capacite a fazer uso de nós mesmos.

A psicologia do self é uma que sublinha o subjetivo e pode acolher analistas em busca de uma matriz na qual possam desenvolver essa capacidade. E o método Kleiniano provavelmente oferece a alguns profissionais o que poderia ser chamado de "força objetiva" com a qual se poderia suportar a investida violenta de fluxos de associações. Agora não estou falando das contribuições desses pontos de vista para a psicologia humana, mas somente de seu apelo a profissionais que estão em busca de caminhos através dos quais expressem seus verdadeiros selves. Eu preciso acrescentar uma observação aqui de que esse é um assunto complicado e de que as coisas não são tão doces e bem intencionadas como podem parecer a partir de minha curta afirmação. Existem analistas que têm em si imensas reservas de raiva e que podem buscar um ponto de vista que os ajude a esconder a raiva ou, alternativamente, um outro que a libere. A expressão dessa raiva não deve ser equacionada com a expressão do verdadeiro self.

Respeito profundamente o fato de que Klein teve de excluir o comportamento materno de suas formulações sobre as terríveis e sombrias verdades da vida psíquica inicial, mesmo que ela pudesse ter conseguido alguma coisa até mais abrangente se assim tivesse feito. Parece-me, quando leio sua biografia e os esforços que faz em sua correspondência com Winnicott, que por razões pessoais ela teve de excluir a mãe para poder focar com mais acuidade no papel da fantasia no ordenamento da experiência da criança. Não podemos pedir mais de um colaborador ou de um profissional do que aquilo de que são capazes de conseguir. Winnicott, devido a fatos de sua própria infância, praticamente ignorou o pai como um fator no desenvolvimento. Ele ignorou seus predecessores, mais especificamente Ferenczi, que ele temia ler e lá encontrar tudo o que ele pensava ser original nele mesmo. Ele falhou, a maior parte do tempo, em rever a literatura pertinente. Entretanto o que ele nos deu vale muito mais do que tudo o que ele falhou em levar em conta. Nós temos sorte em estudar as espantosas contribuições idiossincrásicas tanto de Klein quanto de Winnicott.

Eu sei que o termo Verdadeiro Self não é aceitável para muitos. Foi a tentativa de Winnicott de trazer à tona o tema da essência incomunicável de uma pessoa, o ponto mais livre e profundo. Um trabalho de 1960, "Distorção do Ego em Termos de Verdadeiro e Falso Self" (Ego Distortion in Terms of the True and False Self), coloca o conceito no centro da discussão, mas ele menciona-o em muitos outros lugares e parece ter alterado sua concepção ao longo do caminho. O Verdadeiro Self tem espontaneidade, diz ele, e se liga ao gesto espontâneo da criança que se sente segura. Por outro lado, o falso self é caracterizado pela adequação com a imitação como uma especialidade. É a imitação que tem seu papel no treinamento quando os candidatos tentam aprender a técnica da psicanálise. É a espontaneidade do Verdadeiro Self que acaba por se expressar, creio eu, depois que o analista transcende as manobras imitativas do treinamento.

É difícil dizer até onde a capacidade de expressar o Verdadeiro Self é igual à expressão mais livre das urgências instintivas depois do conflito neurótico ter sido bem analisado. Será o termo Verdadeiro Self apenas uma outra forma de dizer aquilo que sempre dissemos de outra maneira? Winnicott tinha uma forma de substituir palavras coloquiais por outras aparentemente científicas. Sua busca por uma definição do Verdadeiro Self é remanescente, creio eu, da busca por uma definição da alma ou da busca de Erikson pela definição da palavra "identidade". Ele estava tentando alcançar preocupações humanas sem se referir a termos que irradiam uma objetividade que muitas vezes pode não ser conseguida. Eu diria que seu uso das palavras foi adicionado, com lucro, a todos os outros que temos. Eles não são substitutos, mas aumentam nossa consciência. Eles nos levam em direção a um senso do mistério de nossa existência e nós precisamos dessa consciência como um antídoto para o risco ocupacional de ter um excesso de explicações prontas para qualquer pergunta que nos seja feita. Creio que é bom para nós fazer a pergunta: existe tal coisa como o Verdadeiro Self? E se existe, o que é? Nós concordamos com a idéia de que não existe esse tal Verdadeiro Self?

Parte II: Linguagem e Gesto

O aprendizado da técnica psicanalítica exige que o aluno suspenda a espontaneidade da fala em favor do julgamento introspectivo com a interpretação fluindo a partir da compreensão do significado. Após o período inicial de aprendizagem – que sempre leva muitos anos – freqüentemente há, e eu diria que deveria haver freqüentemente, uma tendência ou um empurrão em direção a uma expressão cada vez maior daquilo que contém o que Winnicott teria chamado de Verdadeiro Self do analista, embora isso pudesse parecer perigoso para o cientista dentro de nós. Eu não quero dizer que não deveria haver também um grande impulso em direção ao chamado pensamento crítico sobre os fenômenos que observamos. Como uma expressão de força crescente em um analista cada vez mais experiente, um desenvolvimento vigoroso, em mais de uma direção, parece adequado e desejável.

Vou comparar auto-expressão no analista com um tipo de poesia pessoal, a canção do analista. Foi dito que: "A música pode não apenas tornar uma afirmação emocional convincente, mas pode também dar-lhe um conteúdo (e uma clareza) emocional que sem isso não tem nada e não faz sentido" (Koch, 1998, p. 23). A razão é ameaçada pela pressão pela auto-expressão e nós somos treinados a suprimi-la. No entanto a canção tem uma tendência a se infiltrar em nosso trabalho. Em certos momentos de grande concentração, onde uma clareza sintética está no ar, a própria música da voz do analista pode libertar-se pela expressão. Não poderíamos dizer que o objetivo do treinamento é fazer emergir essa voz de todos e de cada analista? Outras vezes é o comentário sem intenção, acidental, que se torna o meio pelo qual o paciente tem a sensação de acesso ao, de outro modo, inacessível lado pessoal do analista.

Visto que o período de treinamento desvanece, a experiência de vida que se acumula é acompanhada no analista por uma contínua revisão de técnica do externo e estranho para o interno e familiar, parte do próprio ser.[3] O analista torna a técnica algo próprio e em momentos cruciais ele(a) não pode evitar expressar verdades que vêm, não apenas de evidências apresentadas pelo paciente, mas de parte profunda da vida do analista. "O significado da experiência (é trazido) para dentro da jurisdição da forma" (Vendler, 1998). A tentativa de permanecer anônimo é o pano de fundo da revelação. Torna possível a distração e dessa forma dá pistas convincentes sobre a natureza do interlocutor. Esses são os sintomas de tensão na prática da profissão.

A prática da psicanálise, a que se dá seguimento ao longo de muitos anos, na qual o analista comporta-se de forma anônima e neutra, é extremamente anormal em termos de esforço humano. Eu creio haver uma tendência natural a se relacionar com os outros, especialmente aqueles com quem se tem muito contato, como um paciente. Creio que se um analista é magistralmente

---

[3] Leva tempo para estranhos se tornarem amigos, e mesmo os amigos podem manter algo de sua estranheza original.

anônimo, ele provavelmente é uma presença compulsiva, por natureza ou em resposta a alguma coisa no paciente que desperta uma contratransferência desse tipo. Analistas se relacionam, é claro, e eles observam a forma como se sentem e usam suas observações para gerar interpretações. Eles se desviam da tendência habitual de falar espontaneamente, através de variados níveis de defesa. Isso cobra um preço. Se um analista achar muito fácil não ser ele mesmo, ele precisa de mais análise. A prática da análise é lidar com o conflito, não apenas o que chamamos de conflito de contratransferência, mas o conflito inerente a passar certo número de horas regularmente com um outro ser humano, sem a costumeira oportunidade de se expressar espontaneamente. A pressão por tal expressão pode tornar-se muito grande.[4]

Leva muito tempo até que um analista ponha em teste tudo o que aprendeu. Até onde sua capacidade de partilhar o insight como alavanca de mudança pode levá-lo não é visível até que ele tenha tentado e tentado, falhado e tentado de novo. Ele pode vir a concluir que, ao menos em suas mãos, com um determinado paciente, em determinadas circunstâncias, o instrumento de insight tem suas limitações. Isso poderá levar a uma experimentação que poderá incluir uma maior liberdade de expressão. Como residente sem nenhum treino psicanalítico eu usava minha limitada capacidade de partilhar o insight pelo bem da mudança, e, tendo decidido que eu não podia

---

[4] Winnicott escreve sobre o desgaste de se adaptar a pacientes que tenham regressado à dependência, como ele o coloca, e sobre o fato de que muito freqüentemente quando há uma pausa na necessidade aparente, ele "se comporta mal", significando que ele conversa sobre uma coisa ou outra sem ter em mente as necessidades do paciente. Isso é sempre um erro, diz ele. Descobri que freqüentemente ao final da análise, talvez na hora final, ou em uma hora ou duas um pouco mais à frente, quando eu gostaria de ser menos anônimo e mais "real", se eu puder usar tal palavra que necessita de tanta definição, eu direi coisas de que irei me arrepender no momento em que o paciente deixar a sala. Há uma queda de seletividade e poder de escolha cuidadosa de minhas palavras e eu sinto que posso ter criado um tipo de desilusão que não é o mesmo que a dispersão da transferência.

fazer com que certos pacientes adolescentes parassem de fugir ou fazer tentativas de suicídio, eu me voltei para o método draconiano de ameaçar encerrar seus tratamentos caso não se adequassem, com bons resultados (Rodman, 1967). Esse estabelecimento de limite abrupto é um exemplo do que pode aparecer depois na carreira quando, por exemplo, um paciente explora o divã para manter um desligamento e o analista resolve que é melhor para o paciente sentar-se (Goldberger, 1996). Ou onde, ao invés de aguardar longos períodos antes de fazer interpretações, um analista fale fazendo comentários que contenham especulações.

Creio que qualquer interpretação é de certa forma especulação. Isso me levou a entender, como eu já disse, que eu aprendo falando sobre o que estou pensando, com o paciente ouvindo pensamentos não ensaiados que são, muitas vezes, úteis. Meu próprio desenvolvimento levou-me a reconhecer que em minhas mãos, a psicanálise não é um processo pelo qual chego sozinho a um sentido de verdade, através de cuidadosas concepções introspectivas, mas que também avanço nela através de comentários inadvertidos que saem quando estou engajado na tentativa de dizer algo útil sem me limitar pelo em nome de uma interpretação compacta e ensaiada. Nessa linha de pensamento estou em vias de discutir o Verdadeiro Self do analista, dando-lhe uma chance de se expressar a serviço do paciente somente quando certas restrições na auto-expressão estiverem descontraídas.

Descobri que nos últimos anos tenho ajustado a medida do meu anonimato a favor de mais espontaneidade. Isso resulta em parte de ter confiança em minha própria capacidade de ser um observador neutro. Não hesito por tanto tempo para dizer o que está em minha mente e eu hoje acredito muito menos na ciência de encontrar o timing (momento oportuno), do que acreditei um dia. Isso pode ser um sintoma de envelhecimento do analista, cansado de estar nas sombras, sendo assim, uma tendência totalmente pessoal, ou o fruto da experiência em fazer o trabalho no qual eu aprendi que os pacientes esperam mais de mim do que eu costumava achar que eles esperavam, ou do que eu costumava achar que era bom para eles.⁵

O ponto crucial deste trabalho é que o analista não pode deixar de expressar aspectos de seu verdadeiro self no decorrer do trabalho, e não apenas em certos momentos de espontaneidade. Não há linguagem sem gestos, o que significa que as palavras que usamos para partilhar insight são sempre acompanhadas de numerosas revelações emocionais. Cheguei a essa idéia simples através de um interesse em poesia e teoria da poesia, admirado, como me sinto freqüentemente, que certos arranjos de palavras possam evocar extraordinária profundidade e complexidade de sentimento. Anos atrás encontrei um ensaio chamado "Linguagem como Gesto" (Language as Gesture) do crítico Richard Blackmur (1952) e aqui estão algumas citações que ilustram a direção de meu pensamento uma vez que apliquei suas idéias ao trabalho do psicanalista:⁶

---

⁵ Afinal, nós não dependemos do insight para mudar? Não é isso pelo que trabalhamos, para expor transferência e resistência e interpretar de tal forma que cresça nos pacientes o conhecimento e a compreensão deles mesmos. Esquivamo-nos da tentativa de induzir a mudança através do relacionamento, descendente do muito evitado, irracional e quase mágico método de hipnose. Como psicanalistas nós valorizamos a razão, as mudanças estruturais que vêm através de insight, permanente revisão de defesas, resultando em maior expressividade. Concordamos em que há um relacionamento, digamos que existe um relacionamento real junto com o de transferência, e com pacientes muito perturbados, que não tiveram experiências suficientemente boas na infância, nos voltamos para o relacionamento para mudança terapêutica, mas sempre retornamos ao insight como veículo.

⁶ Há outras citações do ensaio de Blackmur que eu considero úteis para minhas reflexões sobre a psicanálise:
A linguagem é feita de palavras e o gesto é feito de movimentos. Página 3
... quando a linguagem das palavras tem o maior sucesso, ela se torna gesto nas palavras... 3
... o mais alto uso da linguagem não pode ser feito sem incorporar em si algum gesto de qualidade. 5-6
... o que o gesto faz na arte... é o que acontece a uma forma quando ela se torna idêntica ao seu sujeito. 6
O pintor coloca em seus retratos o gesto cruzado do conhecimento e mistério, do intoleravelmente familiar e do impossivelmente alheio, que nós vemos no espelho. É por isso que nos vemos nos grandes retratos. 8-9 (acres-

O gesto, na linguagem, é a ação externa e dramática do significado interno e feito imagem. É esse papel de significância entre as palavras que não pode ser definido nas fórmulas no dicionário, mas que é definido em seu uso concomitante; o gesto é a significância que se move, em todos os sentidos da palavra: o que move as palavras e o que nos move (p. 6).

... o gesto é nativo à linguagem, e se o cortarmos fora cortaremos [as] raízes e obteremos uma linguagem sem vitalidade que gradualmente se estragará, senão mesmo uma linguagem petrificada (p. 4).

... o gesto não é apenas nativo à linguagem, mas vem antes, em um sentido ainda mais rico, e deve ser, como foi, nela colocado sempre que o contexto for imaginativo (p. 4-5).

Nós psicanalistas dependemos da linguagem em nosso trabalho diário. Caso nossa fala como analistas não ocorrer em um contexto de imaginação, nosso mesmo, uma vez que construímos o significado a partir do que os pacientes nos contam, então nós somos máquinas e não pessoas. Essa, eu creio, tem sido a dire-

---

cento esse como pertinente ao meu comentário sobre fazer uma interpretação que se aplique tanto ao paciente como a mim, como a ambos).

Sessões Roger: ... o propósito da música é criar gestos do espírito humano... 11 (ver a sentença final deste trabalho)
... simples repetição... 13

Gestos são os primeiros passos na criação de símbolos, e aqueles símbolos que permanecem são os legatários residuais de significados obtidos através de gestos. 16-17

A linguagem como gesto cria significado como a consciência cria julgamento, ao sentir a angústia, o aperto interior das coisas forçadas junto. 18-19

É provável que o poeta faça seus gestos mais puros, mas não os mais profundos quando próximo a si próprio. Se as palavras falharem elas devem servir assim mesmo. Transformadas em gesto, elas carregam a carga, controlam a carga e saltam além da carga de significado. 20

... nós sentimos quase tudo que nos instiga como se fosse um gesto, o gesto dos nossos selves não criados. 24

(Um exemplo da repetição da fala surgindo do gesto e do símbolo ocorre no final do filme chamado "Good Will Hunting", no qual o terapeuta, representado por Robin Williams, diz ao seu jovem paciente cheio de problemas: "Não é sua culpa" [It's not your fault] seis ou sete vezes, até que o jovem chora e é abraçado e curado.)

ção da luta daqueles que de certa forma vêem a psicanálise como ciência. Eu digo de "certa forma" para diferenciar essas pessoas de mim. Vejo nosso trabalho como um esforço em direção à ciência, não um que nós fazemos pela arte, entretanto muitas vezes ou boa parte do tempo, nós podemos não entender porque dizemos o que dizemos e fazemos o que fazemos. **Se o gesto é inerente ao nosso trabalho então o verdadeiro self do analista é parte de seu trabalho.** Vejo uma luta entre a falsidade aprendida da técnica, necessária para a educação de todos nós, e as necessidades propulsoras do verdadeiro self em encontrar uma abertura para expressão, para se manifestar no confinamento de um tempo de vida limitado em situações relacionadas e o urgente desejo de ajudar. Vejo uma variedade de saídas para tal conflito, todas incluindo mais e mais espaço para a expressão do verdadeiro self.

Encerro com uma descrição clínica que pretendo seja apenas ilustrativa. Ela não prova nada e foi escrita pela pessoa tendenciosa que sou eu. Há nela, como de costume, vários níveis inerentes de distorção, sendo essa a condição constante dos analistas. Distorcemos as próprias palavras que ouvimos do paciente e as devolvemos como interpretações, nossas impressões transformadas como produto do que nos foi dito e o que nós acrescentamos de nossas vidas.

Um homem em seus 40 anos, em análise há vários anos, estava falando sobre um presente que recebera. Era feito de um tecido macio o que significava para ele que quem o presenteara o compreendia muito bem. Ele o comparou a um outro presente que mostrava que quem o presenteara não o compreendia em absoluto. A mãe desse homem poderia ser descrita como fria.

Ele apreciava Yoga há muito tempo. Ele falou de uma jovem mulher que dissera que a Yoga ajuda a dissipar o nervosismo e o universo a se tornar um lugar amigável. Ele continuou e lembrou de um outro presente que havia recebido e que demonstrava que quem o dera o compreendia, e em seguida a certos momentos na análise nos quais ele se sentia confortado e grato.

Houve um momento quando, no final de seu horário, ele descobriu um níquel sob o divã e eu fiz um gesto que significava que ele podia ficar com ele (isso foi indubitavelmente o que agora se chamaria de representação [enactement]). Houve uma outra vez em que ele pediu uma mudança de horário. Eu sugeri um horário alternativo e lhe perguntei se isso era conveniente para ele. Ele ficou espantado pela preocupação em minha pergunta. Houve muitos outros momentos que se acumularam no decorrer do tempo, nos quais ele se sentiu o receptor de um tipo de respeito que lhe fora desconhecido em sua infância. (Eu não posso fazer justiça ao drama que era evidente em cada um desses momentos. Freqüentemente ele precisava se apoiar na parede quando estava de saída ao final de seu horário.)

Um amigo disse a ele que ele se movimentava de forma graciosa desde que ele começou a estudar Yoga. Ele ficou feliz ao ouvir isso, agitado e também calmo. No dia anterior, como contraste, quando ele levou uma multa por passar um sinal vermelho, ele ficou agitado e não conseguiu se desligar. Então ele refletiu que como um bebê ele deve ter tido uma tendência a se sentir nervoso e pode não ter recebido o que ele precisava para acalmá-lo. Ele pensava que esse era provavelmente um aspecto de seu temperamento nato. Ele refletiu que, quando ele fica muito alterado, leva dias para que ele recobre o equilíbrio.

Ele começou a imaginar o que diferencia aqueles momentos especiais de conforto e especulou que era muito similar a superposição das mãos, a transferência de sentimento através do calor das mãos, a forma em que isso ocorre entre parceiros de Yoga. Em momentos como esse há o que ele chamava de "uma transferência relâmpago" (flash transfer). Não é apenas informação como no caso da fala. É, diz ele, a coisa essencial. Então ele faz uma comparação com um amigo que tem uma boa compreensão teórica de psicanálise. Ele nunca entrou por aí comigo – o Superego nunca aflorou, por exemplo – "Eu não sei o que é isso", diz ele, "nunca é sobre aquilo, são aqueles momentos de consolação", diz ele, o que Ignatius chama de consolação sem causa prévia. (Ele é Católico.)

Então ele diz: "agora eu estou pensando sobre o 'Four Quartets' de Eliot nos 20 anos entre as guerras, nos quais ele tenta aprender como usar as palavras".[7] Ele sabe que eu conheço esse poema (Eliot, 1978).

Aqui eu digo: Você está pensando a respeito da limitação das palavras. Palavras são um pouco esquematizadas porque elas são planejadas, sujeitas a uma disposição deliberada, mas os gestos não são, eles são espontâneos. Gestos são espontâneos, alguma coisa como a superposição de mãos [a história desse comentário tem ligação com seu hábito, que nós passamos a chamar de esquematizar pessoas mais do que se relacionar com

---

[7] East Coker
E assim aqui estou eu, no meio do caminho, tendo tido vinte anos –
Vinte anos amplamente desperdiçados, os anos de
entre duas guerras –
Tentando aprender a usar as palavras, e toda tentativa
É um começo totalmente novo, e um tipo diferente de fracasso.
Porque alguém só aprendeu a obter o melhor das palavras
Para aquilo que alguém não tem mais para dizer, ou a forma na
qual
Alguém não está mais disposto a dizer isso. E assim cada tentativa
É um novo começo, um ataque sobre o inarticulado
Com equipamento surrado sempre deteriorando
Na confusão geral da imprecisão do sentimento,
Indisciplinados esquadrões da emoção. E o que há lá para
conquistar
Por força e submissão, já foi descoberto
Uma ou duas vezes, ou muitas vezes, por homens por quem
não se pode ter esperança
De se comparar – mas não há competição –
Há apenas a luta para recuperar o que foi perdido
E achado e perdido de novo e de novo: e agora, sob
condições
Que parecem desfavoráveis. Mas talvez nem ganhe nem
perca
Para nós, há apenas o tentar. O resto não é nosso
Negócio.

elas, reduzindo-as a uma fórmula, umas poucas frases, que o habilitavam a dispor delas, classificá-las mais do que relacionar-se com seres complexos dos quais ele compreendia apenas uma pequena parte].

Novamente ele nos traz St. Ignatius: consolação sem causa prévia, ele repete, que ele liga a certos acontecimentos na análise que aparecem como se viessem de fora da análise, mas estão na verdade bem **dentro** da análise. Aqueles são momentos aos quais ele tem se referido, que são esmagadores e, no entanto, surpreendentemente calmos.

Creio que ele se refere aos momentos em que me comporto espontaneamente. Eu lhe digo "Nesses momentos o universo parece ser um bom lugar".

Ele começa a listar alguns desses momentos: Isso se encaixa no seu horário? O incidente do níquel. Alguma coisa que nós chamamos de período Brasil, no qual, no primeiro horário após meu retorno do Brasil, eu respondi com uma compreensão e rapidez fora do comum a um gesto que ele fez no divã. Mais recentemente, nós tivemos uma longa série de sessões sobre um sonho no qual um tigre o persegue. Eu havia compreendido a aparição do tigre baseado na dificuldade da criança em saber se um impulso se localiza dentro dela ou vem de fora. Um desenvolvimento mais profundo do tema levou-nos ao poema de Blake "Tigre, tigre brilha queimando" (Tyger, tyger burning bright), e com o passar das horas buscava entender sua relutância em reivindicar o tigre dentro dele mesmo, a agressão instintiva de que ele havia se privado como resultado, penso eu, de experiências de sua infância com sua mãe e depois outras na situação edipiana.

Então ele mencionou um artigo recém-publicado pelo *New York Times* sobre psicanálise, citando a parte de que ela é de baixa tecnologia. Na verdade, diz ele, não tem tecnologia. Com palavras, entretanto, que podem ser inventadas, há alguma tecnologia.

Aqui ele começa tentando lembrar-se: houve algum momento similar antes da análise? Sim, ele supõe, houve. Mas não havia uma estrutura para contê-los. Ele ainda não está seguro se mesmo agora existe um modo coerente de contê-los. Ele pode derrubá-los e perdê-los. Ele precisa do meio ambiente no qual coletá-los e ser acalmado por eles.

Digo: "Você precisa dos momentos, mas também da matriz dentro da qual eles continuam a sobreviver e contribuir".

Como reatores reprodutores, diz ele. Eles geram seu próprio combustível. Eles podem ser sentidos. Eles são como o momento da Yoga chamado Chivassena, que é morte virtual, da qual a pessoa emerge, um ambiente no qual os sentimentos surgem e podem ser sentidos.

Obviamente, existiam muitos temas englobados nesse breve fragmento de sessão analítica. Aqui irei apenas sublinhar o papel dos gestos aos quais ele se refere, nos quais eu me comportei espontaneamente e de forma não premeditada, e que marcaram esse homem como sendo ao mesmo tempo esmagadores e reconfortantes. Muitas vezes senti esses momentos como sendo similares àqueles que Winnicott descreveu em seu trabalho sobre o objeto transacional, no qual eu forneci o que ele precisava às vezes na forma de interpretações, outras vezes como gestos que podiam ser de um tipo verbal, ou, como no caso do níquel, um objeto real. Estávamos trabalhando na transferência materna inicial.

Mais uma vez atentem para a metacomunicação que acompanha uma interpretação. Os caminhos expressivos pelos quais o intérprete acrescenta um elemento pessoal pode ser resumido pela frase de Leo Rangell, "A música do insight". Essa frase nos refere ao que eu chamaria a inteireza de nosso trabalho, no qual há total reconhecimento e valorização pelos tons pessoais que cada um de nós acresce a ele. A música da qual ele fala é a música pessoal do analista no ato da auto-expressão, que inclui o que Winnicott chamava de "O Verdadeiro Self". Este trabalho é uma tentativa de abordar a música de nosso trabalho, um dos muitos aspectos de um esforço árduo que traz gratificação pessoal tanto para o paciente como para o analista.

Conclusão

Como psicanalistas nós somos a personificação de forças históricas que favorecem o conflito. Como pessoas cada um de nós é único. Winnicott usou o termo O Verdadeiro Self numa tentativa de diferenciar a fonte mais profunda do aspecto externo de nós mesmos, a parte que se adapta, se submete ou imita o que é essencialmente estranho. No trabalho psicanalítico prolongado o Verdadeiro Self não pode evitar buscar se expressar, a não ser que tenha sido tão bem suprimido que o analista ficou como uma máquina. Com uma consciência crescente das exigências que o Verdadeiro Self faz de cada um de nós, nós temos a oportunidade de conseguir a tolerância necessária para nos manter a todos sob um único guarda-chuva, não importam as discordâncias.

Referências Bibliográficas

BLACKMUR, R. (1952-1977). *Language as gesture*. New York: Greenwood Press. (A reproduction of the 1952 edition. New York: Harcourt, Brace).

ELIOT, T. S. (1978). Four quartets. In T.S. Eliot (Ed.), *Collected Poems: 1909-1962, by T.S. Eliot*. Franklin Center, Pennsylvania: The Franklin Library.

GOLDBERGER, M. (1995) The couch as defense and as potential for enactment. LXIV, 23-42.

KOCH, K. (1998). *Making Your Own Days: The Pleasures of Reading and Writing Poetry*. New York: Scribner.

RANGELL, L. (1997) Into the Second Psychoanalytic Century: One Psychoanalysis or Many? The Unitary Theory of Leo Rangell, M. D. *J. Clin. Psycho-Analysis, 6*.

RANGELL, L. (1998). Conversation with Robert Rodman.

RODMAN, F. R. (1967). Interrupting Psychotherapy with Patients Who Exceed the Limits. *Brit. J. Med. Psych, 40*, 359.

_____. (1987). *The Spontaneous Gesture: Selected Letters of D.W. Winnicott*. Cambridge, USA & London, UK. Harvard Univ. Press.

_____. (1995). A insistência em ser ele mesmo. In Giovacchini, P. L. (Org.) *Táticas e Técnicas Psicanalíticas: D. W. Winnicott* (Abreu, J.O.A, trad.). Porto Alegre: Artes Médicas.

VENDLER, H. (1998). *Seamus Heaney*. Cambridge: Harvard University Press.

WALLERSTEIN, R. (1998). One psychoanalysis or many? Int. J. Psycho-Analysis, 69 (1), 5-22.

WINNICOTT, D. W. (1960). Ego distortion in terms of the ture and false self. In D.W. Winnicott (Ed.), *The Maturational Process and the Facilitating Environments*. New York: International Universities Press.

A vida interior das pessoas em um mundo tecnológico*

Robert Rodman
Tradução de Ivelise Lima

"Creio que está começando a haver uma ênfase interessante em 'meditação' – tenho visto referências a ela na imprensa ultimamente, e não apenas nas colunas religiosas. O Sr. sabe que é verdade, um homem precisa de um canto – ou de uma torre privativa onde possa entrar. É melhor mesmo que ele a tenha, especialmente com a crescente complexidade, a tecnocracia. De outra forma vai se tornar apenas um número ou um psicótico; e não tenho certeza do que é pior."[1]

Por "Um Mundo Tecnológico" eu estou me referindo à condição de vida em rápida mutação, que inclui a explosão da tecnologia e a ameaça da destruição iminente do nosso planeta. Existe alguma coisa urgente a esse respeito nos dias de hoje – nós sentimos que é assim – o milênio simboliza uma corrida selvagem e descontrolada que pode destruir tudo aquilo que amamos. Não vou rever as mudanças na civilização desde o advento da revolução industrial no final do século 18, mas apenas enfatizar aquilo

---

*Apresentado na Conferência sobre o Viver Criativo com o Olhar de D. W. Winnicott, Brasil, 17 de outubro de 1999.
[1] Carta de Shelby Foote para Walker Percy, de 10 de outubro de 1951, em The Correspondence of Shelby Foote and Walker Percy, (1997).

que todos nós sabemos, ou seja, que tudo se precipitou, incluindo a população do planeta, hoje em seis bilhões. Em certa medida, há uma ligação entre o desejo de preservar o planeta, nossa casa comum, e o desejo de preservar nossa vida interior dos danos acarretados pelos benefícios da tecnologia.

Vou direto ao ponto: Para preservar a vida interior nós precisamos de arte, oração e psicanálise. Essas são as condições da mente que permitem ao indivíduo ser livre da compulsão externa. Esta, portanto, é uma discussão sobre nada mais do que a liberdade humana – a liberdade de se desenvolver e crescer fazendo uso de tudo o que está disponível para esse fim. Pode parecer presunçoso que eu mencione a psicanálise junto com arte e oração. Parece, em face a isso, uma categoria tão pequena do esforço humano, especial para uns poucos. A arte e a oração estão presentes ao longo da história humana, enquanto a psicanálise só apareceu há cerca de cem anos. Eu provavelmente não preciso apresentar muitos argumentos em defesa da psicanálise para uma audiência como esta, mas para o mundo em geral os valores da psicanálise não são familiares. Não apenas isso, mas são vistos como declinantes e cada vez menos relevantes para um mundo que enfatiza a eficiência.

Do meu ponto de vista, esses valores são idênticos aos valores religiosos que definiram a civilização ocidental, acima de tudo a santidade do indivíduo, que em termos mais espirituais seria chamada de santidade da alma. Quero deixar claro que *não* estou me referindo a nada ligado a *instituições* religiosas. Eu diria que é necessário para aqueles que sabem o que é a psicanálise, que se apresentem como porta-vozes de seu valor, na medida em que o estado de nosso planeta se deteriora. Não podemos silenciar enquanto o mundo se volta para as drogas como solução para seus problemas, mesmo as drogas úteis como os antidepressivos. Não podemos sucumbir à filosofia da eficiência química. Precisamos manter o contato com aquelas condições que permitem ao ser humano ter uma vida interior independente das compulsões geradas pelos mercados de capital do mundo.

Mencionar a expressão "vida interior" implica, por si só, mostrar-se sabedor de que *existe* tal coisa, e implica que há, por contraste, uma vida "externa" que é diferente. Uma parte de nós volta-se para dentro, e outra se volta para fora. Freud escreveu sobre isso ao falar sobre o Id, o Ego, e o Superego. Winnicott elaborou a partir dessa distinção no trabalho que ele realizou sobre o Verdadeiro Self e o Falso Self. Existem forças sociais ao nosso redor que permanentemente estimulam o desenvolvimento do Falso Self à custa do Verdadeiro Self.[2]

Para escrever sobre a vida interior, colocamo-nos imediatamente diante do problema de defini-la. A "vida interior" não é um termo psicanalítico. Não é idêntico a "Self" ou "Verdadeiro Self" ou "Ego". No meu entender, a vida interior é um lugar seguro ao qual nos recolhemos, um local indispensável desde o qual se pode lidar com o mundo a partir de um estado de serenidade, ou mesmo sem serenidade. É um local privativo, onde você diz a verdade a si mesmo na medida em que lhe é possível. A vida interior não é idêntica ao Verdadeiro Self, mas os gestos espontâneos que são o Verdadeiro Self em ação se originam na vida interior.

A definição original de Winnicott tem a haver com o gesto do bebê em direção à mãe. Eu estou sugerindo versões posteriores do gesto espontâneo, quando digo que podemos ver um protesto do coração contra alguma condição externa, e esse protesto define o indivíduo tão completamente contra aquela condição externa, que se tem a impressão de que um Verdadeiro Self não seria visível se não tivesse acontecido uma crise que exigisse sua expressão. É esse reservatório profundo de sentimento que é atacado por torturadores ou pelas seduções de um mercado inescrupuloso. Dessa

---

[2] Em minha apresentação anterior, falei sobre isso: na formação psicanalítica, há a necessidade do(a) aluno(a) imitar seus professores e desta forma desenvolver, no início, um Falso Self profissional. Se tudo correr bem, isso é transformado e em algum momento substituído por um Verdadeiro Self, mas traços do Falso Self provavelmente irão perdurar.

forma nascem heróis, mas essa pode ser uma noção romântica, uma vez que o que surge sob tais condições nem sempre é algo que os outros considerariam heróico.

Temos de nos confrontar com o fato de que as profundas convicções de muitas pessoas são o que outros considerariam "feio". O que abre a questão: Os gestos espontâneos como representações do Verdadeiro Self são todos tão maravilhosos? O homem é essencialmente bom? Tendo a pensar que se as condições iniciais de maternidade e paternidade estiverem corretas, os impulsos amorosos provarão ser mais fortes do que os de ódio, mas devemos tomar cuidado para não associar a vida interior ao que é bom e a vida voltada para o exterior ao que é mau ou a algum tipo de traição à vida interior.

A vida interior é inimiga natural do consumismo, o que significa que é a inimiga natural de todas aquelas influências que fazem de nós extensões mecânicas de uma cultura maior. O moto dos dias de hoje é: *Mais e Mais Rápido*.[3] *Mais* de tudo que é considerado bom, e *mais rápido* é mais rápido! A vida se acelerou. A intolerância quanto a seus limites assumiu novas formas de expressão. À medida que a expectativa de vida aumenta e muitas doenças antigas são vencidas, a morte nos assombra de formas que podem muito bem ser consideradas sem precedentes. Nas maiores culturas do mundo – da Europa e das Américas, Austrália, Japão, e outras localizações diversas, tornadas cada vez mais próximas pela televisão e a internet, há uma preocupação em se fartar de vida e mesmo em sonhar que a vida é infindável. A guerra continua, é claro, as grandes guerras do século vinte, de viva memória, e os massacres em tempos recentes em locais como Ruanda e Iugoslávia. No entanto, embora essas guerras às vezes evoquem preocupações morais, na maioria das vezes são deixadas de lado como perturbações transitórias na busca contínua do que se imagina ser a vida mais rica possível.

---

[3] Veja, por exemplo, Gleick (1999).

A luta por um espaço interior, que Winnicott chamava de espaço potencial, é a luta por um lar. O espaço interior prototípico era uma caverna para dentro da qual o homem primitivo podia se retirar à noite ou por segurança durante o dia, um lugar simples com um fogo próximo para aquecer e para cozinhar. Dentro desse lugar ele tinha vida interior suficiente para sentir necessidade de desenhar nas paredes, como vemos nas cavernas da França e Espanha de 30 mil anos atrás. Assim, uma boa analogia da vida interior é a casa de uma pessoa. Os ingleses dizem que a casa de um homem é seu castelo. Isso significa que é ele que dá ordens em sua casa. Hoje, nós dizemos que também é verdade que a casa de uma mulher é seu castelo. Não são permitidos intrusos. Ele e ela e suas crianças estão livres e seguros. Eles podem relaxar.

A vida interior é o local onde você pode relaxar. Onde você pode comer e dormir em paz. Devo acrescentar que é preciso que haja recursos suficientes, tais como dinheiro, proteção contra a fome ou a possível perda do lar. Essa consideração envolve necessariamente políticas governamentais. Acaso imaginamos que uma sociedade na qual as pessoas estejam sempre em risco de privação pode fomentar a vida interior, condição vital para a liberdade, o orgulho, e o crescimento? Ocasionalmente, figuras excepcionais emergem de uma grande pobreza, mas é preciso pensar no grande desperdício de espírito humano quando a criança não está suficientemente segura para expressar o que está dentro dela, para cantar sua própria canção.

A imagem sedutora do mundo da televisão e da internet entra em todas as casas nos dias de hoje. Costumava entrar apenas o rádio, e antes disso apenas o jornal, se uma pessoa assim o quisesse. Não havia imagens. Elas estavam reservadas para o cinema e para os museus de arte. O mundo exterior estava distante, mas agora ele está no meio do castelo. E as influências são tão grandes que, ao invés de as crianças serem criadas em segurança por seus pais, os responsáveis por seu próprio castelo, vemos choque de valores, choques de preferência, um grande alvoroço. A vida interior da criança não segue mais diretamente a vida interior dos pais. Muitas outras pessoas estão interessadas em influenciar a vida interior da criança, e são bem-sucedidas. Os pais estão confusos. As coisas mudam muito rapidamente. Aquilo que era tido como certo não pode mais ser considerado assim.

Sabemos, a partir de como nos sentimos, se uma outra pessoa está tentando suprimir o nosso ser interior ou fomentando a sua expressão. Haverá um elemento maníaco de insistência, com um fator de velocidade de expressão, de tal forma que quando tentamos ouvir não há espaço para nossa resposta pessoal? Ou, ao invés disso, detectamos uma facilidade e um interesse que prende nossa própria atenção, e abre espaço para reflexão? Mesmo através da distância imposta pela televisão, eu sempre achei que a fala do Dalai Lama do Tibet chama um ser interior intenso. Sua presença despretensiosa contrapõe-se, talvez, à ênfase no Mais e Mais Rápido, com sua oferta de esperança ou expectativa de onipotência e onisciência. Dessa forma, sempre que encontramos o equilíbrio sem a necessidade de um esforço para atingir o impossível, há uma sensação de alívio.

O senso de proporção humana gera esperanças de soluções humanas. Eu me deparei com certos exemplos em leituras recentes. Todos estão ligados à consciência de nossas limitações. Uma pessoa escreveu[4] que "a cura para as incompatibilidades internacionais não é a diplomacia, mas a contrição (arrependimento)"... "nós não seremos felizes até que nos lamentemos", p. 98-99.

Outra escreveu:[5] "Se os gregos experimentaram o desespero, foi sempre através da beleza e sua qualidade opressiva". "Não há amor à vida sem desespero pela vida..." É a mesma atmosfera evocada por Nietzsche: "Na mais profunda alegria do momento, (somos) tomados pelas lágrimas e pela ruborizada melancolia dos que são felizes", p. 168.

---

[4] Reinholder Niebuhr, citado em Kalstone (1998).
[5] Albert Camus, citado por Dyer (1998).

Ou veja esta observação do mundo do jazz:[6] "Quando se escuta Miles Davis tocando ... *Porgy and Bess,* especialmente ... canções como 'Bess, You is My Woman Now' e 'I Loves You, Porgy', somos atingidos pela grande proximidade da alegria arrebatada e a profunda, sombria e irrevogável tristeza", p. 194.

Para mim é libertador ser lembrado da grande proximidade entre alegria e tristeza. É uma solução para a promessa de alegria sem fim, que sabemos, ao nos depararmos com ela, ser falsa e impossível. E eu estou profundamente ciente, enquanto falo, de que estou no Brasil, terra do samba e da palavra SAUDADE, profunda e intraduzível! Deve ser isso que faz com que as pessoas sintam que neste país, no Brasil, há algo de profundamente humano, algo acolhedor para a alma.

Um paciente meu descobriu essa proximidade da alegria e da tristeza no decorrer de sua longa análise. Ele estava atormentado por tal idéia, mas também liberado, enquanto se perguntava de novo e de novo por que isso era assim. Era parte da expansão de sua vida interior. Ele havia sido criado em uma família em que a pergunta "Como você está se sentindo?" nunca era feita. Ele não sabia qual sua cor favorita até os vinte e seis anos. Desenvolveu a habilidade de manipular pessoas e se tornou um eficiente homem de negócios. Conseguia fazer com que as pessoas fizessem coisas para ele. Ele era bastante agradável. Mas não tinha relações íntimas e não conseguia descrever a si próprio. Esse homem extremamente inteligente não entedia que a música é composta para expressar emoção. Somente através da análise e de tudo o que a acompanha, ele conseguiu reconhecer uma vida interior. Ele sempre tivera a estrutura de uma vida interior, mas não a concretizou até que a psicanálise entrou no contexto.

Esse é um exemplo de uma pessoa com intenções muito boas e grande capacidade, que não pareceria anormal a ninguém. Muito pelo contrário! E, no entanto, para ele não havia nenhuma vida interior. Há muitos como ele, e nem todos admiráveis ou bem intencionados.

---

[6] Lehman (1998).

Uma das principais características da psicanálise que possibilitaram as mudanças nesse homem foi o espaço criado por estar em meu consultório quatro vezes por semana. Não que o número de sessões seja crucial. Foi a combinação do tempo disponível e o fato de eu ouvi-lo atentamente, o fato de que eu estava em contato subjetivo com ele. Ele não estava sendo tratado como um objeto, uma coisa. Isso era novo em sua experiência, e tornou possível para ele começar a sentir o que estava acontecendo em seu interior, ao invés de ignorar isso em favor de ações dirigidas ao mundo externo. Um dia ele me perguntou se eu poderia mudar um determinado horário. Eu olhei minha agenda e disse um horário possível. E acrescentei: "se estiver bom para você". Ao deixar o consultório, ele teve de se apoiar na parede. Ele disse que ninguém jamais havia lhe dito alguma coisa como aquela: "se estiver bom para você". Na verdade, eu quase não acreditei que aquilo pudesse ser verdade. Eu estava bastante seguro de que ele havia sido levado em conta muitas e muitas vezes, mas a experiência de que ele se recordava era claramente diferente. Dado seu relacionamento comigo, meu simples comentário causou um tremendo impacto. Esse foi um momento que deu margem a discussões sobre a transferência, e colocou-nos em contato com seu passado de uma forma poderosa; um momento muito simples que surgiu da experiência psicanalítica.

Outra paciente estava ao final de dois anos de terapia, uma vez por semana, na qual eu era muito ativo e ainda assim, muito psicanalítico. Não é preciso estar constantemente em silêncio para fazer o trabalho analítico. Buscando uma forma de caracterizar a experiência, eu disse que era como quando estamos terminando um longo romance em que estivéssemos absortos. Isso pareceu correto para ela. Eu me lembrei de um romancista[7] que escreveu que a tarefa do escritor é produzir um sonho vívido e contínuo do qual o leitor pode entrar e sair, sempre encontrando o sonho

---

[7] John Gardner (1985).

quando abrir o livro da próxima vez. Isso capta a experiência similar ao sonho, que é uma das partes do trabalho analítico. A mente do analista, constantemente organizando informações de forma a torná-las relembráveis, criando desse modo um lar psicológico para o paciente, é o alicerce que dá continuidade ao sonho vívido e contínuo da vida daquela pessoa.

É importante mencionar que estar em contato com a vida interior não torna tudo claro. A maior parte de nós é confusa em certa medida. Como seres humanos, é nosso destino ser um pouco confusos do início até o fim da vida. E é um grande alívio não precisar saber tudo. Dessa forma, vamos tentando esclarecer e fazer progresso. E esse é um esforço de proporções humanas.

Quando, ao tentar escrever este trabalho, eu me pego fazendo uma declaração qualificativa após a outra, sei que não consegui e não pude entender o panorama completo. Há tantas contingências na tentativa de viver. Ao buscar a raiz das causas de nossos problemas não é bom colocar a culpa na tecnologia. Não faz sentido culpar a televisão ou a internet ou a voraz cultura corporativa pelo estado de confusão de nossos tempos. A cultura é uma massa de influências, incluindo algumas veiculadas com intenção egoísta e outras capazes de nos proteger do egoísmo. Em tal equação, às vezes, a vitória é dos egoístas, e às vezes daqueles que podem enfrentar os egoístas. E cada pessoa lida com o problema completamente sozinha. Dessa forma, o background de cada um de nós, a infância que levamos adiante no mundo, é crucial para o nosso sistema de valores e para a nossa capacidade de nos protegermos do egoísmo que nos cerca por todos os lados, e também de fazer uso da tecnologia potencialmente obsessiva com a finalidade de dar vida.

Conheço uma jovem, cuja mãe faleceu quando ela era criança. Ela entrou em contato com uma contemporânea que havia tido a mesma experiência. As duas rapidamente se tornaram amigas, e trocavam e-mails todos os dias. Forneceram uma nova saída uma à outra, através da qual tiveram acesso às profundezas da experiência inicial. Sentiam-se como irmãs. Algo de novo e valioso havia sido acrescentado às suas vidas. Isso não teria acontecido sem o e-mail, ou talvez – coisas assim devem ter ocorrido muitas vezes no passado – tivesse acontecido através do correio comum, mas muito mais lentamente, não tão intensamente. Essas duas moças conseguiram fazer uso de uma nova tecnologia para propósitos profundamente humanos, para a expansão de suas vidas interiores.

Contra esse evento afortunado, pode-se mencionar todo o tempo aparentemente desperdiçado em salas de "*chat*" nas quais não se diz nada de valor, onde apenas a liberdade anônima é concedida a todos os que queiram digitar seus comentários. Ou onde as pessoas são estimuladas pela fácil disponibilidade da pornografia. No entanto, mesmo aqui, uma pessoa pode encontrar algum aspecto do seu Self interior, que se frustra pelo que parece ser uma liberdade sem limites, e comece a apreciar o que está faltando e que só pode ser encontrado em relacionamentos mais completos. Dessa forma, pode haver lições a serem aprendidas que ressaltem uma apreciação da vida interior. Ou não. Qualquer um de nós pode citar exemplos de como a internet pode roubar espaço da vida interior, ou propiciar seu crescimento.

Vou mencionar a poesia como um exemplo de arte que depende da vida interior, e a intensifica. Um interesse em poesia é um interesse na vida interior e uma disposição para tolerar confusão, ambigüidade, demora na compreensão. O tempo disponível necessário para apreciar a grande poesia é exatamente o luxo humano da meditação. "Ler poesia é uma forma de conectar-se – através da linguagem – mais profundamente consigo mesmo, ao mesmo tempo em que você se conecta mais profundamente com um outro."[8] "O poema liberta nossas vidas espirituais precisamente porque nos dá, simultaneamente, um presente de intimidade e interioridade, paz, privacidade e participação." "Entretanto, (as pessoas evitam a poesia porque) elas não querem sentir a proxi-

---

[8] Edward Hirsch (1999).

midade do desconhecido – ou os mistérios. (O poema) É muito parecido com a morte... tudo sobre um poema – a métrica do poema, ou a medida do poema – faz lembrar o tempo."[9] Aqui está uma pista sobre a oposição entre o mundo externo tecnologicamente maníaco e o interesse em poesia. A poesia chama a atenção para a morte, enquanto a tecnologia enfatiza o domínio, como se não houvesse nada que não pudesse ser vencido.

"A poesia é como uma oração, pois que é mais efetiva quando estamos sós..."[10] Para ler "um poema completo, é preciso entrar em um mundo limítrofe de envolvimento que tem, ainda, traços de sagrado. (Ele) ruma por um caminho que vibra com o ar sagrado".[11]

Citei esses autores porque gosto muito das referências à oração. Gosto da conexão entre oração, poesia e o trabalho da psicanálise. Essa referência tripla à vida interior contradiz qualquer apelo por maior velocidade na transmissão de informação, na maturação dos jovens, ou nos processos de destruição e criação.

Um critério crucial de valor da nova tecnologia é até onde ela aumenta, ou pelo menos não perturba, a capacidade da pessoa de refletir interiormente sobre sua experiência, dessa forma permanecendo essencialmente humana, com uma mente independente que pode saborear a essência de estar vivo. A partir dessa capacidade flui um senso de empatia pelos outros. Não é a tecnologia que é o problema, mas os usos que dela se faz, para o bem ou para o mal. Existem fatos, mas é o amor aos fatos que lhes dá significado e torna possível (por exemplo) escrever a História.[12]

Esse é um assunto delicado. Havia oficiais nazistas que adoravam Beethoven e adoravam seus cães e seus filhos, pessoas criadas com alta capacidade de apreciação pela arte que, no entanto, podiam destruir pessoas inocentes de forma cruel e sem qualquer

---

[9] Mark Strand (1998).
[10] Edward Hirsch (1999).
[11] Idem.
[12] Shelby Foote (1999), citando John Keats.

compaixão. A tecnologia pode criar uma espécie de falha promíscua em entender seu impacto total, especialmente se a pessoa está usufruindo de seu uso. Ela pode vir a minar as preocupações morais. Temos disso mais exemplos de que necessitamos: O salmão do Atlântico está perdendo rapidamente, ou já perdeu, sua capacidade de repor seu número, a chuva ácida trouxe mercúrio para a cadeia alimentar, a floresta amazônica está desaparecendo, defeitos na camada de ozônio têm produzido câncer de pele. Em cada caso, há um lucro interessante para alguns.

Em meu país, grandes somas de dinheiro produzido pelas corporações são dadas a políticos cujas eleições dependem de campanhas publicitárias pesadamente financiadas. Isso certamente corrompe o significado da palavra democracia. Entretanto, quando chega o momento de confrontar e lutar contra esse processo dominado pelo dinheiro, os representantes eleitos enfrentam ameaças de perda do dinheiro de que necessitam para se reeleger. A mesma dinâmica afeta nossa incapacidade de controlar a venda de armas.

Tanto quanto o processo político é importante na tentativa de preservar e defender a vida interior das pessoas, no final cabe a cada família e a cada pessoa defender o que é sagrado. A psicanálise, com seu método desajeitado, que toma tanto tempo, é freqüentemente vista como um inimigo da eficiência hoje exigida, como o uso de drogas psicoativas e a terapia limitada, digamos a uma vez ao mês, que vem sendo oferecida ao público. Quando defendemos poesia e oração, estamos defendendo a psicanálise, pois somente ela, de todas as psicoterapias, coloca a vida interior no mais alto ponto de importância. É estranho unir a oração à psicanálise, conhecendo a descrição feita por Freud da religião como neurose obsessiva.

No final de sua vida ele escreveu *"Moses and Monotheism"* (Moisés e o Monoteísmo), confrontando-se em seu estudo, ao que parece, com uma figura paterna, que é, de acordo com Winnicott, a primeira pessoa completa que o bebê encontra, tendo sido a mãe construída a partir de objetos parciais. Freud[13] estava sob forte pressão do câncer de mandíbula que lhe ameaçava a vida, de sua idade cada vez mais avançada, e da ameaça representada pelos nazistas. Não era a oração que estava envolvida em seu estudo sobre Moisés, mas um assunto que retratava a conquista da integridade através do conceito de um Deus único, o monoteísmo, e o triunfo de um líder masculino. Não era a oração, mas a busca pela integridade pessoal, a essa altura de sua vida, que instigava sua preocupação com o assunto. Esse era praticamente o fim da vida do inventor da psicanálise, a partir de cuja busca pessoal surgiram as condições tranqüilas em uma sala de consultas que, em analogia ao poema, tem traços de sagrado.

Gostaria de encerrar com um comentário sobre o tempo, sendo que o ponto essencial é que o tempo da vida interior não é idêntico ao tempo no mundo exterior. O tempo do sonho difere do tempo externo. O período vivido dentro de um sonho não tem nenhuma relação com o lapso de tempo do sonho. A base de todos os tempos que diferem do tempo do relógio é a experiência de tempo no sonho. Sonhar é o protótipo de tempo imposto pela arte, pela oração e pela psicanálise. Winnicott escreveu a respeito da importância do sonho na vida cotidiana, em oposição à ilusão, ao devaneio (1971). Esse é um assunto muito importante, cujo ponto principal é que é necessário haver espaço para o sonho na vida cotidiana, ou ela empobrecerá.

A descoberta de experiências alternativas de tempo, através do ritmo e da métrica da poesia como um exemplo do mundo da arte, é a redescoberta da variedade dos estados de consciência que é mais evidente nos sonhos. Que existem esses estados alternativos – nós podemos mesmo chamá-los de locais alternativos – é um grande alívio, porque nos tornamos cientes de que não estamos permanentemente sentenciados a uma condição mental única, da qual não há escapatória, sendo essa condição a concentração em estado de alerta. Nós não queremos estar conscientes todo o tempo e não queremos estar sonhando todo o tempo. Nós queremos alternativas, da mesma

---

[13] Grubrich-Simitis (1997).

forma que queremos retornar a lugares familiares onde um outro mundo continua. Lembro-me de tomar consciência desse fenômeno ao visitar certa casa e certo grupo de pessoas na Suécia. Parecia-me que, ao retornar a um lugar e a pessoas que eu havia visitado muitas vezes, eu estava voltando a uma espécie de sonho alternativo que tinha continuidade, que havia continuado a existir, embora eu não estivesse prestando atenção. E então, ao voltar a Los Angeles, eu estava renovado, pude experimentar tudo novamente, porque havia visitado meu estado de consciência alternativo na Suécia.

A parada do tempo, a reconstrução do tempo pela imposição do ritmo e da métrica, é o que distingue a poesia para o poeta e para o leitor ou ouvinte. A poesia demonstra a capacidade humana de saltar para fora do tempo da forma em que ele nos é apresentado. Um escritor[14] disse que a principal mensagem de São Francisco de Assis era "dizer aos homens para começar de novo e, nesse sentido, dizer-lhes para esquecer", p. 130. Isso é consistente com a reestruturação do tempo, que é um tipo de salto para fora, um esquecimento.

Precisamos ser capazes de fazer exatamente isso quando nos deparamos com a velocidade, objeto de devoção cega (*Juggernaut*) que é essencial à tecnologia. Precisamos ser capazes de resistir ao engodo da velocidade e eficiência da tecnologia moderna, que nos oferece – ou parece nos oferecer – a possibilidade da onipotência, algo que irá, no mínimo, fomentar nosso sempre presente anseio pela onipotência. Para resistir a essa sedução, a essa velocidade, a esse ganho, é preciso ter experiência de algo diferente, algo completamente diferente – estar fora do tempo como o conhecemos – estar em uma terra de contemplação, onde não há prêmio para a eficiência, onde podemos ser confusos como de qualquer forma sempre somos – não importa como pareçamos – e que naquele estado confuso fiquemos face a face com a complexidade e a beleza do sentimento humano dentro do mundo próprio de cada um, ou no mundo compartilhado com os outros. É lá que está a afirmação de nossa humanidade, e é esse o valor da vida.

---

[14] Henry Miller (1982), a partir de um livro de G.K. Chesterton.

Referências Bibliográficas

Out Of Sheer Rage: Wrestling with D. H. Lawrence. By Geoff Dyer. New York: North Point Press, 1998

Interview with Shelby Foote. *The Art of Fiction CL VIII.* The Paris Review #151, Summer, 1999. Interview conducted by Carter Coleman, Donald Faulkner, William Kennedy.

On Becoming a Novelist. By John Gardner. New York: Harper & Row, 1985.

Faster: The Acceleration of Just About Everything. By James Gleick. New York: Pantheon, 1999.

Early Freud and Late Freud: Reading Anew *Studies on Hysteria* and *Moses and Monotheism.* By Use Grubrich-Simitis. Tr. Philip Slotkin. New Library of Psychoanalysis #29, General Editor: Elizabeth Bott Spillius. London and New York: Routledge, 1997.

How I Fell in Love with Poetry, By Edward Hirsch. Los Angeles Times Book Review, February 7, 1999.

Becoming a Poet: Elizabeth Bishop with Marianne Moore and Robert Lowell. By David Kalstone. London: The Hogarth Press, 1989.

The Last Avant-Garde: The Making of the New York School of Poets. By David Lehman. New York: Doubleday, 1998.

The Paintings of Henry Miller: Paint as Your Like and Die Happy, with Collected Essays by Henry Miller on the art of Watercolor. Edited by Noel Young. Forward by Lawrence Durrell. San Francisco: Chronicle Books, 1982.

Interview with Mark Strand. *The Art of Poetry LXXVII.* The Paris Review #148. Fall, 1998. Interview conducted by Wallace Shawn.

The Correspondence of Shelby Foote and Walker Percy, Edited by Jay Tolson. New York: Doubletake Norton, 1997.

Winnicott, D. W. The Use of an Object in the Context of Moses and Monotheism. Dated 16 January 1969. In *Psychoanalytic Explorations.* Ed. Madeleine Davis, Ray Shepherd, Clare Winnicott. Cambridge, Massachusetts: Harvard Univ. Press, 1989.

Winnicott, D. W. Dreaming, Fantasying, and Living: A Case-history Describing a Primary Dissociation. In *Playing and Reality.* London: Tavistock, 1971, p. 26-37.

A poesia e os elementos constitutivos do ser: O feminino e o masculino

Jamil Signorini

Faço-me esperançoso de que o título proposto pela Prof.ª Ivonise Motta e seus colegas para este encontro nos estimule a ser um pouco criativos, e que o *"Olhar de Winnicott"* nos proporcione a tolerância necessária para com a vastidão e complexidade do tema. Falo em tolerância tendo em mente a sugestão winnicottiana de como nos comportarmos diante de um paradoxo: tolerando-o sem pretender resolvê-lo. Começo, pois, supondo que não será por demais descabido conceber que abrigarmos *"o feminino e o masculino como elementos constitutivos do Ser"* coloca-nos frente a um paradoxo. Inescapável e irresolvível. Se possível, tolerável.

Tecer algumas considerações a respeito do *Feminino* ou da feminilidade – *"a parte que me cabe neste latifúndio"* – impõe referir à questão da bissexualidade, uma concepção amplamente difundida por Freud e igualmente muito utilizada por ele em sua prática clínica, impondo a justiça que se consigne ter sido Wilhelm Fliess, médico atuante em Berlim, à época seu mais querido amigo e interlocutor, quem lhe indicou esse modo de reconhecer esses aspectos da natureza humana. Ironicamente, alguns anos mais tarde, esse mesmo assunto funcionou como desencadeante do litígio e do afastamento entre ambos.

Essa, aliás, é uma história bastante conturbada, como todas aquelas em que se mesclam consideráveis doses de emoções. Ao longo de muitos anos correram paralelas as vicissitudes das relações pessoais dos personagens e as mútuas colaborações que foram surgindo entre eles, particularizando-se aqui as relativas à bissexualidade. À moda de síntese, recapitularemos: logo depois da publicação da *"Interpretação dos Sonhos"*, no início do século, Fliess foi tomando a iniciativa de distanciar-se de Freud, espaçando cada vez mais a correspondência e este parecia não se dar conta do fato.

Em uma carta datada de 20 de junho de 1904, Fliess revela-se magoado por ter encontrado um livro de Weininger com descrições de suas idéias sobre a bissexualidade e a natureza da atração sexual dela decorrente: homens femininos que atraem mulheres masculinas e vice-versa. Constatou que Weininger era amigo de Swoboda, discípulo de Freud, e concluiu que fora por essa via que Weininger tomara conhecimento e abusara da propriedade alheia, cobrando uma resposta esclarecedora de Freud. Era o início do fim.

No ano seguinte (1905), quando da publicação dos *"Três ensaios sobre a teoria da Sexualidade"*, expondo aspectos de questões com que se ocupava desde 1896, Freud alonga-se em uma nota de rodapé como em *"resposta"* a Fliess quanto aos motivos que determinaram o rompimento, pois não seria do ex-amigo a originalidade da idéia, conquanto reconhecesse, mais uma vez, ter sido ele quem o despertou para ela.

Indica nessa nota, ter sido E. Gley o primeiro escritor que sugeriu a bissexualidade como explicação da inversão, publicando em Janeiro de 1888 um artigo *"Les aberrations de l'instinct sexuel"* na Revue Philosophique. Em 1895, Krafft-Ebing comenta que existem inúmeras observações que *"provam pelo menos a persistência virtual desse segundo centro, o do sexo subordinado"*.

"Certo Dr. Arduin, em 1900", prossegue Freud, "assevera que há elementos masculinos e femininos em todos os seres humanos (cf. Hirschfeld, 1899), mas um conjunto deles – conforme o sexo da pessoa em questão – é desenvolvido de forma incomparavelmente mais vigorosa que o outro, no que diz respeito a indivíduos heterossexuais".

Herman (1903) está convencido de que "existem elementos e características masculinas em todas as mulheres e femininos em todos os homens".

Em uma revisão desse artigo, de 1910, ele acrescentaria que em 1906 Fliess reivindica para si a idéia de bissexualidade, no sentido de dualidade de sexos. E em nova revisão de 1924 inclui outro acréscimo: "Nos meios leigos, a hipótese da bissexualidade humana é atribuída a Weininger, o filósofo, que morreu moço e fez desse conceito a base de um livro um tanto desequilibrado".

Essas particularidades mencionadas levam Freud a considerar descabidas as pretensões de Fliess, não concordando com a importância que ele confere ao fato; dizia que "ele havia elucidado a sexualidade a Fliess e este o agraciou com a noção da bissexualidade", o que, de certa forma os colocava em posições de igualdade.

Anos mais tarde, em 1919, em seu artigo *"Uma criança é espancada"*, Freud volta a deter-se no assunto, ao elaborar comentários sobre as perversões sexuais e os efeitos das regressões e da organização sexual tanto no menino quanto na menina e que gostaria de utilizá-las para testar duas teorias: a da repressão de Adler e outra, "uma teoria anônima" (...) "trazida a seu conhecimento anos atrás, por um colega com quem, à época, mantinha boas relações"; era baseada na constituição bissexual dos seres humanos.

Uma curiosidade a registrar é que durante certo tempo Freud *"esqueceu-se"* dessa contribuição de Fliess e, quando disso se deu conta, serviu-lhe de exemplo para seu estudo sobre a *"Psicopatologia da vida cotidiana"*, de 1910.

Em um de seus últimos textos, *Análise terminável e interminável*, de 1937, ele reconhece que "em todas as análises dois temas têm ganho proeminência: na mulher, a inveja do pênis, e, no homem, a luta contra sua atitude passiva ou feminina para com outro homem". Subseqüentemente, Alfred Adler propôs o termo "protesto masculino", em uso corrente a partir daí. Para Freud, ele se ajusta perfeitamente ao caso dos homens, mas pensa que, desde o início, "repúdio da feminilidade" teria sido a descrição correta dessa notável "característica da vida psíquica dos seres humanos", voltando a mencionar seu débito para com Fliess por ter lhe chamado atenção para esse ponto.

Delimito a área em que me proponho transitar, considerando a hipótese de serem a "feminilidade" e a "masculinidade" funções da personalidade, efetivamente indissociadas e presentes tanto no homem quanto na mulher. Parafraseando Winnicott, se "não há aquilo que se chama de um bebê, mas somente um bebê e sua mãe", psiquicamente falando, não haverá "homem" ou "mulher" em que feminilidade e masculinidade não se façam companhia.

No modo como estou concebendo, essas funções estão sempre presentes e atuantes em nossa personalidade, tornando-se tarefa de a todo momento reconhecermos qual delas será predominante e conferindo qualidade ao evento naquelas circunstâncias. Também estou considerando que essas funções são extremamente móveis, dinâmicas, intercambiando de posição a todo instante, mormente na vigência de um relacionamento. Como exercício de exemplificação: ao nos dispormos sair de casa para virmos participar dessa atividade, estaríamos fazendo uso de nossa função "masculina"; ao nos deixarmos penetrar pela fala de um orador, já seria a função "feminina" que predominaria. Outra hipótese: quando a mãe, por sua capacidade de identificar-se ao seu bebê, reconhece suas necessidades, estaria atuando sob a égide da função feminina; mas quando passa a atender à necessidade de seu rebento, amamentando-o, por exemplo, já estará agindo em razão da função masculina.

Winnicott a respeito expende uma idéia interessante: quanto maior a possibilidade dessas funções não estarem integradas de modo muito rígido, maior a probabilidade dessa "mobilidade" ser exercida. Quanto mais rígida a estruturação mental, menores as condições para esse exercício.

De modo sintético e ciente de que os termos que emprego se revelam pobres e anêmicos frente ao vigoroso e complexo universo de facetas que eles procuram abarcar, direi que com "função feminina da mente" estou indicando a entrega, a capacidade de receptividade, o acolhimento, a renúncia, enquanto com "função masculina" refiro-me à penetrância, à ação, ao fazer. É de Winnicott a distinção entre o que ele chama de elemento masculino como o fazer e ao elemento feminino como o ser.

Caberia a ilação de que quanto mais e melhor se der o "casamento" dessas funções no íntimo de uma pessoa, maior a possibilidade de ela poder se casar com outra, constituindo um par, uma dupla ou um casal com características de harmonia e fertilidade. Dar-se-ia, como indicou o poeta, "a união da potência sexual genital com o amor espiritual".

Em outras palavras, estou pensando em encontro, termo indicativo de algo que se dê tanto no plano prático, como no material e também psíquico. Outro termo que caberia é comunhão (ressalvadas as possíveis penumbras associativas religiosas, em que não estou interessado, no momento) por bem exprimir que naquelas circunstâncias, naquelas condições, aquele casal, ou dupla ou par, tem algo em comum. E essa comunhão ou esse encontro é que teria a propriedade geradora ou reveladora, pois terá o condão de trazer à luz aquilo que já era parte de ambos, agora fundidos (até mesmo con-fundidos) em algo realmente novo e único.

Podemos abrir aqui um parênteses para conjeturarmos sobre a provável "origem" dessa comunhão interior, resultado de como se dá a conjunção entre os fatores inatos ou herdados de parte do bebê e a "resposta" por parte do meio ambiente, representado num primeiro plano pela mãe, amparada na retaguarda proporcionada pelo pai. Talvez mais que em qualquer outro ponto, é nesse capítulo que as contribuições de Winnicott se fizeram mais salientes. Ele próprio, segundo os informes de seus biógrafos e de sua segunda esposa, foi alguém que viveu a experiência de ter nascido de uma mãe depressiva e supostamente pouco apta a dedicar-se integralmente a seu bebê. Mas ele contou com os cuidados das irmãs, outros parentes e um ambiente no lar satisfatoriamente saudável. Winnicott, contudo, parece ter tido a capacidade e o talento de sofrer tal fato, elaborá-lo e integrá-lo de forma a poder reconhecer sua decisiva importância. Fez dele a pedra angular de suas concepções e de uma verdadeira cruzada: por mais de 40 anos, praticou e estimulou que fosse reconhecida como a sustentação para o início de um relacionamento que promovesse as bases para uma vida mental saudável.

Não economizava termo para indicar o que lhe parecia determinante nessa situação; dizia das transformações operadas na mãe que a leva a experimentar um estado mental análogo à loucura não fosse ele temporário, o qual, acima de tudo, permite a ela identificar-se com seu bebê até um estado que o autor não titubeia em chamar de *devoção*, de dedicação exclusiva.

Esses fatores do lado materno vão compor-se com os fatores próprios do bebê, disso resultando aquela estrutura única e irreprodutível de cada personalidade. São todos fatores de grande importância que determinarão a maior ou menor proximidade e correção com que cada bebê assimilará as imagens dessas figuras parentais e de como elas estarão ou não compondo em sua mente o casal de onde o bebê se originou.

Conjeturemos algumas possibilidades: um bebê dotado inatamente de intensa carga emocional, mesmo que conviva com um ambiente amoroso e acolhedor poderá encontrar dificuldades em integrar essas mesmas emoções.

Por outro lado, um bebê, mesmo sem uma carga inata destrutiva mais significativa, não encontrando sustentação em um ambiente minimamente receptivo e acolhedor, poderá sofrer as vicissitudes dessas privações iniciais.

Esses são apenas balizamentos extremos, provisórios, de uma hipotética "escala" que comporta *ad infinitum* todas as variáveis intermediárias entre essas posições. Mas não abdico da insistência quanto à hipótese de que sejam essas etapas iniciais e como elas transcorreram que proporcionarão os componentes (♀♂) principais que, assimilados, determinarão os padrões que prevalecerão em nossa personalidade. Seria como se nesse contato mais próximo à realidade dos pais, de como eles de fato são, que o bebê irá "equipar-se" com algo semelhante a um "núcleo" de concepção de uma união, de um par ou casal. Constituirão pessoas que no decorrer da vida, quaisquer que sejam as circunstâncias, prevalecerá nelas a tendência a unir, juntar, somar, compor. Em situação inversa, veremos predominar a disposição para separar, afastar, dividir.

Alimento a expectativa de que esteja minimamente claro em minhas proposições a opção deliberada de restringir a visão da feminilidade e da masculinidade como funções da personalidade, implicando deixar de lado as questões relativas a feminino e masculino explícito, seus elementos formais ou concretos, tudo o que dissesse respeito ao sexo, gênero etc.

Ocorre-me a lembrança de uma situação que se me afigura como exemplar para o que quero indicar: em um grupo de estudos, naquela ocasião limitado a três pessoas, era lido um texto[1] que continha um fragmento de uma sessão psicanalítica logo em seu início. Dizia o analisando: "Não estou satisfeito, não me sinto vivo. Além do mais eu pago pelo tratamento e faço minha parte". O analista responde: "Você não paga o preço de tolerar a frustração que é parte da vida".

Comentando o que acabara de ser lido, dois dos três participantes do grupo disseram ter ficado com a impressão que o

---

[1] Bion, W. R. *Bion's Brazilian Lectures* 2. Imago, RJ, 1974, p. 149.

analisando seria uma mulher, e o terceiro, que seria um homem, acrescentando que se sentira incomodado e desagradado pela maneira e pelo teor da intervenção do analista, prevendo que aquela sessão não teria muitas possibilidades de prosseguir bem ou desenvolver uma situação favorável à dupla.

A continuidade da leitura só fez confirmar a intuição desse terceiro estudioso; tanto se tratava de analisando do sexo masculino como a sessão evoluiu para um franco entrechoque entre a dupla, acarretando uma situação confusa e sugestiva de nenhum benefício aos participantes.

Interessou-me utilizar essa vinheta como estímulo para indagar sobre os prováveis fatores que interagiram naquela situação, nas diversas pessoas envolvidas, redundando tanto em "encontros" quanto "desencontros". O sexo ou gênero de cada um teria alguma participação? Não se trata de avaliar quem "errou" ou quem "acertou", mas considerar se a maior capacidade intuitiva, em meu entender um componente primordial da feminilidade, não colaborou para que seu portador se aproximasse mais que os outros dois, naquelas circunstâncias, da "realidade" da situação descrita?

Considero que a intuição, atributo marcante da feminilidade, permite à mente deixar-se penetrar pelo o que emana do outro ou da situação, possibilitando sua absorção, reconhecimento e "gestação", o que viria permitir, em movimento seguinte, que a masculinidade "penetrasse" e fornecendo um comentário.

Se esse modo de conceber contiver alguma procedência, adviria daí uma conseqüência prática de maior importância, qual seja: maior será a possibilidade de usarmos a função masculina quanto menos temermos e integremos a função feminina, no caso dos homens. O mesmo para as mulheres: haverá melhores condições para o uso da função feminina quanto menor o temor da função masculina.

Em 2 de fevereiro de 1966, Winnicott apresentou-se diante de seus pares da Sociedade Britânica de Psicanálise, colocando em debate seu artigo "Elementos masculinos e femininos clivados" em que, através de exemplos clínicos, expôs de modo franco e leal como lhe era peculiar a turbulência experimentada na "passagem" dos conhecimentos teóricos sobre a bissexualidade, dissociações, clivagem, identificação projetiva e introjetiva, e tanto mais, para um aprendizado vivido, sofrido, compartilhado. Admitiu sua surpresa, seu tumulto, sua confusão, chegando ao ponto de denominar-se "louco". Expressou-se com seu humor característico: "Encontrei um fio novo em velha arma".

Tratava-se do espanto que lhe causara, em determinado momento de contato com um analisando de longa data, ver-se surpreendido e impelido a dizer à outra pessoa que ele, Winnicott, deveria estar louco, pois via um homem deitado em seu divã, mais ouvia uma jovem mulher falando. É um texto de raro brilhantismo com detalhada descrição de como Winnicott lidou com a evolução do fenômeno, mas são sobretudo os ensinamentos que este lhe proporcionou e que ele, como sempre, generosamente, nos legou.

Como posso ver, o elemento nodular do evento foi a possibilidade de Winnicott deixar-se penetrar, sem desorganizar-se psiquicamente, pelos componentes não sensoriais presentes na relação. Não que tenha ignorado os dados sensoriais, muito ao contrário. Tanto que até se refere a eles, mas isso se acompanhou de outra percepção que o colocou em contato com algo mais, até então desconhecido para ambos, para além do sensorial. E que, de tão novo, inesperado e surpreendente, pareceu-lhe "louco".

Com esse ato de ousadia, Winnicott nos dá o mote para o desafio diário de nosso ofício: não ignorarmos o que nossa percepção sensorial nos proporciona sem deixar de, simultaneamente, sermos capazes de perceber o que está além e aquém do sensorial. Fazendo disso um permanente exercício de disciplina, tornamo-nos cada vez mais aptos a reconhecer as funções feminina e masculina em nosso interlocutor, seja ele um homem ou uma mulher.

A tarefa não se afigura simples e menos ainda fácil. Variados fatores implicados: primeiro, nossa dificuldade em não privilegiarmos os dados sensoriais; segundo, pelo o que parece ser a extraordinária mobilidade de que as funções feminina e masculina são portadoras; terceiro, a participação nos eventos, dos demais componentes da personalidade contribuindo para "mascarar" aquilo em que estamos interessados em observar; quarto, as variações ocasionadas pela interação que se dá a cada momento, tanto entre esses fatores internos como entre eles e o meio ambiente. Visualiza-o como assemelhados às novas imagens que se formam a cada vez que movimentamos, por pouco que seja, um caleidoscópio. É a junção da tragédia de não possuirmos um saber prévio com a satisfação extraordinária do contato com o novo que emerge. Como a satisfação e as dores que se renovam a cada parto.

Titubeei e durante algum tempo permaneci indeciso em exemplificar essas considerações de cunho mais geral e indagativo com situações clínicas das quais fui participante. Ao final, optei por não fazê-lo. Primeiramente, resguardando-me de não me revelar ingênuo a ponto de "competir" com Winnicott que, no artigo mencionado, brinda-nos com exemplos e teorizações magníficos. Segundo, para não alongar desnecessariamente a exposição, tanto mais que vejo maior interesse em uma possível troca de idéias que faria emergir espontaneamente alguma exemplificação, sem contar com as dificuldades que sempre encontro em preservar o anonimato dos clientes.

Encontro, porém, uma alternativa fazendo simultaneamente um agradecimento e uma homenagem às duas ilustres companheiras com quem tive o prazer e a honra de compartilhar esta mesa, as duas Adélias.

Adélia Prado, apenas física e temporariamente ausente, mas presente sempre, em meu coração e na pertinência de sua obra. E Adélia Bezzerra de Menezes, que generosamente coloca a nosso dispor a enorme e estupenda produção de Chico Buarque de Holanda, cujo trajeto e sutilezas ela vem acompanhando, desvelando, desvendando em suas publicações.

Começo por aquele que talvez seja um dos homens de maior feminilidade que conhecemos, tendo de resignar-me a apenas uns poucos exemplos de uma vastíssima produção: Chico Buarque.

Tatuagem
Quero ficar no seu corpo
feito tatuagem,
que é p'ra lhe dar coragem
p'ra seguir viagem,
quando a noite vem.
E também p'ra me perpetuar
em tua escrava
que você pega,
esfrega,
nega,
mas não lava.
Quero brincar no teu corpo
feito bailarina,
que logo se alucina,
salta,
e te ilumina
quando a noite vem.
E nos músculos exaustos do teu braço
repousa frouxa,
murcha,
farta,
morta de cansaço.
Quero pesar feito cruz nas tuas costas
que te retalha em postas,
mas no fundo gostas,
quando a noite vem.
Quero ser a cicatriz
risonha e corrosiva,
marcada a frio,
ferro
e fogo,
em carne viva.

Corações, arpões, sereias,
coroas e serpentes,
que te rabisca o corpo todo mas não sentes.
***
Olhos nos Olhos
Quando você me deixou meu bem
me disse p'ra ser feliz
e passar bem.
Quis morrer de ciúme,
quase enlouqueci,
mas depois, como era de costume,
obedeci.
Quando você me quiser rever
já vai me encontrar refeita,
pode crer.
Olhos nos olhos
quero ver o que você faz
ao sentir que sem você
eu passo bem demais,
e que venho até remoçando
me pego cantando
sem mais nem por quê.
E quantas águas rolaram,
quantos homens me amaram
bem mais e melhor
que você.
Quando talvez precisar de mim
cê sabe que a casa é sempre sua,
venha sim.
Olho nos olhos
quero ver o que você diz
quero ver como suporta
me ver tão feliz.
***
Terezinha
O primeiro me chegou
como quem vem do florista
trouxe um bicho de pelúcia

trouxe um broche de ametista.
Me contou suas viagens
e as vantagens que ele tinha
me mostrou o seu relógio
me chamava de Rainha.
Me encontrou tão desarmada
que tocou meu coração
mas não me negava nada
e assustada eu disse não.
O segundo me chegou
como quem chega do bar
trouxe um litro de aguardente
tão amarga de tragar.
Indagou o meu passado
e cheirou minha comida
vasculhou minha gaveta
me chamava de perdida.
Me encontrou tão desarmada
que arranhou meu coração
mas não me entregava nada
e assustada eu disse não.
O terceiro me chegou
como quem chega do nada
ele não me trouxe nada
também nada perguntou.
Mal sei como ele se chama
mas entendo o que ele quer
se deitou na minha cama
e me chama de mulher.
Foi chegando sorrateiro
e antes que eu disse não
se instalou feito um posseiro
dentro do meu coração.

***

Pedaço de mim
Oh, pedaço de mim
Oh, metade afastada de mim
leva o teu olhar

que a saudade é o pior tormento
é pior do que o esquecimento
é pior do que se entrevar
Oh, pedaço de mim
Oh, metade exilada de mim
leva os teus sinais
que a saudade dói como um barco
que aos poucos descreve um arco
e evita atracar no cais
Oh, pedaço de mim
Oh, metade arrancada de mim
leva o vulto teu
que a saudade é o revés de um parto
a saudade é arrumar o quarto
do filho que já morreu.
Oh, pedaço de mim
Oh, metade amputada de mim
leva o que há de ti
que a saudade dói latejada
é assim como uma fisgada
no membro que já perdi
Oh, pedaço de mim
Oh, metade adorada de mim
lava os olhos meus
que a saudade é o pior castigo
e eu não quero levar comigo
a mortalha do amor
Adeus.

Em Adélia Prado não é menor a dificuldade em selecionar diante da exuberância de exemplos. Fico com os que se seguem:

Com licença poética
Quando nasci, um anjo esbelto,
desses que tocam trombeta, anunciou:
vai carregar bandeira.
Cargo muito pesado para mulher,

esta espécie ainda envergonhada.
Aceito os subterfúgios que me cabem,
sem precisar mentir.
Não sou tão feia que não possa casar,
acho o Rio de Janeiro uma beleza e
ora sim, ora não, creio em parto sem dor.
Mas o que sinto escrevo. Cumpro a sina.
Inauguro linguagens, fundo reinos
— dor não é amargura.
Minha tristeza não tem pedigree,
já minha vontade de alegria,
sua raiz vai ao meu mil avô.
Vai ser coxo na vida é maldição pra homem.
Mulher é desdobrável. Eu sou.

***

No meio da noite
Acordei meu bem pra lhe contar meu sonho:
sem apoio de mesa ou jarro eram
as buganvílias brancas destacadas de um escuro.
Não fosforesciam, nem cheiravam, nem eram alvas.
Eram brancas no ramo, brancas de leite grosso.
No quarto escuro, a única visível coisa, o próprio ato de ver.
Como se sente o gosto da comida eu senti o que falavam:
"A ressurreição já está sendo urdida, os tubérculos
da alegria estão inchando úmidos, vão britar sinos".
Doía com um prazer
Vendo que eu não mentia ele falou:
as mulheres são complicadas. Homem é tão singelo.
Eu sou singelo. Fica singela também.
Respondi que queria ser singela e na mesma hora,
singela, singela, comecei a repetir singela.
A palavra destacou-se novíssima
como as buganvílias do sonho. Me atropelou.
O que que foi? — ele disse.
As buganvílias...
Como nenhum de nós poderia ir mais além,
solucei alto e fui chorando, chorando,
até ficar singela e dormir de novo.

***
Poema esquisito
Dói-me a cabeça aos trinta e nove anos.
Não é hábito. É raríssimo que ela dói.
Ninguém tem culpa.
Meu pai, minha mãe descansaram seus fardos,
não existe mais o modo
de eles terem seus olhos sobre mim.
Mãe, ô mãe, ô pai, meu pai. Onde estão escondidos?
É dentro de mim que eles estão.
Não fiz mausoléu pra eles, pus os dois no chão.
Nasceu lá, porque quis, um pé de saudade roxa,
que abunda nos cemitérios.
Quem plantou foi o vento, a água da chuva.
Quem vai matar é o sol.
Passou finados não fui lá, aniversário também não.
Pra que, se pra chorar qualquer lugar me cabe?
É de tanto lembrá-los que eu não vou.
Ôôôôô pai
Ôôôô mãe
Dentro de mim eles respondem
tenazes e duros,
porque o zelo do espírito é sem meiguices:
Ôôôôi fia.
***
Um Sonho
Eu tive um sonho esta noite que não quero esquecer
por isso o escrevo tal qual se deu:
era que me arrumava pra uma festa onde eu ia falar.
O meu cabelo limpo refletia vermelhos,
o meu vestido era num tom de azul, cheio de panos, lindo,
o meu corpo era jovem, as minhas pernas gostavam
do contato da seda. Falava-se, ria-se, preparava-se.
Todo movimento era de espera e aguardos, sendo
que depois de vestida, vesti por cima um casaco
e colhi do próprio sonho, pois de parte alguma
eu a vira brotar, uma sempre-viva amarela,
que me encantou por seu miolo azul, um azul

de céu limpo sem as reverberações, de um azul
sem o z, que o z nesta palavra tisna.
Não digo azul, digo bleu, a idéia exata
de sua seca maciez. Pus a flor no casaco
que só para isto existiu, assim como o sonho inteiro.
Eu sonhei uma cor.
Agora, sei.

***

Os lugares comuns

Quando o homem que ia casar comigo
chegou a primeira vez na minha casa,
eu estava saindo do banheiro, devastada
de angelismo e carência. Mesmo assim,
ele me olhou com olhos admirados
e segurou minha mão mais que
um tempo normal a pessoas
acabando de se conhecer.
Nunca mencionou o fato.
Até hoje me ama com amor
de vagarezas, súbitos chegares.
Quando eu sei que ele vem,
eu fecho a porta para a grata surpresa.
Vou abri-la como o fazem as noivas
e as amantes. Seu nome é:
Salvador do meu corpo.

***

Briga no beco

Encontrei meu marido às três da tarde
com uma loura oxidada.
Tomavam guaraná e riam, os desavergonhados.
Ataquei-os por trás com mão e palavras
que nunca suspeitei conhecesse.
Voaram três dentes e gritei,
gritei meu urro, a torrente de improvérbios.
Ajuntou gente, escureceu o sol,
a poeira adensou como cortina.
Ele me pegava nos braços, nas pernas, na cintura,
sem me reter, peixe-piranha, bicho pior, fêmea ofendida,

uivava.
Gritei, gritei, gritei, até a cratera exaurir-se.
Quando não pude mais fiquei rígida,
as mãos na garganta dele, nós dois petrificados,
eu sem tocar o chão. Quando abri os olhos,
as mulheres abriam alas, me tocando, me pedindo graças.
Desde então faço milagres.

***

Para o Zé
Eu te amo, homem, hoje como
toda a vida quis e não sabia,
eu que já amava de extremoso amor
o peixe, a mala velha, o papel de seda e os riscos
de bordado, onde tem
o desenho cômico de um peixe – os
lábios carnudos como os de uma negra.
Divago, quando o que quero é só dizer
te amo. Teço as curvas, as mistas
e as quebradas, industriosa como abelha,
alegrinha como florinha amarela, desejando
as finuras, violoncelo, violino, menestrel
e fazendo o que sei, o ouvido no teu peito
pra escutar o que bate. Eu te amo, homem, amo
o teu coração, o que é, a carne de que é feito,
amo sua matéria, fauna e flora,
seu poder de perecer, as aparas de tuas unhas
perdidas na casa que habitamos, os fios
de tua barba. Esmero. Pego tua mão, me afasto, viajo
pra ter saudade, me calo, falo em latim pra requintar meu gosto:
"Dize-me, ó amado da minha alma, onde apascentas
o teu gado, onde repousas ao meio-dia, para que eu não
ande vagueando atrás dos rebanhos de teus companheiros".
Aprendo. Te aprendo, homem. O que a memória ama
fica eterno. Te amo com a memória imperecível.
Te alinho junto das coisas que falam
uma coisa só: Deus é amor. Você me espicaça como
o desenho do peixe da guarnição da cozinha, você me guarnece,
tira de mim o ar desnudo, me faz bonita

de olhar-me, me dá uma tarefa, me emprega,
me dá um filho, comida, enche minhas mãos.
Eu te amo, homem, exatamente como amo o que
acontece quando escuto oboé. Meu coração vai desdobrando
os panos, se alargando aquecido, dando
a volta ao mundo, estalando os dedos pra pessoa e bicho.
Amo até a barata, quando descubro que assim te amo,
o que não queria dizer amo também, o piolho. Assim
te amo do modo mais natural, vero-romântico,
homem meu, particular homem universal.
Tudo que não é mulher está em ti, maravilha.
Como grande senhora vou te amar, os alvos linhos,
a luz na cabeceira, o abajur de prata;
como criada ama, vou te amar, o delicioso amor:
com água tépida, toalha seca e sabonete cheiroso,
me abaixo e lavo teus pés, o dorso e a planta deles
eu beijo.

Jamil Signorini
Membro Efetivo da SBPSP
e do Núcleo Psicanalítico de Curitiba

Bibliografia

BRAGA, J. C. (1997), Função Feminina (♀), função masculina (♂) e função alfa (♀♂). Apresentado na mesa-redonda "*Feminino, masculino e neutro*", no XVI Congresso Brasileiro de Psicanálise. Gramado – RS.

FREUD, S. (1905), "*Os três ensaios sobre a teoria da sexualidade*". In Obras Completas. Vol. VII. Imago, RJ. 1972.

_____. (1919), "*Uma criança é espancada*". In Obras Completas. Vol. XVII. Imago, RJ. 1972.

_____. (1937), "*Análise terminável e interminável*". In Obras Completas. Vol. XXIII. Imago, RJ. 1972.

LOPARIC, Z. (1996), *Winnicott: uma psicanálise não-edipiana*. Rev. Percurso, n. 17.

MASSON, J. M. (1985), A correspondência completa de Sigmund Freud e Wilhelm Fliess. 1887-1904. Imago. RJ.

MENEZES, A. B. (1984), A figuração do feminino na canção de Chico Buarque. Ver. IDE – SBPSP n. 10.

PRADO, A. (1991), Poesia Reunida. Siciliano. SP.

REZZE, C. J. (1988), *Mito de Édipo e Complexo de Édipo. Um exercício*. Apresentado no Núcleo Psicanalítico de Curitiba.

_____. (1996), *Édipo: as múltiplas faces da sexualidade*. Apresentado no I Encontro de G.E.P. de Ribeirão Preto – SP.

SANDLER, P. C. (1998), *Uma teoria sobre o exercício de feminilidade e masculinidade*. (Conforme apreendidas durante uma sessão de Psicanálise). Apresentado em reunião Científica da SBPSP em 20 de agosto de 1998.

WINNICOTT, D. W. (1971), *O brincar e a realidade*. Imago. RJ.

_____. (1989), *Explorações psicanalíticas*. Artes Médicas. Porto Alegre, RS.

Psicanálise e Psicose:
Quando a clínica se faz teoria

Maria Lúcia de Araújo Andrade*

Falar é já se introduzir no sujeito da experiência analítica (Lacan, 2005, p. 15).

Resumo: A partir da reflexão sobre um atendimento clínico que se estende por mais de dez anos, tendo como base teórica os ensinos de Lacan e seus seguidores contemporâneos, propomo-nos buscar novas formas de se pensar a clínica e a teoria das psicoses a partir de um diálogo que deverá ser constante com outras áreas da ciência. Perguntas tais como: "Qual é a saída que o tratamento psicanalítico oferece para a psicose e o que se pode esperar como cura para o psicótico?" – estão ainda muito vivas e atuais e procuraremos em nosso artigo contribuir com algumas respostas e sugestões e, por que não, com algumas outras questões.

Palavras-chave: Pesquisa Clínica, Psicótico, Psicose, Psicanálise, Psiquiatria, Freud, Lacan, "Sinthoma".

---

* Profa. Dra. Maria Lúcia de Araújo Andrade: Docente do Departamento de Psicologia Clínica IP-USP. Coordenadora Científica e Acadêmica do Laboratório Sujeito e Corpo (SuCor) Grupo: Sujeito, Corpo e Sintoma e Instituição; do Curso de Cultura e Extensão "Teoria, Técnica e Estratégias Especiais em Psicanálise". Psicanalista lacaniana. Orientadora no programa de Pós-Graduação Stricto-Sensu do Departamento de Psicologia Clínica do IP-USP.

A loucura, a demência, a psicose, nomes com significações aparentemente semelhantes, diagnósticos e terapêuticas diferentes, têm sido assunto sobre o qual diversos profissionais de diferentes áreas têm-se debruçado há muitos anos, com especial atenção. No entanto, apesar dos inúmeros esforços conjuntos já existentes, lacunas grandes nesse conhecimento ainda existem, mostrando a necessidade de mais investigações.

A partir da reflexão sobre um atendimento clínico de psicose, que se estendeu por muitos e muitos anos, analisado por mim, tendo como base teórica os ensinamentos de Lacan e seus seguidores contemporâneos, este artigo procura apontar novas formas de se pensar a clínica e a teoria das psicoses, a partir de um diálogo que deverá ser constante com outras áreas da ciência. Perguntas tais como: "Qual é a saída que o tratamento psicanalítico oferece para a psicose e o que se pode esperar como cura para o psicótico?" – estão ainda muito vivas e atuais e a intenção é contribuir com algumas respostas; e, por que não, com algumas outras questões se, afinal, o saber se constrói dessa forma.

Vem de muito tempo meu interesse pela loucura. Isso aconteceu muito cedo ainda na minha tenra infância, quando um fato marcou-me de forma dramática, produzindo significados inesperados. Como a psicanalista que me tornei, encontrei nesses anos todos muitos outros colegas com o mesmo interesse, surgido em cada um conforme as marcas das suas histórias pessoais.

Para o clínico inexperiente, o deflagrar de uma psicose pode representar uma absurda tranqüilização: o diagnóstico está claro, definido, a dúvida pode cessar. Isso, no entanto, não deverá acontecer com o psicanalista perspicaz, já que tal situação não será nunca apenas resolvida com um acudimento médico. Nesses cento e poucos anos que se passaram desde a descoberta da psicanálise por Freud, já se sabe não ser tão simples o diagnóstico diferencial da psicose frente a outros quadros *"limite"*.

Maria[1] nasceu de parto normal, em um Hospital de alto padrão, na capital paulista, apresentando ao nascer excelente condição física. Foi muito desejada pela mãe e pelo seu pai, festejada e bem recebida pelos irmãos e por todos os seus familiares.

Seu desenvolvimento foi normal, porém com as etapas vividas de forma um pouco diferente: não sentou, ficando por algumas semanas como que largada no berço, até que um dia levantou-se, se pôs em pé exultante, segurando as grades da cama e tentando andar. Alguns dias depois de tal feito, parou de andar, voltou a ficar deitada andando novamente, somente algumas poucas semanas depois. Tudo isso entre 9 meses até 1 ano e meio. Note-se que sempre teve um acompanhamento médico com um renomado pediatra da época e uma assistência familiar cuidadosa. A mesma forma de ser demonstrou, também, em relação à alimentação: a voracidade e a inapetência se sucediam em etapas. Ora se alimentava de uma variedade grande de alimentos, ora só queria ovos, que considerava o melhor e único alimento do mundo.

As perspectivas abertas por Freud (1900), quando demonstrou ser o homem determinado pelo seu inconsciente, afetaram quase que todos os campos da cultura ocidental, revolucionando-os. Inventor que foi da psicanálise, distinguiu-se enquanto criador de uma teoria aplicada à clínica psicológica das neuroses. No entanto, ele próprio, crítico arguto de si mesmo, jamais se satisfez com suas próprias posições frente à questão das psicoses, tendo refletido bastante sobre elas a partir da leitura do Diário de Schreber.

Em 1918, em "O homem dos lobos", relato clínico escrito nessa época, descreve uma forma de defesa específica que chamou "Verwerfung",[2] surgida frente à impossibilidade de o meni-

---

[1] Começa aqui a história de Maria.
[2] Verwerfung, em alemão: rejeição, "foraclusão", "preclusão", repúdio. Segundo Hanns, 1996, no Dicionário comentado do Alemão de Freud, às p. 368, essas seriam as traduções mais adequadas ao termo alemão, acrescentando ainda como não tão comuns "recusa, condenação".

no reconhecer uma realidade particularmente traumatizante para ele, nesse caso a constatação da possibilidade da castração, a partir do fato de ter percebido a ausência de pênis na mulher. Nessa situação, Freud concluiu que o Eu, frente a frente, com o Id (Isso) definirá uma nova realidade para o sujeito, aparentemente menos traumática, conforme o domínio d'Isso, o que ocasionará a negação da "castração", cujas conseqüências serão avassaladoras.

Lacan (1998, p. 283) a partir de sua releitura de Freud e do estruturalismo, trazido por Lévi-Strauss, foi mais além e afirmou ser este mecanismo, ao qual chamou de "preclusão",[3] o que ocasionaria a rejeição do significante primordial fálico que chamou de Nome-do-Pai.[4] Num trabalho que foi até a sua morte, desenvolveu uma teoria e uma prática inovadoras, que continuam até hoje vivas e renovadas, graças aos trabalhos de seus vários seguidores contemporâneos.

A partir dessa reviravolta, Lacan passou a enfatizar que é na ordem simbólica que estão as leis que orientam a relação do Sujeito com a linguagem (Outro), aspecto esse tomado como referência para a diferenciação de cada estrutura, seja ela qual for, neurótica, psicótica ou perversa: "É em torno desse buraco em que falta ao sujeito o suporte da cadeia significante, e que não precisa, como se constata, ser inefável para ser pânico, que se trava toda a luta em que o sujeito se reconstrói" (Lacan, 1998, p. 570).

Lacan (1985) passa a se referir a esse quadro chamando-o de psicose e não mais psicoses como o fazia a psiquiatria tradicional. São desse momento do seu ensino nas décadas de 50 e 60, as afirmações: "aquilo que é precluído no simbólico reaparece no real

---

[3] Preclusão, p. 3: do francês foraclusion; são expressões equivalentes originárias do Direito. Significa perda de um direito em razão de um comportamento omissivo do sujeito em relação ao prazo para o exercício desse direito. Usado por Lacan com uma certa equivalência ao alemão Verwervung, usado por Freud.

[4] Nome-do-Pai (nom-du-père): "Termo criado por J. Lacan em 1953 e conceituado em 1956, para designar o significante da função paterna" (Roudinesco, 1994, p. 541).

como delírio e alucinação" e a psicose "corresponde àquilo a que sempre se chamou, e a que sempre legitimamente continuará ser chamado, as loucuras".

Lacan dedicou-se especialmente ao estudo da psicose, sendo que, já em 1926, quando se tornou médico, publicou várias trabalhos em periódicos médico-psicológicos e revistas especializadas. Sua tese de doutorado apresentada em 1932, na Faculdade de Medicina de Paris, "Da psicose paranóica em suas relações com a personalidade" (1987), trata justamente dessa temática. Publicou mais tarde alguns textos bastante importantes. Um deles está nos Escritos (1998) "De uma questão preliminar a todo tratamento possível da psicose" e outros dois são Seminários: o número 3, as psicoses (1985) e o número 23, o sintoma (2005).

Neste início de século, tão marcado pelo positivismo, a afirmação "não ser a medicina nem uma ciência exata, nem uma ciência humana", feita por Henry Ey, considerado o mestre da psiquiatria e da psicopatologia do século XX, trouxe conseqüências ressaltando a dificuldade metodológica constatada no campo da psiquiatria que já ficava patente aos múltiplos pesquisadores que, até hoje ainda nela se debatem.

É nesse campo, que Lacan introduz algo de muito novo quando diz que sob o nome de psicose, ele está se referindo tanto às já *desencadeadas* como também e principalmente, *àquelas não deflagradas, que poderão nunca o ser, sem manifestações clínicas, cujas características não são tão facilmente reconhecíveis, mas que indicam sujeitos pertencentes a uma mesma forma de Gozo*. Maleval (2001, p. 116) aponta haver nesses casos "um estilo de errância, uma inconsistência das identificações, uma orientação incerta na existência ou uma determinação absoluta", todos mesmos aspectos relativos à forma de Gozo psicótico.[5]

---

[5] Do francês jouissance: uso fruto de algo, do real, inerente à condição subjetiva (Lacan).

O atendimento dos casos de psicose, deflagrada ou não, começou desde então a ser visto com mais cautela: saíram do *olhar* psiquiátrico, às vezes limitante, para se associar ao da abrangente *escuta* psicanalítica.

Já se disse que o discurso médico é uma linguagem sobre a dor, metáfora do sofrimento. Que essa rejunta o sofrimento assim como o corpo nu rejunta a nudez, já que ela evoca o gozo perdido e propõe uma resposta no mesmo lugar da questão sofrimento, que ela própria obstrui.

Essas duas posições significam, nos dias atuais, diferentes formas de investigação e de tratamento, não excludentes. Trouxeram em suas posições e confrontos "a revitalização dos aspectos epistemológicos frente à questão da subjetividade" (Gonzáles Rey, 2005), redundando em uma reflexão acurada sobre a pesquisa qualitativa, que tem engendrado novas e mais férteis formas de pesquisa.

Sempre nos lembramos de Lacan, como psicanalista, esquecendo-nos o quanto foi importante para ele sua formação inicial, como psiquiatra; primeiro, como interno, nos "Asilos do Sena" e depois como Chefe da Clínica da Faculdade de Medicina de Paris. Se fez notar, toda a sua vida até seus últimos dias (1980), pela presença constante entre os estudantes, nos corredores de Sainte-Anne, e pelos seus atendimentos psiquiátricos em anfiteatro.

> A menina começou a falar cedo, gostava dos irmãos mas nem sempre era muito sociável com alguns parentes, tias e empregadas. Entrou na escola com 4 anos, onde já tinham estado seus irmãos, não se dando bem ali, pois "tinha paredes azuis, que a horrorizavam". Passou, aos 5 anos, para uma outra, onde, na sala de aula, desligava-se dos colegas e das atividades que ocorriam ali, ficando atenta àquelas, de uma sala próxima, onde as crianças já estavam sendo alfabetizadas. Dessa forma, aprendeu a ler espontaneamente. No ano seguinte, quando entrou para uma classe regular, começou a ficar retraída, não suportando ir mais à escola e apresentando comportamentos e atitudes fóbicas, além de

brigar com muitos de seus coleguinhas. Por essa época, mais ou menos, nasceu sua irmã, de um parto muito difícil, do qual sua mãe sobreviveu tendo de ficar aproximadamente um mês na cama com um quadro de anemia grave. Foi um momento muito difícil para ela e toda a sua família.

Anos mais tarde ela escreveria:[6]

"Estou aqui olhando para a tarde de chuva que tanto me encanta... Dá-me sensação de muita saudade e muita nostalgia...
O cheiro é tão conhecido... Esta chuva que eu adoro é mansa e silenciosa.. aquela que não para e tem um ritmo lento mas constante... Na noite, na tarde e na manhã... A que me dá mais sensações é a da tarde... Fico olhando na janela as copas das árvores.... Vejo muito verde, um verde que já não existe mais... Se alguém ficar de pé na janela, vai enxergar todo o cimento sem jardim, esburacado...
Eu morava em uma casinha, com meus dois irmãos, minha mãe e meu pai...
Minha mãe era tão jovem, meu pai parece que sempre foi igual... e meus irmãos ficaram diferentes...
Eu ia a uma escolinha bem perto de casa no jardim da infância... A escola era azul, um azul que só eu sabia distinguir e tinha muito medo... eu ainda tenho medo... Que horror, eu tenho...
Só em algumas fases eu não me incomodo... Mas está lá em algum canto do meu cérebro, pronto para me ameaçar...
Sem aviso prévio e disfarçado para que eu não o localize... Aí pareço uma criança velha...
Sempre que encontro uma casa ou uma parede com este azul, me dá medo e saudade ao mesmo tempo! Eu faço muita confusão com estes sentimentos... o medo, a saudade e a tristeza... mas estou lutando para descobrir e sozinha...
Sou mais rápida! Quando tenho esta clareza, preciso entender logo e sem contagem de tempo, pois não é nada fácil elucidar tantos fatos! Preciso que alguém ágil e que seja bom nos detalhes para me ajudar!"

---

[6] Aqui se iniciam "os escritos de Maria".

Quando ela tinha 6 anos, os pais se separaram tendo a mãe, juntamente com os quatro filhos, ido morar com seus pais, recomeçando a trabalhar. Maria que era muito ligada ao pai sentiu muito a situação.

Ela sempre foi uma menina muito vivaz, ativa, esperta e, também, bonita, porém não conseguia interagir bem com seus colegas e não suportava ir para a casa deles quando era convidada para participar de alguma festinha. Apesar das qualidades, não conseguia ir bem na escola, apresentando comportamentos paradoxais, pois se "negava a aprender", mas era capaz, desde sempre, de escrever poesias onde manifestava grande sensibilidade, onde muitas vezes o tema era a morte por ter de se separar de quem amava. Sempre esteve muito perto de sua mãe, não havendo situações de afastamento ou de abandono mesmo em uma ocasião na qual ela precisou ficar alguns dias fora para se recuperar de um problema de saúde, pois mesmo aí, a menina viajou com ela.

Nos anos seguintes, Maria viveu com constantes dificuldades intestinais onde mostrava muito medo de evacuar como se tivesse de segurar as fezes desesperadamente dentro dela. Mostrava-se com freqüência de trato bem difícil pois era muito inadequada em situações sociais fazendo exatamente o que lhe era dito que não fizesse e dizendo coisas muito agressivas, às pessoas.

Tais dificuldades levaram os pais a me procurar.

O pedido e a demanda por essa ajuda ficam bem evidentes no texto acima. Tratei-a até a sua vida adulta, percorrendo junto a ela, por momentos muito importantes de sua história: quando Maria conseguiu aos trancos e barrancos terminar seu 2º Grau (Supletivo) e tentar uma Faculdade, que não realizou; quando se casou (foram algumas vezes); quando nasceu sua filha.

Certas situações podem ser muito difíceis em uma família, principalmente quando há nela uma criança que apresenta uma fragilidade maior. Nelas pode surgir a necessidade da escuta e da presença do analista a "secretariar" a situação, que, nesse caso, era desesperadora para a pequena cliente e trágica para seus familiares. Assim, foi necessário em muitas situações que eu os atendesse.

Responder à demanda do sujeito inibe o desejo e assim, todos esses fatos difíceis suscitaram, muitas vezes, uma absurda permissividade por parte dos parentes, fato que nessa situação, não contribuía para a sua melhora, muito pelo contrário, já que para Maria isso significava sentir as exigências externas como invasoras por não compreendê-las, nem poder estabelecer alguma mediação e limite que as refreasse.

A cadeia simbólica onde "o homem já está preso, bem antes de seu nascimento e para além de sua morte" (Lacan, 1988, p. 55-56), torna-o um ser da linguagem onde o significante em oposição ao significado é o postulado inicial ao estabelecimento dessa condição. A fala: aí está o recurso maior do ser humano! Mas é daí também que vem a forma maior para encobrir a dívida do sujeito com o grupo em que vive, razão do laço social. Velando com ditos ao interdito que barra o incesto, metaforiza e camufla essa *impossibilidade* transformando-a em várias outras questões. Aparentando nada a ter com o interdito, fica a serviço do Édipo, quando o *retorno, do recalcado ou do precluído,* aparece pelo sintoma ou pelo delírio.

> A mãe casou-se novamente e seu marido "adotou" e amou paternalmente a seus filhos. A partir disso, Maria pôde sentir-se mais protegida e chegou a pensar em trabalhar dedicando-se a atividades artísticas que realizava com a avó, vendendo depois o produto desse trabalho.
>
> A despeito de todos esses cuidados e de uma vida familiar interessante e intensa, ela já se mostrava com crises depressivas, desde os 15 anos, onde se punha de cama acordando muito tarde, enrolada em um casaco preto (que quando vestido já era o sinal do início da crise), sem se alimentar e ficando como anestesiada. Eu a chamava de "Bela Adormecida".

O sujeito quando ainda imaturo, vive mal a relação com seu pai ou mãe, esforçando-se para trazer a discórdia entre os pais. A função do pai é acalmar esse jogo. Em uma família contemporânea, se a mãe for muito exigente e o pai passar o dia fora em um trabalho exaustivo, para justamente "ganhar dinheiro", o filho(a) ficará prensado entre os dois e se agarrará às saias da mãe, como pedaço e desejo dela. Para ascender ao gozo da mãe interditada, mas sempre disponível, o filho(a) paralisa-se e passa obstinadamente a desejar a morte real do pai. Essa divisão, quando precluída no simbólico, reaparece no real sob a forma de um Édipo impossível de superar porque para isso teria de passar por um crime. O castigo, a auto punição são, então, expressões de um desejo. A "maturidade" emocional só acontecerá a partir de um trabalho que, se não ocorrer na vida do sujeito, que o seja através de uma análise "que deverá transformar a linguagem em inconsciente, para assim liberar o corpo dos objetos reais do sofrimento" (Faltot, M. 1991, p. 94).[7]

> Tinha cólicas menstruais muito intensas que a deixavam aterrorizada e insegura como se estivesse à beira da morte. Entrava em um desespero onde não havia palavras nem atitudes que a tranqüilizassem. Lembro-me de uma vez que os pais chegaram a chamar o pronto-socorro para que ela pudesse se recompor, tal o pavor mortal ao qual chegava! Tais situações ocorriam com mais intensidade quando qualquer situação de abandono, imaginária ou verdadeira, era por ela construída. Já nessa época, tendo como desculpa as cólicas, ela recorria aos analgésicos, usando-os com exagero preocupante.

A vida trágica de Maria e seus sofrimentos estruturavam-se em torno de suas questões, formando sintomas, em uma espécie de "arquitetura" dentro da topologia psicanalítica, conforme a estabeleceu Lacan. Seu tratamento, possibilitou-lhe o resgate da sua condição de sujeito desejante, através das transformações desses mesmos sintomas que redundaram em novas fantasias a sustentarem seu prazer pela vida. Formara-se nela, uma espécie de ca-

---

[7] "... ce travail exixtenciel qui consiste à transférer le langage em inconscient pour libérer le corps des objets trop réels dela souffrance."

deia associativa sustentada pelo gozo em uma repetição quase que incessante e que começava com a palavra "abandono" e seguia por "não sou querida", onde só se intercambiavam os objetos, as coisas, os pretextos e o cenário. A cena da fantasia era sempre a mesma, porém.

Mais tarde, casou-se e anos depois, tendo já dado à luz sua filha, foi-lhe diagnosticada uma endometriose grave que lhe custou a extirpação do útero e dos ovários. A partir desse evento, sua condição psíquica e sua insegurança aumentaram muito. Com raros afastamentos, sempre morou perto ou junto da mãe, podendo beneficiar-se de seus cuidados e da ajuda prazerosa que ela pôde dar-lhe para a criação de sua filha.

Pobre menina! Pobre mulher, seu corpo, imagem despedaçada, muitas vezes não reconhecida quando não espelhava imagem nenhuma de si! Via-se, então, só ex-terior, não se percebia sendo uma mulher! Pobre criança narcísica terrificante de seus pais! Amedrontada, amedrontante!

"Meu coração estava doendo tanto, eu sentia um buraco de dor, enorme na minha barriga, como se algo estivesse sendo arrancado de dentro de mim. Como se estivessem arrancando minhas entranhas todas à unha. Minha filhinha chorava, uma tristeza tão profunda, que mal posso me lembrar. Agarradinha a mim como uma ostrinha eu sentia que minhas forças estavam indo embora, mas eu lutava muito, eu tinha de salvar nós duas... Estávamos sós no mundo... sem casa, sem comida, sem ninguém... A solidão e o desamparo eram tão dolorosos, que a dor era física e aumentava muito! Era insuportável. Eu estava sozinha, sem família, não conhecia as pessoas que estavam conosco na mesma situação... Meu Deus! O que eu ia fazer para salvar a minha filhinha, que estava gelada, com frio, que chorava baixinho, chamando o pai, sem forças e ficando cada vez mais molinha, ficando mais difícil de carregar... Mas eu suportaria tudo! Nem que minha pernas ensangüentadas partissem. Eu tinha tanta dor e frio. Eu parecia um animal, estava suja, com fome, com frio, fraca, agarrada à minha criança" (seus escritos).

Dentro de uma história tão difícil, Maria nunca deixou de escrever. Sua vocação surgida tão precocemente se impunha a despeito de suas crises. Falava de amor, falava da vida, e de suas mágoas.

> "Porque te amo tanto...
> Nunca fiquei sentada no chão de uma varanda namorando...
> Nunca recebi flores à meia luz e dancei...
> Nunca fiz amor dentro do mar...
> Nunca chorei pelos filhos de ninguém...
> Nunca preparei um quarto de 'Nina' e senti tanto prazer...
> Nunca senti prazer e amor fazendo amor...
> Nunca desci um escorregador na piscina nem quando era pequena...
> Nunca tive coragem de me atirar em uma piscina sem medir muito antes, para ver se dava pé...
> Nunca brinquei de pega-pega dentro de casa nem na água..
> Nunca briguei tanto e fiz as pazes...
> Nunca fiz desfile de roupa interior e depois fiz amor
> Nunca assisti a um filme engraçado no meio da noite rindo feliz!
> Nunca me vesti no meio da noite para comprar bolinhos ou sorvete!" (seus escritos).

Ficou uma pergunta: o que deflagrava suas crises tão estruturalmente semelhantes uma às outras? O que a reorganizava? Tudo foi acontecendo como nas outras vezes, mas só aparentemente, pois sua análise caminhava e já nela Maria abordava questões mais profundas cada vez mais atinentes a ela própria.

> "Nunca cuidei de um bebezão, obrigando-o a tomar remédio, passando pomadas etc... até em lugares impróprios...
> Nunca pensei gostar de avião...
> Ter uma medonha dor de barriga e não sentir vergonha...
> Chegar em pleno verão de Maceió vestida de sapatos clássicos e vestido esvoaçante de bolinhas... isso depois de perder o avião...
> Dormir agarradinha sem roupa...
> Dar vinte telefonemas durante o dia de saudades e dar o maior abraço na chegada como se não nos víssemos a um mês" (seus escritos).

Quais os resultados que se poderiam atribuir ao tratamento psicanalítico? E quais ao tratamento médico psiquiátrico?

Imaginar o psicótico, ser da palavra, habitado pela linguagem, apenas um ser biológico, vítima de um distúrbio bioquímico, é muito pouco. Lacan, referindo-se à doença mental, afirmou que ela não altera o sujeito apenas na sua condição física, mas o atinge em sua parte mais nobre: na consciência de si e do outro, na capacidade de formar laços sociais, de criar a cultura e de ser receptáculo, não só dela mas do total da experiência humana acumulada em séculos de existência. Ou seja, naquilo que é o maior apanágio da humanidade.

Há, no entanto, uma realidade que subsiste e que tem de sempre estar presente na lembrança daqueles que cuidam do psicótico: não é possível a eliminação da condição do ser psicótico.

Segundo Cuvelier (1991, p. 26) "um esquizofrênico que se cuida pode viver corretamente e se integrar na sociedade que o rodeia mas permanece sempre um esquizofrênico. Um delírio 'suprimido' não abole a faculdade de produzi-lo".[8]

Para Lacan, desde 1975, a psicose é uma questão de Gozo, o que diferenciará de forma cabal os sujeitos em sua forma de ser.[9] *Caberá ao analista escutar o psicótico e ser testemunha das soluções buscadas pelo próprio sujeito.* A posição a ser assumida pelo psicanalista continuará a ser aquela preconizada por Lacan (1985, p. 235): "Vamos aparentemente nos contentar em passar por secretários do alienado. Empregam habitualmente essa expressão para censurar a impotência dos seus alienistas. Pois bem, não só nós passaremos por seus secretários, mas tomaremos ao pé da letra o que ele nos conta, o que até aqui foi considerado como coisa a ser evitada".

---

[8] Um squizofrène qei se soigne vit correctement et., s' intègre dans la societé qui l' entoure, mais il reste toujours schizofrène; um delire 'supprimé' n'abolit pás la faculte de lê produire". Cuvelier, p. 26.

[9] O grande Outro: linguagem, instituições, pais, cultura.

Mais de vinte anos após esse momento, já na década de setenta, Lacan enfatizará que "o pai *como um nome* e *como aquele que nomeia*"[10] não são a mesma coisa, marcando bem as diferentes significações de cada um dos três aros[11] que compõem o nó-borromeo, que representa o sujeito (Lacan, 2005). Considera que nele, o simbólico, juntamente com a articulação do real ao imaginário, permitirá uma "amarração" particular, que ele nomeia "sintoma". Afirma que tal constituição poderá evitar o desencadear da psicose e diz mais: essa articulação, particular, em que o sintoma, nome-do-pai, é o quarto elo, poderá permitir o advento de uma suplência. O conceito do nó-borromeo é certamente algo que, pela via da topologia, mostra a flexibilidade e a condição de mudança sem perder a forma original, a mais adequada para representar o sujeito e seu sintoma em suas transformações.

> As características de Maria, são de toda a sua vida, não conseguindo em muitos momentos se cuidar e não tendo autonomia própria. Foi e é, alguém que precisa ser protegida pois não sabe lidar com o lado prático da vida e nem com os afazeres rotineiros do cotidiano, por melhor que saiba falar deles. Após uma crise grave, em um domingo que deveria ser festivo, onde mais uma vez ingeriu muitos medicamentos depois de uma briga terrível com seu companheiro, na segunda-feira, saindo de uma internação hospitalar que necessitou, começou a melhorar, graças aos esforços de todos, incluindo sua analista. As estranhas características de seu gozo trabalhavam por ela.

Penso que foi aí que, pela primeira vez, se deu conta dos absurdos que cometeu e comete, da agressividade verbal que pode ter, dos estragos que se faz e pede ajuda sabendo que há algo que precisa mudar em si. Pergunta-me se esse impulso que a leva

---

[10] Lacan, 1975-76, p. 167, ed. francesa, minha tradução.
[11] Real, Simbólico e o Imaginário. "Não é necessário que tenha esse formato mas sim que sejam três amarrados por um quarto , o sinthoma, em um nó de tal forma feito que se soltar um, se soltarão todos."

compulsivamente a uma ação autodestrutiva não é "um delírio" e percebe que necessita de uma ajuda maior para sair dessa. Como está na fase "alta" vai poder falar de si melhor que ninguém e fornecer toda a lista de medicamentos que usou.

"A linguagem só faz sujeitar o que a análise subjetiva" ... (Lacan, J., 1998, p. 629).

O *sintoma*[12] (Lacan, 2005) passará a ter de ser considerado como a realidade psíquica que depende de uma estrutura, o nome-do-pai,[13] como um elemento incondicional, mas não mais tomado como um recurso do simbólico, da linguagem.

A questão "nome-do-pai"[14] não tem na teoria lacaniana o mesmo estatuto de outras e não foi retirada de um corpo teórico já existente, mas sim "tem sua fonte primordial e inconsciente na vida de Lacan e em sua experiência pessoal e dolorosa de paternidade".

Esse termo, surgiu em 1953, em um comentário sobre o caso do Homem dos Ratos. Para criá-lo, Lacan se apoiou no texto de Lévi-Strauss, "As estruturas elementares de parentesco", que foi publicado em 1949 e passa a afirmar que o Édipo freudiano poderia se visto como a passagem do homem, da natureza à cultura. Segundo ele, "o pai exerce uma função essencialmente simbólica, nomeia, dá seu nome e, através desse ato encarna a lei". Assim, a sociedade humana é dominada pelo primado da linguagem" e a função paterna não é outra coisa senão o exercício de uma nomeação que permite dar à criança uma identidade. Essa afirmação sobre o valor da linguagem, se trouxe grandes inovações na psicanálise, *também foi responsável por desvios de interpretação que levaram a uma valorização exagerada do simbólico, nas décadas de 50 e 60, em detrimento do real e do imaginário.*

---

[12] Sinthome, em francês.
[13] Escrito agora em letras minúsculas.
[14] Roudinesco.

Lacan, comentando Joyce, completa sua idéia afirmando que "o pai" é o quarto elemento sem o qual não seria possível o *nó* que ata os registros do simbólico, do imaginário e do real e o chama "sintoma",[15] "ao invés de Nome-do-Pai",[16] que não servia *nem ao sujeito, nem ao corpo* pela sua inépcia para a imaginarização e o manejo dele próprio" (Lacan, 2005).[17]

Em defesa desse ponto de vista, ele afirma que o nó *consiste, "toma corpo",* se evanesce em certas situações intrínsecas. **Nessa evanescência está a pulsação gozosa, o *Gozo*,[18] que constitui a função paterna e que agora tomada como do real.**

O tratamento de Maria foi longo, cheio de altos e baixos, pleno de alternâncias como a própria vida o é. Em relação a esses aspectos, lembrei-me de Lacan (1998, p. 188), quando, já em 75, se referindo a algo semelhante, disse: "Não pensem que eu esteja exprimindo uma decepção. Isso estaria em desacordo comigo mesmo, pois que lhes ensino que o próprio fundamento do discurso inter-humano é o mal-entendido", e acrescenta "mesmo se eu me arranjasse para ser facilmente compreendido, o mal-entendido seria irremediável" (idem, p. 188, 189).

> "Eu queria muito saber porque eu fico tão emocionada com este tipo de chuva... Ela também me remete a casa da minha avó de Campinas... O cheiro de mato molhado... A chuvinha caindo... Minhas lembranças...
>
> Tinha a sopa de macarrão com queijo, a gente comia na copa os bifes, e meu avô querendo que as crianças ficassem mudas e a gente tinha ataque de riso...
>
> Também tinha o relógio que batia as horas em toques inesquecíveis... de medo e tristes...
>
> Todas as noites me prometiam que minha mãe chegaria... Mas era mentira...

---

[15] Em francês "sinthome".
[16] Idem, p. 11.
[17] Idem, p. 154.
[18] Do francês jouissance: usufruto de algo, do real, inerente à condição subjetiva (Lacan).

Nos quartos, janelas brancas com vista para um imenso azul, com o sol se pondo.

Ainda não existiam os prédios... Tinha o quarto da minha avó que eu dormia no divã, o medo era quase insuportável e deixava em roda de mim muitos objetos que peguei da minha mãe...

Por que eu estava lá? Abraçava aquilo tudo e chorava muito... Eu queria minha mãe..." (seus escritos).

Maria não mais vivia momentos como se a vida fosse uma servidão. Havia prazer, havia gozo de mulher, de não ser toda fálica, só poderosa... **Tornou-se Maria, a Auxiliadora.**

Na intimidade de si própria, deu-se esse nome. Adquiriu sua identidade, aquela que antes não tivera.

Nesse período, o próprio fato de tentar organizar-se, agora deixada à sua maneira, sem exigências e padrões pré-estabelecidos, liberta-a a encontrar seu desejo e não mais a realizar o de outrem, fosse analista, pai ou mãe.

Sua maior alegria passou a ser escrever, descrever-se.

"Se não escrevesse seria ruim, porque minha cabeça começa a esquecer...

Aí fico tendo aqueles sonhos complicados que dão mal-estar...

Pelo menos já os mastiguei bem e se houver alguém capaz de compreender fica mais fácil e rápido! Também é assim que melhor me posso compreender.

Porque tenho muita urgência... E não é toda hora que consigo ver e lidar com esses sentimentos..." (seus escritos).

Sua analista leu esse e outros trechos que ela lhe estendeu, em muitos momentos. Sempre a ouvira com seriedade e muita atenção e um dia lhe falou que entendia o que ela já há algum tempo lhe dizia: que poderia cuidar de sua vida sozinha, sem a análise!

Maria, a que escreve com alegria, olhou a analista com perplexidade primeiro e depois com emoção. Não se viu nem abandonada nem abandonando. Levantou-se depois de algum tempo, e se foi... com uma última palavra de muito afeto e gratidão: "Obrigada"!

A grande questão da existência é a castração e, a maior delas, é a morte que a todos nós interpela. Ou o sujeito se responsabiliza por sua existência, ou será para ele... o pior ...

Maria, a que escreve com alegria, fez sua escolha pela vida.

"A morte é um ponto, é designada como um ponto-termo; como um ponto-termo de quê? Do gozo da vida" (Lacan, J. ... *ou Pire*..., inédito, Lição 13 de janeiro de 1971).

FIM

Referências Bibliográficas

CUVELIER, André. *Si la psychose m'était conté*. In FALTOT, M. (diréction). *La Psychose Commune*. France: ed. Presses Universitaires de Nancy, 1991.

FREUD, Sigmund (1900). *Obras Completas*. Rio de Janeiro: ed. Imago, 1972.

HANNS, Luiz Alberto. *Dicionário comentado do alemão de Freud*. Rio de Janeiro: ed. Imago, 1996.

LACAN, Jacques. *Da psicose paranóica em suas relações com a personalidade*. Tradução. Rio de Janeiro: ed. Forense-Universitária, 1987.

_____. *Escritos*. Rio de Janeiro: ed. Jorge Zahar, 1998. (Campo Freudiano no Brasil).

_____. "De uma questão preliminar a todo tratamento possível da psicose". In: LACAN, J. *Escritos*. Rio de Janeiro: ed. Jorge Zahar, 1998. (Campo Freudiano no Brasil).

_____. *O Seminário livro 3: as psicoses*. Rio de Janeiro: ed. Jorge Zahar, 1985. (Campo Freudiano no Brasil).

_____. *Le Séminaire, livre... ou Pire*. Inédito: 1971-1972.

_____. *O Seminário livro 22: RSI*. Inédito:1974/1975.

_____. *Le Séminaire livre XXIII: le sinthome*. Paris: ed. Du Seuil, 2005.

_____. *Nomes-do-Pai*. Rio de Janeiro, ed. Jorge ZAHAR, 2005.

_____. *O triunfo da religião,* Precedido de Discurso aos Católicos. Rio de Janeiro, ed. Jorge ZAHAR, 2005.

REY, Fernando Gonzalez. *Pesquisa Qualitativa e Subjetividade:* os processos de construção da informação. São Paulo: ed. Pioneira Thomson Learning, 2005.

INTRODUÇÃO p. 7. Revue du LITTORAL, La part du secrétaire, n. 34-35 **EPEL** (Revue trimestrielle), I.

MALEVAL, Jéan-Claude. Du symptôme dans la psychose non déclenché. In: *Révue de la Cause Freudienne*: Les exigences du symptôme, n. 48, p. 116-123. Paris: Publication de l'École de la Cause Freudienne, maio, 2001.

O olhar do afeto e da ética no viver atual

Frei Carlos Josaphat

Estudos e reflexões sobre a comunicação, a que me dedicava mais intensamente nos anos 60, jogaram-me de cheio no que se chamava, então, a civilização da imagem. O dado mais significativo e rico de conseqüências não era tanto a proliferação das imagens, explodindo em toda a parte e por todos os meios visuais e sonoros.

A verdadeira novidade, fecunda em transformações radicais e duradouras, era, sim, a conjunção do imaginário individual e coletivo com a afetividade profunda, em um processo universal de influência totalizante e permanente.

O que desafiava a análise, jamais levada a cabo, era esse processo de uma linguagem total, em que a psicanálise e a psicologia dos reflexos condicionados, quase sempre nas mãos de aprendizes de feiticeiros, empenhavam-se em atiçar e amoldar os desejos, em domesticar e canalizar os olhares, estruturando uma sociedade erotizada e cada vez mais a serviço dos interesses e das leis do mercado.[1]

---

[1] Ver meu livro Information et Propagande, Responsabilités Chretiennes. Prefácio de Hubert Meuve-Mery, Paris, ed. Du Cerf, 1968. Nele se abordam os temas incandescentes nos anos 60, condensados aqui em alguns parágrafos, que assinalam a aceleração da influência da "linguagem totalizante" da mídia.

A ética diante da manipulação artificial do afeto e do olhar

Após a 2ª Guerra Mundial, o cinema e o rádio retomavam e ampliavam seu ímpeto inicial, e a televisão, cuja aparição fora momentaneamente barrada pelo conflito, oferecia à sofreguidão de todos um espelho imenso, porém mais ou menos deformado e deformante, em que todas as aventuras e sonhos da humanidade se projetam continuamente a todos os olhares. Tudo o que então se escrevia e previa sobre a comunicação social, em termos de promessas ou ameaças, foi amplamente superado pelos progressos atuais da mídia, da informática e da telemática.

Emerge uma nova cultura; nem se exagera dizendo "uma nova humanidade", fascinada pelo olhar, sustentado, alargado e aguçado não apenas em seu campo próprio pelos meios visuais, mas pela conjugação dos recursos acústicos e pela conivência dos demais sentidos, envolvidos e cativados por um hedonismo insolente ou discreto, mas sempre eficaz.

Assim, esses avanços técnicos da arte de filmar, de jogar com a câmera, com os sons e com as luzes, a total intromissão da televisão e da internet na casa e na vida, a irrupção informática e telemática tendem a fazer das mulheres e dos homens contemporâneos uns encantados e aturdidos namorados virtuais.

Tentemos adentrar mais em nosso tema mediante um pormenor significativo. O modelo descritivo e narrativo dos filmes, e mais ainda das novelas, tende hoje a privilegiar os lindos rostos ou um ou dois lindos rostos ocupando e enfrentando toda a tela, brilhando, seduzindo pela cor, pelo fulgor ou pela doçura do olhar. O olhar da tela, o jogo quente ou lânguido de olhares prendem a si o olhar do telespectador.

O olhar olhando o olhar, dentro da tela e envolvendo a quem olha: está aí uma primeira ilustração do afeto que habita hoje, em permanência, o usuário da mídia, dele fazendo uma personagem com fortes traços de narcisismo, sempre confrontando e alinhando seu papel com o desempenho dos artistas profissionais, dentro de uma vida que vai virando espetáculo individual e coletivo.

O realce luminoso e sedutor, dado ao rosto e mais especialmente ao olhar, não nos interpela apenas com uma mensagem ou uma solicitação negativas. Sem dúvida, não ignoramos que a motivação erótica e mesmo comercial possa ser dominante no gosto de exibir e até de desnudar o corpo, levando a uma maior complacência em mostrar zonas mais diretamente erógenas. No entanto, o primeiro lugar oferecido ao rosto e ao olhar é uma passada decisiva rumo ao progresso da qualidade estética das imagens, e à elevação do intercâmbio afetivo que elas despertam. Valorizando o rosto e o olhar, a mídia oferece um suporte imaginário e prazeroso ao projeto ético a que aspira ou de que carece a humanidade hoje.

Pois a pessoa, desde a infância, e a sociedade, de maneira contínua, são impregnadas, emprenhadas pelos olhos, pelos ouvidos, por um afeto íntimo, abrangente, sedutor. É o lado mais vistoso e que mais tem suscitado a crítica dos moralistas. Na sua expressão mais chã e chamativa, a mídia superaquecida erotiza e comercializa o olhar e o afeto. Assim, neste mesmo momento em que aqui estamos forcejando por pensar idéias, a mensagem da bem-aventurança ressoa por toda a parte da terra, em seu empenho de ativar e criar desejos: "Venha, venha logo, seja feliz, comprando e consumindo mais".

Acentuado com umas pinceladas apenas de caricatura, aí está o desafio ético, essencialmente o mesmo das épocas passadas, mas com uma intensidade e uma extensão infinitamente acrescidas, graças a esse novo contexto da tecnologia superequipada. Ele pede um novo paradigma ético, atento às promessas, aos riscos, às novas capacidades de ação, de elevação e de degradação oferecidas ao olhar e pelo olhar, em virtude da universal incandescência do afeto.

É o projeto ético que estará no primeiro plano de nossas reflexões. O que não nos distancia do afeto, pois a ética há de começar por ir ao encontro do afeto, acolher o seu dinamismo, o seu desdobrar, preservando-o das peias e dos entraves armados, às vezes sorrateiramente, em nome da moral, pelas convenções, normas e coerções sociais. A ética nem por isso será conivente do afeto que busca isolar-se. Ela quer ser apenas a indicação racional de caminhos para que o afeto se realize de maneira prazerosa e amistosamente relacional.

Assim, o ser humano chegará a olhar carinhosamente para si e para o outro, empenhando-se na realização de si e do outro na responsabilidade e na solidariedade.

O olhar da ética fraternizando hoje com as ciências humanas

A originalidade e a força da civilização da imagem vêm do fato de ela atingir o ser humano em sua profundidade, em sua gênese e evolução afetiva. Essa apreciação ética é ajudada e apoiada pelo conjunto das ciências humanas, de cuja convergência decorre um olhar abrangente sobre o ser humano em sua complexidade, estendendo-se ao mesmo tempo ao desenrolar histórico dos indivíduos, das civilizações e das culturas.

Em relação mais direta com nosso tema, parece interessante privilegiar o paradigma da evolução do ser humano considerado em sua inteligência e sua afetividade, culminando em um processo mais ou menos feliz de personalização e de socialização. Temos em vista a psicologia do desenvolvimento da inteligência, de Jean Piaget, do desabrochar afetivo e da estruturação do eu, na perspectiva psicanalítica, da abertura de si, na descoberta do outro, em uma preocupação solidária, na linha fenomenológica, especialmente na ética de Emanuel Lévinas.

Colocando-se em sua perspectiva propriamente intelectual, Jean Piaget insiste sobre uns grandes dados que nos podem servir de referência. O desenvolvimento mental parte de um egocentrismo sem ego, constituindo-se pela diferenciação do sujeito e do mundo, de si e do outro, avançando de um conhecimento concreto rumo à aquisição de convicções fundadas e formalizadas. A autonomia de caráter subjetivo se realiza com o máximo de êxito quando marcha de mãos dadas com a aceitação crítica das relações e normas sociais. Contando com condições ambientais favoráveis, a inteligência e a pessoa se estruturam funcionando, e funcionam se estruturando.

Apoiando-nos nessa psicologia genética, e levando em conta o aspecto afetivo do processo que ela descreve e analisa, seria sugestivo voltar a atenção sobre o olhar do bebê recém-nascido, e ver como ele acaba enfrentando e vencendo o agressivo e convidativo impacto da luz. O olhar emerge qual janela indiscreta que o afeto da pequenina cria humana lança sobre o mundo, quando seu tenro psiquismo vai desabrochando feito o código vivo de uma inteligência que está embebida nas células, nos tecidos, nas glândulas, nos hormônios e nos nervos do seu frágil organismo. É uma inteligência imanente e fabricadora dos delicados instrumentos do conhecer e do apetite de conhecer.

Está aí o bebê, o infante, este pequenino ser, que aspira comunicar-se, quer ver e ser visto, mas que não fala, nem consigo formando conceitos, nem com os outros forjando palavras. Nele brota um afeto que se abre em um feixe de afetos. Ele está envolvido por um desejo primordial, está identificado com o desejo se expandindo em crescente ramalhete de desejos, dentre os quais se destaca o desejo de explorar o mundo, para empregar a expressão de Jean Piaget.

Do jeito buliçoso ou discreto de quem foi lançado aí para explorar o mundo das coisas e das pessoas, o pequenino ser humano se sente animado do afeto, bem equipado de boas antenas que são os sentidos, uns mais utilitários para a adaptação do recém-chegado ao universo extra-uterino, outros mais abertos para acolher tudo o que aí está e por aí se move, tudo o que reluz e que ressoa, como se fosse para responder ao voraz apetite de conhecer do novo descobridor de nosso planeta terra.

Com o advento de Freud, a nossa reflexão ética foi convidada a rever e a aprofundar sua visão do afeto ou da libido que tanto havia ocupado ou intrigado o pensamento de Santo Agostinho. Ousaria dizer que, com a psicanálise, aprendemos a ter uma estima mais positiva das humildes e maravilhosas origens de nossas capacidades e incapacidades de desejar, de amar, de conhecer, de entender, de nos entender ou de nos desentender. Outrora desacreditada por seus conluios com a concupiscência e com o pecado, a libido renasce enobrecida no divã de Freud como princípio do prazer, força orgânica, biológica, psíquica, primordial, que tudo penetra mas se deixa também penetrar. E se diferencia, se eleva, se sublima, ou se recalca, se esconde, se dissimula. É a força primeira, criativa ou destrutiva, conforme for bem ou mal tratada, na trajetória ou na história de cada um.

Emergência ética: do afeto à dignidade

Esse nosso paradigma ético, por nós insinuado simbolicamente como o encontro amistoso de Freud e sobretudo de Winnicott com Lévinas, irá sem dúvida chocar-se com modelos negativos de moral que opõem o dever ao prazer. Esses modelos negativos que exaltam os mandamentos, os interditos, levam à culpabilização, correndo o risco de favorecer ou agravar a depressão e a hipocondria, talvez sejam ainda quantitativamente dominantes no mundo de hoje. Seria difícil e mesmo impertinente apelar para as estatísticas, dado que o fenômeno dessa moral da obrigação, do dever e da incriminação não é muito capaz de se trair, pois mergulha grandemente no pantanal de uma mentalidade inconsciente, individual e coletiva.

Passando por cima desses subprodutos de uma moral inibidora, é em bem outro nível de profundidade que se enraíza uma ética autêntica. Ela há de se mostrar capaz de fraternizar com o afeto em sua gênese primeira e com ele marchar de mãos dadas, em um processo constante e harmonioso de auto-realização do ser humano, abraçado e sustentado em sua integridade e em sua complexidade maravilhosas. No começo e na base do ser humano já notamos esse consenso – ao menos implícito – entre o olhar da ética e das ciências analíticas;

aí reside um binômio, afirma-se o par de duas forças em tensão ou em conflito. Mas me parece importante insistir sobre uma diferença de interpretação, que terá repercussão decisiva para a compreensão da gênese e da natureza da ética. Entre autores de ética marcados pela influência psicanalítica, admite-se em geral uma primeira força, a libido, o instinto, o desejo. Vê-se nela uma espécie de energia universal, que se irá aos poucos diferenciando. Mas de onde vem a qualidade humanizante dessa diferenciação? Postula-se, em geral, um fator ou um feixe de fatores, mais ou menos bem-sucedidos, impelindo à transformação, em um processo de desenvolvimento por via de adaptação, de resistência, de invenção de caminhos novos. Essa força externa, estimulante ou limitativa é a realidade social, ambiental, a lei, a norma, a autoridade, a linguagem – que se contrapõem e se impõe à energia primordial e fundamental.

A questão crucial para a análise ética surge então: a lei, a norma, a autoridade, a linguagem são instâncias exteriores. Por que e como atingem o pequenino ser humano e são por ele recebidas, em um processo que o modifica, de maneira positiva ou negativa, mas sempre interiorizando-se, integrando-se em sua aventura de personalização e de socialização?

O problema e a tentativa de solução se colocam na perspectiva das condições de possibilidade desse processo personalizante e socializante. Uma primeira posição parece muito simples, talvez por ser menos completa. O interdito vindo de fora e de cima, sobrevindo ao afeto, é um primeiro princípio estruturante do desejo. A função negativa da lei, a proibição, mantém o vazio no dinamismo do desejo e abre-lhe o caminho de uma superação em uma realização superior.[2]

---

[2] Essa posição é ampla e profundamente desenvolvida em Antoine Vergote, Dette et désir, Ed. du Seuil, Paris, 1978, p. 97s; em «La loi morale et le péché originel à la lumière de la psychanalyse», in E. Castelli, Demythisation et morale, Ed. Aubier-Montaigne, 1965, p. 189-204. Ela é condensada na perspectiva lacaniana por Roland Sublon, Fonder l'éthique en psychanalyse, FAC Éditions, Paris 1982, p. 101-136.

Uma outra posição ética, magistralmente formulada por Paul Ricoeur,[3] pode condensar-se nestes termos: a gênese da ética não deriva do mandamento, do interdito cuja intimação primordial nos oprime; a ética brota do desejo fundamental de ser, que a palavra exterior vem libertar, criando-lhe e indicando-lhe condições de realização.

Nossa reflexão ética partirá desse postulado, que parece mais abrangente, conciliando a dimensão negativa e positiva da palavra estruturante. Assim, desde o início, o ser humano reage à fonte de sentido, de razão, de norma humanizante que lhe vem de fora, em virtude de algo de humano que ele já tem em si. É esse algo de humano que faz sentir a lei, a autoridade, como qualquer coisa que lhe agrada ou que o machuca, que o fere, que o estimula ou o coíbe.

Talvez esse dado permaneça implícito ou menos realçado no estudo do afeto primordial. Pois se trata de uma explicação, ou de uma explicitação, de uma prerrogativa, implicada na própria possibilidade de uma análise ou de uma terapia, e que é pressuposta ou ativada pelo simples fato de se buscar a cura. Com efeito, a dinâmica mesmo do processo analítico confere à libido um caráter propriamente humano, distinguindo-a dum simples apetite animal. Se ela é o afeto ou a energia primordial que impele o desenvolvimento humano, despertado e conduzido por uma palavra que vem de fora e do alto, é que a libido, desde a origem, traz em si uma força viva e progressiva, própria mesma do ser humano, e que imprime à sua evolução uma marca singular.

Essa força viva e original cedo emerge, mas só será perceptível mediante o jogo de representações e comportamentos mais tardios. É qualquer coisa que se traduzirá, já no bebê, como uma tomada de consciência, vamos dizer: de que esse bichinho humano

---

[3] Ver Paul Ricoeur, "Démythiser l'accusation", na obra de E. Castelli citada na nota anterior, p. 49-66. Essas posições e o tema em geral são estudados por mim em "Loi et légalisme en ethique chrétienne", contribuição ao vol. coletivo Loi et Évangile, Éd. Labor et Fides, Genebra, 1981, p. 172-195.

quer ser "gente", dá de exigir ser tratado como "gente", não feito coisa nem bicho. De início, é uma simples tendência espontânea que faz corpo com a Libido.

Simplificando muito mesmo, diria que a primeira lei que preside o desenvolvimento humano do bebê, da criança, do adolescente, lei profunda e inconsciente, comporta uma dupla exigência indissociável: "Eu anseio que me dêem *prazer* e que me aceitem como *gente*".

Apetite de prazer é a Libido. Reclamar ser aceito, respeitado, querido como gente, é a primeira manifestação, ainda informulada, do que a ética chama a Dignidade Humana. É o germe dinâmico e construtivo da personalidade. "Me dêem prazer e me aceitem como gente", tal é a expressão singela do dinamismo primordial do ser humano no seu amanhecer da vida. Se a gente o entende bem, esse infante, esse ser sem fala, que por enquanto só sabe ronronar, chorar ou sorrir, já qualifica de bom ou de mau o seio, o rosto, o colo materno, jogando com o duplo critério indissociável: o prazer e o aconchego, de que se sente agraciado ou frustrado. Sorrindo para mamãe ou esperneando contra ela, esse gracioso pimpolho lança um manifesto por uma acolhida tecida de prazer e dignidade. Digamos: Sem saber, mostra-se discípulo precoce de Donald Woods Winnicott e de Emanuel Lévinas.

Sob o olhar da ética, o surgimento e o desenvolvimento do ser humano vêm a ser um processo harmonioso de personalização e de socialização, em que o olhar e as outras mais capacidades de conhecer desabrocharão em um constante florescer do afeto, das múltiplas formas do afeto, que se reconciliam no reconhecimento e no apego racional e visceral a este valor ético que é a dignidade humana, fonte dos demais valores pessoais e sociais.

É a esse nível de profundeza, é nessa primeira aurora da existência que pode surgir a ética em sua autenticidade, em sua força criadora e unificadora da vida, em sua capacidade de fraternizar com o afeto, enraizando-se, assim, no gosto e na alegria de viver, mas também inspirando a coragem de viver e conviver, no constante triunfo sobre as diferentes formas redutoras ou dilacerantes do egocentrismo ou do narcisismo.

Esse algo de humano, esse sentir-se gente no mais profundo de si mesmo, é uma espécie de código vivo, de conteúdo essencialmente afetivo, abrindo-se em formas de conhecimento e de representação.

No registro ético, reconhecemos no surgir e desdobrar desse código a Dignidade que emerge e se revela. Ainda em sua forma embrionária, se bem favorecida, ela ajuda desde cedo o ser humano a se estruturar por dentro, na autenticidade. Ou, contrariada e sufocada, ela o leva, o inclina ou o força a se encolher, a se esconder, a forjar, de si e para si, um caramujo. Então, desde sua gênese primeira, este pobre homem, esta pobre mulher cederão a dolorosos mecanismos de defesa e de fechamento sobre si mesmos. Coitados. Vegetarão. Entre vida e morte. Na dissimulação. Na vil tristeza. Sem se realizar na autêntica alegria do prazer e da dignidade.

Diríamos, portanto: No princípio há a libido e, desde a origem ou desde muito cedo, ela se vê envolvida por certo senso da dignidade humana. E a partir da força da libido e das aspirações e exigências da dignidade, a personalidade humana vai crescendo, vai se construindo com mais ou menos acerto e felicidade.

Olhar, afeto, inteligência e responsabilidade

Em busca da compreensão dessa autoconstrução humana, a análise ética será levada a falar de uma inteligência que penetra o olhar, prolonga-o e ultrapassa em uma forma universal e criativa de conhecer. Em sua dimensão ou em sua função prática, a inteligência se aliará à responsabilidade, que vem a ser a liberdade em sua realização plena e adulta. São os caminhos propriamente humanos, aqueles que serão seguidos – se tudo vai bem. Então, a família, a educação, a sociedade colaboram para o desabrochar harmonioso dessa pequena e suprema maravilha do universo, que se chama uma personalidade.

Entre os projetos éticos mais lúcidos e atraentes, gostaria de chamar a atenção sobre a delicada e profunda mensagem de Henri Bergson, especialmente em seu livro *As duas fontes da moral e da religião*. Lançado em um contexto histórico (1932) pouco favorável a uma acolhida geral e bem refletida, essa obra de plena maturidade do filósofo surge como ponto de convergência do que há de melhor na experiência religiosa e na análise fenomenológica. Criticando serenamente o modelo fechado e asfixiante da religião e da moral legalista, autoritária, intolerante, propõe o paradigma que poderia guiar a sociedade moderna na busca de uma ética da emancipação, juntando o apego à imanência e o respeito à transcendência, o culto da ciência, da técnica, da sabedoria filosófica e da mística, o gosto da interioridade e da criatividade.[4]

De Bergson aprendemos muito especialmente o empenho de dar à inteligência o máximo de fineza, buscando no ápice da inteligência uma capacidade intuitiva. Para além das noções e conceitos e em continuidade com os instintos e a sensibilidade, é preciso saber buscar um conhecimento da realidade concreta. Só assim se chega à realização plenamente humana do apetite de conhecer, que já desabrocha no olhar e nos jogos iniciais dos sentidos que observamos na criança. A inteligência se abre ao valor primordial da verdade, do conhecimento e da aceitação: das coisas e dos acontecimentos em seu sentido real, da vida em seu desenrolar cotidiano, do outro, de si mesmo, da comunidade, na reciprocidade da compreensão.

---

[4] Cf. Henri Bergson, *Les deux sources de la morale et de la religion* (1932). Utilizamos a Éditions du Céntenaire, Présses Universitaires, Paris, 1970. O filósofo exalta a experiência íntima como caminho privilegiado para o conhecimento da verdade da vida e da realidade profunda do universo. Ele confia naqueles que se consagram à experiência de maneira total, como os grandes místicos do cristianismo. Estudando atentamente esses místicos, chega a esta conclusão: «Tudo se passa como se o ser humano tivesse sido criado criador, por um desígnio de Deus em busca de parceiros para sua intimidade amorosa». (Obra citada, cap. 3, Edição mencionada, p. 1192-1193). Ver em meu livro *Tomás de Aquino e a Nova Era do Espírito*, Ed. Nova Era Record, RJ, 1997, p. 20-21.

Destacamos especialmente o conhecer-se a si mesmo, o decifrar a própria sexualidade no que ela tem de natural, de dado recebido da hereditariedade, como riqueza complexa da espécie humana, como diferença do masculino e do feminino, e como entrosamento do masculino e do feminino. É o ponto de maior interesse no olhar que o homem e a mulher lançam hoje sobre suas diferenças e semelhanças, sobre os dinamismos do afeto tão assanhados pelo exibicionismo e o voyeurismo tecnológicos, pelo mercado das joviais anatomias femininas que aliás enfrentam galhardamente a afoita concorrência masculina.

Apontando ou insinuando os eventuais desvios de nossa época, em sua suas primeiras aventuras adolescentes com a tecnologia, sobretudo na informática e na telemática, a ética não pode limitar-se ao papel negativo de acusar, e menos ainda de culpabilizar. A inteligência irá ao encontro da liberdade, dos anseios de emancipação que estão inscritos no código genético do ser humano e se manifestam na história como linha progressiva e construtora da civilização e da cultura. A conjunção ética da inteligência e da liberdade, pondo-se em busca da felicidade para o outro e para si, vem a ser o valor primordial do agir humano: a responsabilidade.

Uma feliz evolução histórica vai dando à responsabilidade o primeiro lugar na escala ética. A ela se reconhece o papel primordial de presidir à construção lúcida e livre da personalidade. Responsabilidade, decerto, de quem fez vir e prepara o desabrochar da personalidade nessa coisinha mimosa que é o bebê. Responsabilidade que essa graciosa cria humana há de aprender a ativar e a manobrar, de maneira cada vez mais firme e acertada, se tem a felicidade de crescer em inteligência e em autonomia.

Guardemos, pois, este dado importante: a noção da responsabilidade surge como uma resposta abrangente e profunda ao desafio da modernidade e da pós-modernidade, no que estas encerram ou implicam de mais válido: a busca de emancipação e o apelo à felicidade. A partir do século XVIII, a responsabilidade se desenvolve como afirmação da necessária qualidade nos diferentes planos das organizações políticas, jurídicas e éticas. O tema da imprensa livre e responsável foi uma das grandes preocupações dos líderes e movimentos que sonharam tirar uma lição positiva dos horrores e crimes contra a humanidade que atingiram o auge na 2ª Guerra Mundial.

A ética da responsabilidade não se opõe à ética da convicção, como se poderia inferir de uma leitura superficial de Max Weber, mas a integra. É o que se evidencia ainda mais na doutrina de Emmanuel Lévinas. Ele nos propõe uma ética da alteridade, do reconhecimento do outro, em sua dignidade singular, desdobrando-se nas atitudes de responsabilidade e de solidariedade.

Ambivalência do olhar e divergências éticas

Não é fácil mas pode ser enriquecedor tentar compreender Emmanuel Lévinas com sua ética do olhar criativo, em contraste com o olhar "objetivante", redutor e mesmo destruidor e assassino, tão bem esquadrinhado por Jean-Paul Sartre.[5]

Um ponto de partida esclarecedor estaria em salientar a diferença de perspectivas: Sartre exalta o próprio olhar lançado sobre o outro, Lévinas valoriza o olhar que o outro lança sobre mim e é por mim aceito como uma revelação da transcendência. Em um denso artigo de 1939, anterior portanto à Suma sartreana que é *O Ser e o Nada*, damos com estas sentenças fortes e lapidares:

---

[5] Contando com a orientação do próprio Emanuel Lévinas, Bernard Munono Muyembe (que foi professor auxiliar à cátedra de ética que dirigi em Friburgo, na Suíça) defendeu e publicou a tese de doutorado em filosofia *Le regard et le visage: De l'altérité chez Jean-Paul Sartre et Emmanuel Lévinas*. Ed. Peter Lang, Berna, Frankfurt, N. York, Paris, 1991. Prefácio de E. Lévinas. É um dos melhores estudos sobre os dois filósofos e talvez o melhor confronto estabelecido entre eles sobre esse tema preciso. Utilizo amplamente e recomendo calorosamente esse trabalho magistral, dotado de uma bibliografia completa e bem ordenada, e que merece ser traduzido em nossa língua.

"Um rosto sem os olhos é, por si só, um bicho, um desses bichos incrustados no casco de um navio, a remexer a água com as patas para atrair para si os detritos flutuantes. Mas eis que os olhos se abrem e o olhar resplandece. Ninguém dá mais atenção às coisas, aos odores e sons. O olhar é a nobreza dos rostos, porque ele mantém o mundo à distância e percebe as coisas lá onde elas estão".[6]

Nesse enaltecimento do rosto que vive, resplandece e comunica pela luz cativante do olhar, Sartre se liga à mais venerável tradição da sabedoria antiga, sintetizada com fineza e poesia por Platão.[7]

Mas a originalidade sartreana se afirma ao manter e mesmo acentuar o individualismo dominador de quem olha. Do alto de sua subjetividade, a pessoa vê e admira o olhar do outro e seu rosto iluminado e realçado pelo olhar. Mas o olhar e o rosto do outro são objetivados: o sujeito que olha vê o outro emergir, mas no reino das coisas.

Tudo muda se é o outro que lança sobre mim o seu olhar. Este seu olhar é objetivante como meu olhar jogado sobre ele ou contra ele. Ele me espia. Ele me enfeixa. Ele me aprisiona. Ele me julga. Ele me reduz a objeto e me nivela entre as coisas. Então, o olhar do outro me mata, eliminando-me como subjetividade, suprimindo minha originalidade como pessoa no mundo. Essa análise fenomenológica amplamente desenvolvida em *O Ser e o Nada* será condensada nos duros encontros e desencontros de *Huis Clos*: "O inferno são os outros".

Não nos precipitemos em rejeitar essa candente contribuição de Sartre, replicando-lhe com o mesmo calor: "O paraíso são os outros". O outro pode e há de ser o caminho do paraíso. Mas, na realidade da vida e aos olhos da fenomenologia, o outro é ter-

---

[6] J. P. SARTRE, "Visages", na revista Verve (1939), citado em *Contat, Michel e Rybalka, Michel, Les écrits de Sartre*, Paris, Gallimard, 1980, p. 563.

[7] Cf. PLATÃO, Timeu, 45, a-b. Trad. francesa *Oeuvres Completes*, Ed. Pléiade, 2, p. 462-463. O Poeta mostra o capricho divino em acender no rosto humano um fogo que não queima, mas ilumina.

rivelmente ambivalente. O outro é o concorrente, o rival, cobiça tomar o meu lugar, minhas coisas e meus amores, escravizar-me a ele ou livrar-se de mim. Esse outro é assassino, assassino de fato, na realidade objetiva, pois me detesta mesmo, ou assassino dentro de mim, criatura minha, porque eu projeto sobre ele meu ódio e meu ressentimento. Sartre fez magistralmente a análise fenomenológica desse outro duplamente assassino. Temos aí o maravilhoso negativo da ética, a anti-ética do olhar acabrunhante e devastador.

Sartre me parece hoje mais atual do que há meio século. Ele partiu da liberdade individualista em sua pretensão de dominação e valor absoluto, ele exalta a subjetividade dessa liberdade individualista absolutizada, da triste e velha constatação: "O homem, lobo que despedaça o homem". É a dolorosa ameaça de uma civilização que exaspera esse homem-lobo, dando-lhe como ideal a concorrência e a ambição sem medidas.

Lévinas, ética da alteridade e da transcendência

Apontando para as raízes bíblicas de seu próprio pensamento, que se desdobra no entanto em uma reflexão puramente filosófica, Emanuel Lévinas sintetiza toda a transcendência ética neste preceito radical: "Não matarás!" O outro tem todo o direito de existir com tudo o que tem e tudo o que é, na sua diferença, na sua irritante diferença, cuja aceitação me faz existir para além dos limites do egocentrismo assassino.

A existência só se realiza na transcendência e pela transcendência.

O ser humano é um projeto de transcendência ética. Pois, para Lévinas a sabedoria, a filosofia, têm seu apogeu não na metafísica mas na ética, entendida como a sabedoria que visa o ser, não o ser indiferenciado e anônimo, mas considerado em sua forma suprema que é o existir, o existir sendo apreendido e analisado no existir humano. Esse pleno e verdadeiro existir que se transcende pode ser o pico da montanha no qual o projeto ético e o processo psicanalítico se encontram e fraternizam.

Em que consiste e como se dá essa transcendência, que Lévinas exalta como um profeta e que ele desdobra com rigor e carinho em sua análise fenomenológica? Ela começa pelo lampejo do olhar do outro, e culmina no reconhecimento do seu rosto.

Há, de início, uma troca positiva de olhares.

Eu olho o outro que me olha. Seu olhar não me destrói – nem mesmo me diminui em minha subjetividade. Se nos admiramos mutuamente, surge e estende-se um intercâmbio intersubjetivo de valorização recíproca na aceitação interpessoal.

Mas o ponto de maior insistência de Lévinas é precisamente a qualidade positiva com que eu acolho o olhar do outro, o que supõe a qualidade positiva do meu próprio olhar sobre ele. Seria interessante confrontar o olhar em sua densidade e em sua transparência, tal como o vê o filósofo, com o olhar hoje banalizado ou supervalorizado pela mídia mas fascinado pelos encantos estéticos ou eróticos.

O Filósofo declara com certa dose de ironia:

> "Quando se vê um nariz, os olhos, uma testa, um queixo, e se pode descrevê-los, é que nos voltamos para o outro como para um objeto. A melhor maneira de encontrar o outro é nem sequer atentar para a cor dos olhos. Quando se observa a cor dos olhos não se está em relação social com o outro. A relação com o rosto pode, sem dúvida, ser dominada pela percepção, mas o que chamamos especificamente rosto é o que não se reduz a ela".[8]

Falando de maneira simples e direta em uma entrevista, Lévinas declara, com mais ênfase ainda:

---

[8] E. LÉVINAS, *Ética e Infinito*, Edições 70, Lisboa, 1982, p. 77. Ver o interessante *Rosto e Alteridade* de Márcio Bolda da Silva, Paulus, São Paulo, 1995, p. 63.

"Uma vez que o outro me olha, eu me torno responsável por ele, sem mesmo ter que assumir responsabilidades a seu respeito: a responsabilidade dele me incumbe. É uma responsabilidade que vai além do que eu faço. Na vida corrente a gente se responsabiliza pelo o que a gente mesma faz. Digo em um de meus livros que inicialmente a responsabilidade é pelo outro. O que significa que sou responsável pela responsabilidade dele mesmo".[9]

Insistamos na originalidade desconcertante de Lévinas. Ele indica que é preciso perceber o olhar do outro não como lançado contra mim, ou vindo fundir-se comigo, em uma mesmice que nos destruiria em nossas subjetividades; mas o olhar é revelador de um rosto que é outro, que permanecerá inexoravelmente outro. Desse outro eu me sinto responsável, empenhando-me em respeitá-lo no que ele é, na sua alteridade enriquecedora do universo, e não só enriquecedora para mim, mas construtiva de meu próprio valor pela transcendência a que me elevo, escapando do egocentrismo auto-destruidor.

O encontro ou o reconhecimento do outro é um evento singular, é uma ruptura. Sem dúvida, o eu já inaugura uma primeira saída de si por certa abertura no comércio com as coisas, o qual prolonga a liberdade do indivíduo na linha dos seus gostos e interesses, sem portanto desprender-se plena e totalmente de si. A plena e total liberdade só se realiza na responsabilidade para com o outro, aceito e assumido na sua rudeza, não apenas como distinto de mim, menos ainda como tornado somente objeto de satisfação ou de desejo para mim. Assumir a responsabilidade do outro confere um novo modo de ser e de agir, que não prolonga a liberdade em seus limites individualistas, e sim lhe cancela esses limites, introduzindo-a em uma disponibilidade infinita.

---

[9] E. LÉVINAS, *Éthique et Infini, Dialogue avec Philippe Nemo*, Paris, Fayard, 1982 (2a edição, 1985), p. 102.

O outro, a luz de seu olhar acolhida como apelo irrecusável à bondade, o seu rosto reconhecido como a revelação de um Mistério, de uma Face inexoravelmente escondida, mas poderosamente atraente e imperativa, abrem as portas do reino da transcendência, da solidariedade intersubjetiva entre pessoas que se vêem, aceitam e respeitam em sua dignidade singular.

Essa linguagem que aponta para o infinito, para o Mistério, para a Face escondida, que se reflete desde o rosto do outro, parece transgredir os limites costumeiros da filosofia, do saber estritamente racional, e adentrar-se pelos domínios da mística.

O filósofo não estaria extrapolando o âmbito do humano? É que Lévinas recusa enfeixar o ser humano, seu pensar, seu agir, como se fosse apenas uma parte de qualquer ou em qualquer totalidade. Sair de si mesmo é aventurar-se pelos caminhos do infinito. O que está longe de significar incerteza ou indefinição. Nem tão pouco que se exija do outro que multiplique ou acelere os seus passos na busca e na prática do bem.

O infinito da ética se concretiza em uma responsabilidade pelo outro que emerge na sua dignidade, recusando ser julgado ou reduzido a objeto; mas também o outro aí está, na sua precariedade, na sua fragilidade, em sua penúria, pedindo portanto disponibilidade total e sempre criativa.

Para concluir, uma simples palavra de sugestão

Com Emmanuel Lévinas, o olhar da ética acaba ganhando uma elevação, uma capacidade de maravilhar, envolvendo mesmo aqueles que se vêem forçados a não descolar do mundo rasteiro da inteligência instrumental ou a buscar refúgio na mediocridade da inteligência dita emocional. Por outro lado, a responsabilidade que ele desperta diante do outro, do mistério do outro, oferece o necessário antídoto à estreiteza da liberdade individualista, apontando o infinito da solidariedade e da dignidade.

Esse olhar ético abrangente, de responsabilidade, solidariedade e dignidade, ilumina e impele a sociedade na busca incansável de *todos os direitos para todos*, apontando o desacerto das reivindicações limitadas de direitos para si, para seus grupos e corporações, exorcizando essa "apagada e vil tristeza" de uma sociedade sem alma, domesticada pelos monstros frios, a serviço da internacional capitalista, anônima e atroz.

No entanto, na elaboração tão fina e tão bela que nos deixou Lévinas, essa ética se eleva como um ideal inspirado e inspirador. Ela se dirige aos adultos; não se volta para os aspectos pedagógicos nem atende aos lentos e difíceis processos da evolução do ser humano. Tampouco se envolve em apontar caminhos e descaminhos do afeto que está no centro do tecido de nossa vida e lhe constitui a energia propulsora.

Deixa assim um grande espaço vazio, convidando os profissionais, os responsáveis da educação, da comunicação, da terapia, de quantos se consagram a promover ou a restaurar a dignidade, os valores, os direitos, as condições e a alegria de viver para todos os humanos.

Por outro lado, a visão panorâmica, apenas esboçada em nossa reflexão, nos fez ver que o afeto, o rosto, o olhar estão bem no centro das luzes, dos flashes, dos bailes e espetáculos de imagens e de sons que a *mídia*, mais quente e mais freqüente, oferece ou impõe docemente aos amantes virtuais – que vêm a ser o conjunto da população.

A valorização estética, a exibição erótica do corpo é o aspecto mais visível de um processo de emancipação, que emerge com força e graça na Renascença e cresce, em vagas sucessivas, ao ritmo do desenvolvimento da cultura, da democracia, e dos meios de informação e comunicação. É um vasto e contínuo movimento de libertação de peias, de normas restritivas e repressivas que nos aparecem como subprodutos de uma moral social e mesmo religiosa contraproducente, imposta ou mantida por tartufos de todos os feitios.

Destacamos os lados simpáticos, positivos de emancipação, de libertação, sem dissimular as ambigüidade e equívocos, pois as liberdades crescentes não significam a oportunidade de liberdade para todos. E há uma imensidão de pessoas, classes, povos e regiões que o processo concentracionário da técnica, das riquezas e do poder excluem da festa do conforto e do consumo.

Rostos são enfeados e desfeitos pela miséria e pela violência. Olhares são enlouquecidos pela vil cobiça, exasperados pelos desejos vazios ou tristemente humilhados, condenados que estão a carregar e a contemplar as ruínas semivivas que são seus corpos sem vigor e sem beleza.

É a grande oportunidade da ética pessoal e social, é o momento da viabilidade de uma ética libertadora que ativa o afeto e o olhar, sabendo apreciar e promover a beleza estética do rosto, e, por que não, o encantamento erótico pelo corpo. Mas acima e antes de tudo, se revela sempre o que Lévinas enalteceu. Mesmo nas condições de pobreza e em situações de penúria e miséria resplandece a dignidade do rosto e a doce solidariedade do olhar, e pelo afeto ele se manifesta como a primeira luz do mundo. Não é o que nos mostra, por exemplo, na rudeza de seu realismo, a fotografia transfiguradora de Sebastião Salgado?

Assim, a ética há de expor com clareza e rigor suas promessas e exigências, seus princípios fundadores, seus valores, suas normas e os novos e difíceis modelos de comportamento. Ela terá tudo a ganhar inaugurando ou mantendo o diálogo com os filósofos modernos e contemporâneos, mas igualmente fraternizando com as ciências humanas. Especialmente no que toca ao tema aqui estudado, há de estar atenta à valiosa contribuição da psicologia genética da inteligência, bem como à abordagem psicanalítica do afeto e da evolução da personalidade.

Haja essa forte, ampla e bela comunhão cultural. Sábios, cientistas artistas, em um incansável e paciente processo de comunicação e educação, lembrem sempre a verdade de base: A qualidade humana de uma civilização se revela na epifania do olhar que os seres humanos lançam uns sobre os outros, tecendo laços de luz e de carinho, fazendo resplandecer nos rostos dos homens e das mulheres a felicidade de se reconhecerem como irmãos.

Simplificando e sugerindo, poderíamos dizer singelamente: no limiar do novo milênio, o mundo globalizado, na esperança de ser mais fraterno, confia que o olhar da ética, descendo dos grandes sábios como Lévinas, há de cruzar o olhar do afeto, que nos ilumina vindo dos grandes mestres como Winnicott.

Frei Carlos Josaphat, O.P.,
teólogo dominicano,
professor emérito da Universidade de Friburgo, Suíça,
autor de *Contemplação e Libertação*, 1995;
Moral, Amor & Humor, 1997;
Evangelho e Revolução Social, Loyola, 2002;
Evangelho Inter-religioso, Loyola, 2003;
Falar de Deus e com Deus Hoje, 2004, entre outros.

Bonecos no Dilúvio e a Arca de Noé: um caso de tecnologia humanizante

Prof. Dr. Fernando Capovilla,

"*Observai igualmente os navios que, sendo tão grandes e batidos de rijos ventos, por um pequenino leme são dirigidos para onde queira o impulso do timoneiro.*"
(Tg 3,4)

Uma perspectiva íntima do dilúvio e dos bonecos à deriva...

O denominador comum a quase todo o adoecimento é o recolhimento em si, o sentimento de isolamento, o sentir-se ceifado do seio do convívio humano. Como a dor é íntima e subjetiva, o doente tem a sensação de que ela é só sua, de que é impiedosamente não compartilhável, e de que os demais estão alheios ao seu sofrimento. O pináculo de tal isolamento, sentido e real, é encontrado em quadros de severos distúrbios neuromotores progressivos, como na esclerose lateral amiotrófica; em quadros de severos distúrbios neurolingüísticos adquiridos, como na afasia global; e na tetraplegia de surdos congênitos sinalizadores que não oralizam ou lêem lábios. Essas pessoas que tinham vidas plenas até a instalação do distúrbio tornam-se literalmente ceifadas do convívio humano quando elas mais precisam dele para recompor-se como pessoas humanas. Vêem-se, de repente, num labirinto impossível, num escuro assustador. Sentem o arrepio da presença assustadora da solidão fria e do isolamento definitivo, do descontrole desesperador, e do esquecimento absoluto, feitos minotauros devoradores. E, o pior, não há qualquer fio de ariadne indicando a saída...

Pessoas com severos distúrbios neuromotores progressivos encontram-se aprisionadas em seus próprios corpos. Incapazes de mover-se no espaço em busca de suas necessidades, de manipular objetos e utensílios, e de articular fala para expressar sua humanidade, passam, entre espasmos, tremores e fraquezas, quieta e dolorosamente, à condição de objetos ou bonecos. Mas ainda estão vivas lá por dentro, pensam e sentem. E como sentem!... Sentem o peso de seus corpos, e o ainda maior peso que causam aos que mais amam. São pacientes na cruel combinação das acepções aplicáveis do termo: padecem passivamente. São alimentadas, higienizadas, transportadas, tratadas, manipuladas. As pessoas fazem coisas com elas, falam coisas delas, perguntam mas não conseguem entender. Abraçam-nas na culpa para, logo em seguida, afastá-las no espanto. Seu mundo as toma de assalto, como reféns do ausente e do vazio. Mas elas, ironicamente, não podem sequer levantar as mãos... Privadas até mesmo da prerrogativa ativa do render-se, sequer hasteiam bandeira branca: Por fora simplesmente murcham, definham e se esvaem. A maior rebelião interior na mais plena rendição aparente. São invadidas por estímulos de todos os lados, e inundadas por uma sucessão de eventos incontroláveis. Um dilúvio. Um redemoinho de sensações e sentimentos que traga para dentro de si aquilo tudo, o bolo indigerível da experiência.

Tais pessoas, que até ontem eram como você e eu, precisam de ajuda para, por meio do restabelecimento da comunicação, fazer sentido de sua experiência. Conhecem de perto o pânico, os distúrbios psicossomáticos, a depressão. Afinal, moram juntos na mesma cela de seus corpos coisificados. Descobrem que as úlceras perfuradas doem ainda mais quando não se pode expressar a dor, e que a asma é ainda mais sufocante quando, além dos espasmos que impedem a respiração, há uma sufocante e crescente paralisia dos músculos com que se deveria poder respirar. Literalmente, um sufoco, uma angústia, um nó que se aperta mais e mais até quando já não há mais como apertar. Um assombro de dias escuros e noites em claro, presa entre as grades de músculos atrofiados e ossos enrijecidos, que ora parecem esquecidos, ora tomados de um frenesi fibrilante, reminiscências de gestos, fantasmas de atos nunca mais possíveis.

Ah, quão vital é que a pessoa seja ouvida, que sejam constituídas pontes para permitir a ela religar-se a si mesma, àqueles a quem ama, e a Deus, para que possa recuperar o sentido de sua experiência, perdoar faltas, dissolver culpas, renovar o amor, e voltar a sentir-se bem e em paz. Uma construção de pontes humilde, quase religiosa na acepção pura e original do termo (do latim, *religare*), para permitir visitas, conversas e estórias. Parte da razão pela qual parábolas e estórias nos fazem tão bem é que elas resgatam a dimensão maior de nossas vidas, permitindo não que nos esqueçamos do sofrimento, mas que deixemos de nos subjugar a ele, vivenciando-o como parte essencial de nossa humanidade, o que alivia a angústia do colapso e estreitamento crescentes de nossa relação com o mundo, que se consumam por completo na morte iminente.

Essa angústia do desmoronamento, da perda progressiva e avassaladora do controle sobre o próprio corpo, as pessoas, o mundo, e a vida, é mais do que simbólica em doenças terminais e incuráveis, e é epitomizada na esclerose lateral amiotrófica, um dos males mais devastadores que pode acometer o sistema neuromotor. Trata-se de uma doença neurológica progressiva, irreversível e fatal, caracterizada pela degeneração progressiva dos neurônios motores na medula espinhal e no cérebro. Devido à falha dos neurônios motores em enviar impulsos aos músculos estriados, estes tornam-se progressivamente enfraquecidos, atrofiados e paralisados, especialmente os que controlam os movimentos dos membros superiores e inferiores, a fala, a deglutição e a respiração. Normalmente, os primeiros sintomas são fraqueza e rigidez, seguidos de atrofia e paralisia da musculatura dos membros, do tronco, e finalmente da musculatura da mastigação, deglutição, fonação e respiração. No tipo bulbar, no entanto, estes últimos tendem a ser acometidos antes que os primeiros. De qualquer modo, quando os músculos da respiração são afetados, o paciente passa a necessitar de aparelhos de oxigênio para sobreviver. E é a insuficiência respiratória, impiedosamente paralisante e sufocantemente progressiva, a causa típica da morte.

A doença não afeta o funcionamento intelectual e apesar de funcionalmente tetraplégico e confinado à cama, o paciente tende a ter seus sentidos preservados. E, além disso, durante todo o processo ele permanece alerta e consciente de sua situação e de tudo à sua volta. Imaginemos agora, só por um instante, o que é estar confinado a uma cama, funcionalmente tetraplégico, alimentando-se por sonda, traqueostomizado e respirando por aparelhos, e ainda assim, plenamente consciente de seu estado, alerta e sensível a tudo o que ocorre à volta. Sentir dores excruciantes de torções musculares, de cabeça e estômago e não ter como medicar-se ou comunicar a dor para que o façam; sentir cãibras violentas e não poder mover-se ou pedir a alguém para que o mova; sentir ulcerações da pele em contato com o leito, cócegas e coceiras e não poder mover-se ou coçar-se; sentir sede e fome, e não poder alcançar a água, ingerir o alimento, ou mesmo pedir ajuda para que lhe molhem os lábios. Ter questões, dúvidas, sugestões, e não conseguir resposta ou sequer reação, simplesmente por não ter como expressá-las. Sentir gratidão e amor e não poder expressar-se, remorso e não poder desculpar-se, medo da morte e não poder expurgá-lo num aconselhamento psicológico ou espiritual.

Já se pensou uma vez que essa doença fosse rara. Nos Estados Unidos a cada ano são diagnosticados 5.000 novos casos, e estima-se que cerca de 300.000 pessoas que ainda não foram diagnosticadas morrerão devido a ela. Sua prevalência é de 6 a 8 por 100.000 habitantes. Em 1998, no Brasil foram catalogados 531 pacientes portadores. A expectativa de vida de um paciente com esclerose lateral amiotrófica varia de dois a cinco anos, desde o diagnóstico, com média de quatro anos após o início dos primeiros sintomas. A metade dos pacientes sobrevive três ou quatro anos após o diagnóstico, um em cada cinco sobrevive pelo menos cinco anos, e um em cada dez sobrevive mais de dez anos. Embora possa acometer até mesmo adolescentes, a doença aumenta em incidência com a idade, sendo que a maior parte dos doentes é diagnosticado entre 40 e 70 anos de idade.

Com o comprometimento da produção da fala e a incapacidade de sequer gesticular ou apontar, a única maneira do paciente restabelecer comunhão efetiva com as pessoas e fazer-se entender é por meio de *sistemas computadorizados de comunicação alternativa*, com varredura automática e seleção por dispositivos sensíveis ao piscar e ao movimento ocular, como aqueles que temos desenvolvido nos últimos dez anos no Laboratório de Neuropsicolingüística Cognitiva Experimental do Instituto de Psicologia da USP.

Uma Arca navegando a bombordo, e um bote salva-vidas...

Comunicação Alternativa: Definição e conceituação, modalidades e suas indicações

A *comunicação alternativa* (CA) diz respeito a toda e qualquer modalidade de comunicação diferente da oral e/ou da escrita. Mais precisamente, a toda comunicação obtida por meios outros que não os da linguagem primária (i.e., a oral-aural para a pessoa ouvinte ou a língua de sinais para a surda) e/ou secundária (i.e., a escrita). Ela é o único recurso disponível para comunicação por parte de pessoas cujos severos distúrbios e/ou limitações motores e/ou cognitivos impedem a articulação da fala (na ouvinte), do sinal (na surda) e da escrita. Esses quadros incluem os de paralisias cerebrais, afasias, anartrias, alexias e agrafias, distrofia muscular progressiva, esclerose lateral amiotrófica, dentre outros. Incluem também lesões medulares que resultam em tetraplegia que impede a sinalização em surdos que não articulam a fala. A CA é também uma área clínica e educacional dedicada à pesquisa e ao desenvolvimento de recursos alternativos de comunicação, ao estudo da sua eficácia em diferentes quadros clínicos, e ao estudo dos processos cognitivos envolvidos que os sistemas de comunicação demandam e permitem desenvolver. É uma área multidisciplinar que articula esforços da psicologia, fonoaudiologia, educação, educação especial, neurologia, terapia ocupacional, análise de sistemas e computação, dentre outros. A pesquisa usa modelos de neuropsicologia cognitiva (como o modelo da memória de trabalho de Baddeley, 1992, e o de duplo processo da leitura de Morton, 1989), de engenharia de software e ergonomia cognitiva (Capovilla, Gonçalves, & Macedo, 1998), dentre outros. O modelo de Baddeley foi por nós empregado para desenvolver sistemas computadorizados para avaliar a capacidade e os processos de memória de trabalho do paralisado cerebral (Capovilla, Nunes et al., 1997). Sendo necessariamente multidisciplinar, busca usar, de um lado, o conhecimento de pesquisa em psicologia e neuropsicologia para melhor aproveitar os recursos tecnológicos disponíveis e, de outro lado, os recursos da tecnologia de informática mais avançados de modo a compensar e superar as limitações motoras e cognitivas da pessoa com severos distúrbios motores e de fala.

Embora tecnicamente a comunicação alternativa (i.e., *alternative communication*) seja diferente da comunicação suplementar (i.e., *augmentative communication*), o termo comunicação alternativa é usualmente empregado como um nome abreviado da área mais ampla de comunicação alternativa e suplementar (i.e., *augmentative and alternative communication*). Ainda assim, a distinção entre alternativo e suplementar é importante: Os recursos da *co-*

municação alternativa e suplementar (CAS) podem ser usados tanto em *substituição* à comunicação oral e escrita (i.e., como *alternativa* a elas) quando elas se encontram totalmente impedidas, quanto em *auxílio* a elas (i.e., como *suplemento* delas) quando encontram-se dificultadas. Por exemplo, nos estágios intermediários da esclerose lateral amiotrófica, na medida em que a voz se torna progressivamente mais fraca, um aparelho de amplificação sonora pode *suplementar* a comunicação oral, permitindo compensar a fraqueza da resposta e recuperar temporariamente sua eficácia, funcionando assim como um sistema de *comunicação suplementar* (CS). Já nos estágios mais avançados da doença, quando a amplificação já não for mais eficaz, um sistema sintetizador de voz operado por meio de varredura automática e seleção pelo piscar, por exemplo, pode *substituir* a comunicação oral funcionando, assim, como um sistema de *comunicação alternativa* (CA).

Os sistemas de CA e CS envolvem processamentos comportamentais e cognitivos bastante diferentes. Os sistemas de CS apenas amplificam os efeitos de certas características físicas da comunicação natural que se encontra de algum modo comprometida. Restauram a comunicação natural sem necessidade de qualquer aprendizagem ou processamento cognitivo adicional. Já os sistemas de CA substituem a comunicação natural que se encontra severamente impedida. Constituem sistemas novos e artificiais de expressão que precisam ser aprendidos e requerem o envolvimento de sistemas comportamentais e cognitivos distintos. O trabalho feito em nosso laboratório privilegia a comunicação alternativa, em vez da suplementar. Ainda assim, como o mesmo sistema pode ser empregado de maneira alternativa e suplementar por pessoas diferentes e pela mesma pessoa e momentos diferentes, o termo *comunicação alternativa* é usado aqui como uma forma abreviada nos dois sentidos, de alternativa e suplementar. A mesma posição, a propósito, é adotada por von Tetzchner e Jensen (1996).

A fala para o ouvinte e a sinalização para o surdo são naturais; já a articulação da fala pelo surdo impedido de sinalizar e a sinalização pelo ouvinte impedido de articular são alternativas. A CA pode envolver a mediação de um instrumento (CA assistida) ou não (CA não-assistida). Nos casos da fala pelo surdo tetraplégico ou amputado, e da sinalização pelo ouvinte anártrico, a CA é não-assistida, pois os itens de comunicação (palavras articuladas pelo surdo, sinais articulados pelo ouvinte anártrico, mímica e pantomima) são realizados sem a mediação de qualquer instrumento de comunicação específico. Por outro lado, a CA é assistida em todos os casos em que são empregados aparatos como tabuleiros de comunicação, cadernos de símbolos e sistemas computadorizados. Encontra-se disponível um dicionário da língua de sinais brasileira (Capovilla & Raphael, no prelo; Capovilla, Raphael, & Macedo, 1998), bem como um sistema de multimídia para CA em rede baseado na língua de sinais brasileira para o surdo tetraplégico (Capovilla, Macedo, Duduchi, Raphael, et al., 1998).

Pode-se usar CA com pessoas e adultos, em quadros de lesões adquiridas e de desenvolvimento, incluindo os degenerativos progressivos. O escopo da CA é bastante vasto, já que ela pode ser empregada tanto para a pessoa cuja lesão cerebral antecede o desenvolvimento da linguagem oral e/ou escrita (e.g., a paralisada cerebral cuja lesão é perinatal), quanto para o adulto cuja lesão resulta em perda de habilidades lingüísticas já desenvolvidas (e.g., o afásico, o aléxico, o demenciado). Os objetivos da CA variam dependendo das características da pessoa, tais como seu estágio de desenvolvimento, a configuração de suas várias funções sensório-motoras, cognitivas e sociais, e a natureza e grau de comprometimento e de preservação dessas funções. A CA pode ser empregada *temporariamente* como um recurso *terapêutico e educacional* de *(re)habilitação e educação* até que as funções subdesenvolvidas ou perdidas se (re)estabeleçam, e/ou mais *perenemente* como um recurso de *substituição e compensação* das funções comunicativas que não podem desenvolver-se ou recuperar-se. Uma completa revisão dos diversos usos de diversos sistemas de CA com diferentes quadros de afasias pode ser encontrada em Capovilla (1997).

Versões computadorizadas para diagnóstico diferencial das afasias podem ser encontradas em Macedo et al. (1998), e exemplos bem sucedidos da aplicação de CA às afasias podem ser encontrados em Steele, Kleczewska et al. (1992), em Steele, Weinrich, Kleczewska, et al. (1987) e em Steele, Weinrich, Wertz, et al. (1989).

Sistemas de comunicação alternativa como próteses sensório-motoras e cognitivas, para comunicação e pensamento

Quando os sistemas de comunicação alternativa são eficazes em permitir à pessoa *comunicar-se com outrem* e expressar com maior clareza suas necessidades, desejos e opiniões, eles constituem *próteses comunicativas*. Quando, além disso, eles também são eficazes em permitir à pessoa *comunicar-se consigo mesma*, isto é, *pensar* e *desenvolver sua fala interna* (ou sinalização interna) de modo a conseguir chegar a novas conclusões e descobertas por si mesma, eles constituem *próteses cognitivas*. Só quando os sistemas logram funcionar como próteses cognitivas é que eles se tornam vias naturais e efetivas para alfabetizar uma criança com paralisia cerebral. A noção de prótese requer algumas explicações adicionais. Prótese é um sistema artificial que substitui um sistema natural no exercício de sua função, quando ele se encontra comprometido e esta, conseqüentemente, deficitária. Há próteses sensoriais, como a lente artificial que substitui o cristalino num quadro de catarata, e próteses motoras, como um membro mecânico que permite ao amputado deambular e manipular objetos. Na surdez neuro-sensorial profunda as células ciliares da cóclea encontram-se reduzidas a tal ponto que os aparelhos convencionais de amplificação sonora não são eficazes. Como o órgão natural (i.e., cóclea) encontra-se lesado, a função auditiva que ele deveria desempenhar torna-se seriamente comprometida, e pode ser restabelecida por uma prótese (i.e., implante coclear). Maiores detalhes sobre o implante coclear, suas indicações e contra-indicações em pessoas e adultos com diferentes tipos e graus de surdez podem ser encontrados em Capovilla (1998).

Um sistema de multimídia para CA funciona como uma prótese sensorial e, ao mesmo tempo, como uma prótese motora. Por exemplo, consideremos um quadro motor de anartria e tetraplegia. Como a anartria impede a articulação da fala, e a tetraplegia impede o escrever, o operar um mouse ou mesmo o tocar uma tela sensível, o sistema pode fazer varredura visual automática entre alternativas, de modo que, para selecionar dentre as alternativas (e.g., uma ordem a ser cumprida pelo computador ou uma palavra a ser impressa ou falada por ele), a pessoa precisa apenas esperar até que essa alternativa esteja iluminada e emitir um piscar, gemido ou movimento qualquer. O sistema funciona como uma *prótese motora* na medida em que permite transformar um piscar ou um gemido de um paciente tetraplégico em uma alteração ambiental *física* (e.g., o ligar ou desligar de um eletrodoméstico, o abrir de uma porta ou janela) ou *social* (e.g., a intervenção de uma pessoa do meio para o atendimento de uma necessidade expressa pela emissão de uma palavra falada e escrita).

Se essa pessoa anártrica e tetraplégica tampouco puder escolher dentre as alternativas escritas devido a analfabetismo ou a um quadro aléxico (e.g., cegueira verbal), o sistema pode substituir as palavras escritas por pictogramas ou desenhos, prescindindo assim da leitura (Bertoni, Stoffel, & Weniger, 1991). Ainda assim, é possível que a dificuldade de uso de um sistema de CA por parte de uma pessoa com paralisia cerebral seja devida à insuficiência da fala interna. Neste caso, desenvolvemos sistemas com voz digitalizada que fortalecem a fala interna, auxiliando a criança a fazer uso dela em suporte à sua construção de mensagens para poder comunicar-se (Capovilla, Gonçalves, Macedo, & Duduchi, 1997). É também possível que a dificuldade em fazer uso de sistemas de CA para comunicar-se por escrito seja devida a problemas de alfabetização, que passaram despercebidos devido à severidade dos distúrbios motores e de fala. Para determinar o grau de competência de leitura de crianças com severos distúrbios motores e de fala pode ser usado um sistema de avaliação especialmente desenvolvido (Capovilla, & Capovilla, 1997, 1998) e testado (Capovilla, Macedo, Capovilla et al., 1998) para elas, capaz de identificar com precisão que rotas específicas de processamento de informação devem ser tratadas (Grégoire, & Piérart, 1997). Para tal tratamento, pode ser empregado um procedimento breve e muito eficaz de treino de consciência fonológica (Capovilla, & Capovilla, 2000) desenvolvido especialmente para o paralisado cerebral (Capovilla, Capovilla, Silveira et al., 1998), que possibilita a ele passar a comunicar-se por escrito em pouco tempo, usando o sistema de CA *ImagoDiAnaVox* (Capovilla, Macedo & Duduchi, 1998) como suporte. Se o anártrico tetraplégico também apresentar agnosia visual ou for cego, o sistema substitui a varredura visual pela auditiva, em que soam automaticamente os nomes falados dos significados representados (e.g., palavras cachorro, gato, pássaro). Finalmente, se o anártrico tetraplégico cego também apresentar um quadro afásico de surdez verbal, como ele não conseguiria compreender tampouco a fala, na varredura auditiva seriam usados os próprios sons da natureza (e.g., o latido, o miado, o trinado) em vez dos nomes falados correspondentes. Em todos esses casos, os sistemas demonstram grande flexibilidade enquanto prótese sensorial para superar as limitações de input do usuário por meio do emprego de variados recursos de multimídia (Capovilla, Macedo, Duduchi, Capovilla, & Thiers, 1998).

Um sistema é considerado de multimídia quando permite apresentar combinadamente texto escrito, imagens com animação gráfica, palavras faladas e sons da natureza. Ao incorporar tais recursos de multimídia nossos sistemas de CA são eficazes como próteses sensoriais. Ao mesmo tempo, são próteses motoras eficazes, na medida em que incorporam periféricos variados para acionamento direto (e.g., mouse e tela sensível ao toque) quando a pessoa tiver controle motor suficiente para poder fazer uso dele, e indireto (e.g., varredura automática e detetores sensíveis ao piscar, ao gemido ou a movimentos grossos) quando os distúrbios motores impedirem o acionamento direto. Um sistema de CA só cumpre sua função plena de *prótese comunicativa* quando permite à pessoa com severos distúrbios motores e de fala, apesar de suas limitações sensório-motoras e cognitivas, controlar a apresentação dos recursos de multimídia para *produzir efeitos sociais sobre o meio*. E ele só cumpre sua função plena de *prótese cognitiva* quando permite a essa pessoa controlar a apresentação dos estímulos em suporte às suas próprias respostas, tornando-se capaz de usar o arranjo seqüencial das figuras, palavras e sílabas do computador como parte de seu pensamento e em auxílio a ele, para conseguir pensar através do sistema como os ouvintes falantes e os surdos sinalizadores que usam sua própria fala e sinalização consigo mesmos como parte vital de seu pensar. Maiores detalhes sobre sistemas de CA como próteses cognitivas podem ser encontrados em Capovilla, Macedo, e Capovilla (1997) e Capovilla, Macedo, Duduchi, Capovilla e Gonçalves (1998).

Palavras finais

Como as pessoas com severos distúrbios motores e de linguagem não podem comunicar-se autonomamente pela articulação da fala e produção da escrita por meios tradicionais, nosso trabalho começou com o desenvolvimento de sistemas computadorizados de comunicação alternativa que permitem transformar séries de respostas discretas, como o piscar e o gemer, em mensagens que podem ser armazenadas, recombinadas, faladas com voz digitalizada, impressas e enviadas por rede local e internet. Compartilhando a concepção de Light (1997), nosso trabalho intenso de uma década de pesquisa e desenvolvimento de recursos tecnológicos não advém de qualquer deslumbramento tecnofílico pelas máquinas, mas sim de nossa profunda sensibilidade às necessidades e potenciais das pessoas com severos distúrbios motores e de fala e à nossa percepção de quanto a tecnologia pode auxiliá-las a perseguir seu desenvolvimento cognitivo, sua integração social e sua realização pessoal.

Como a comunicação é a base da socialização, da formação e manutenção da própria identidade pessoal e social, tais sistemas de comunicação constituem verdadeiras pontes que permitem cruzar o fosso do isolamento, e estabelecer com a pessoa uma relação humana bidirecional que é condição essencial ao desenvolvimento e à manutenção de sua integridade cognitiva, social e espiritual plena. Só a partir do estabelecimento de tal comunicação confiável, eficaz e autônoma é que a pessoa pode fazer-se ouvida, conhecida e reconhecida por outrem e por si mesma, pode descobrir e formular suas perguntas e dúvidas, buscar orientação, engajar-se em sua própria reabilitação e participar efetivamente da determinação de seu próprio destino. Assim, quando se fala em comunicação alternativa, há muito mais em jogo que um mero tabuleiro de símbolos ou um sistema computadorizado. Estamos falando de uma ponte para o mundo e o futuro da pessoa, uma ponte que precisa ser muito bem arquitetada para permitir e sustentar os intercâmbios e as descobertas necessários ao desenvolvimento e realização da pessoa, sua reabilitação completa e integração plena, e o direito de continuar exercendo plenamente sua própria humanidade até o último expirar. Estamos falando ao mesmo tempo dos olhos e dos ouvidos, da língua e das mãos da pessoa, de sua mente, de seus sentimentos, de seu mundo. É vital para terapeutas e pacientes que esta ponte seja especialmente adequada para sustentar os intercâmbios necessários ao exercício da psicoterapia e da reabilitação.

O leme do bote...

Apesar das ventanias e das ondas bravias das circunstâncias às quais seu corpo é sujeito, a pessoa com severos distúrbios motores e de fala encontra nos sistemas de comunicação alternativa um pequenino leme com o qual pode traçar e cursar seu próprio rumo de navegação pela vida até a morte, e ser seu próprio timoneiro, até o fim.

Esse pedaço de madeira ao seu lado...

Nota: Recentemente foi constituída em São Paulo a Associação Brasileira de Esclerose Lateral Amiotrófica (ABRELA). E seu presidente, o neurologista Dr. Acary Oliveira da Escola Paulista de Medicina, Universidade Federal de São Paulo, procurou-nos para ajuda. Assim, estamos doando 50 sistemas de multimídia para comunicação alternativa para permitir melhorar a qualidade de vida desses pacientes. Colocaremos esses sistemas nos lares dos pacientes que, assim, poderão continuar a comunicar-se durante todo o processo. É uma oportunidade preciosa para o psicólogo sensível e dedicado à experiência humana debruçar-se sobre este fenômeno de profundo interesse clínico e humanitário. A comunidade psicológica tem agora uma oportunidade ímpar de envolver-se com um programa de pesquisas que irá acompanhar o processo de enfrentamento da perda progressiva de funções vitais e da luta pela vida em face à morte iminente. Estamos prestes a oferecer a essas pessoas os instrumentos para restabelecer sua eficácia comunicativa, e precisamos muito descobrir mais sobre a experiência humana dessas pessoas e sobre como podemos ajudá-las a superar seu choque, sua revolta, seu desespero, sua tristeza e sua impotência, fazendo as pazes com os seus, consigo mesmas e com Deus. Precisamos de pesquisa clínica nesse campo, e de equipamentos para colocar os sistemas disponíveis nos lares de pacientes humildes e sem recursos financeiros, espalhados por todo o país. Doações de microcomputadores antigos (AT486) podem ser feitas à Associação Brasileira de Esclerose Lateral Amiotrófica (ABRELA), à Rua Pedro de Toledo 377, Vila Mariana, São Paulo, SP, CEP 04039-031. (Telefone 0XX11-571.3324, secretária Luciana).

Prof. Dr. Fernando Capovilla,
Laboratório de Neuropsicolingüística Cognitiva Experimental
Instituto de Psicologia, Universidade de São Paulo
Av. Prof. Mello Moraes 1721, São Paulo-SP – 05508-900
tel. (11) 818-4002 / fax: (11) 818-4909 / e-mail: capovilla@usp.br

Referências bibliográficas

BADDELEY, A. D. (1992). Is working memory working? *Quarterly Journal of Experimental Psychology*, 44, 1-31.

BERTONI, B., STOFFEL, A. M., & WENIGER, D. (1991). Communicating with pictograms: A graphic approach to the improvement of communicative interactions. *Aphasiology*, 5(4/5), 341-353.

CAPOVILLA, A. G. S., & CAPOVILLA, F. C. (1997). Treino de consciência fonológica e seu impacto em habilidades fonológicas, de leitura e ditado de pré-3 a 2ª série. *Ciência Cognitiva: Teoria, Pesquisa e Aplicação*, 1(2), 461-532.

CAPOVILLA, A. G. S., & CAPOVILLA, F. C. (1998). Consciência fonológica: Procedimentos de treino. *Ciência Cognitiva: Teoria, Pesquisa e Aplicação*, 2(3), 341-388.

CAPOVILLA, A. G. S., CAPOVILLA, F. C. (2000). Efeitos do treino de consciência fonológica em crianças com baixo nível sócio-econômico. *Psicologia: Reflexão e Crítica*.

CAPOVILLA, A. G. S., CAPOVILLA, F. C., SILVEIRA, F. B., VIEIRA, R. S., & MATOS, S. A. (1998). Processos fonológicos em paralisia cerebral: Efeitos de treino sobre consciência fonológica, leitura e escrita. *Ciência Cognitiva: Teoria, Pesquisa e Aplicação*, 2(3), 209-252.

CAPOVILLA, F. C. (1997). Comunicação alternativa e facilitadora para as afasias: Histórico de pesquisa e aplicação. *Ciência Cognitiva: Teoria, Pesquisa e Aplicação*, 1(1), 29-80.

CAPOVILLA, F. C. (1998). O implante coclear como ferramenta de desenvolvimento lingüístico da pessoa surda. *Revista Brasileira de Crescimento e Desenvolvimento Humano*, 8(1/2), 76-88.

CAPOVILLA, F. C., GONÇALVES, M. J., & MACEDO, E. C. (1998). *Tecnologia em (re)habilitação cognitiva: Uma perspectiva multidisciplinar*. São Paulo, SP: Editora Loyola.

CAPOVILLA, F. C., GONÇALVES, M. J., MACEDO, E. C., & DUDUCHI, M. (1997). Processos verbais de fala interna na codificação de mensagens picto-ideográficas por menina paralisada cerebral usando um sistema computadorizado de comunicação. *Ciência Cognitiva: Teoria, Pesquisa e Aplicação, 1*(1), 141-200.

CAPOVILLA, F. C., MACEDO, E. C., & CAPOVILLA, A. G. S. (1997). O processamento de informação no paralisado cerebral e o uso de sistemas de comunicação alternativa como próteses cognitivas. *Torre de Babel: Reflexões e Pesquisa em Psicologia, 4*(1), 161-184.

CAPOVILLA, F. C., MACEDO, E. C., CAPOVILLA, A. G. S., & CHARIN, S. (1998). Competência de leitura: Modelos teóricos e sistemas computadorizados para avaliação de leitura silenciosa e em voz alta. *Ciência Cognitiva: Teoria, Pesquisa e Aplicação, 2*(4), 597-676.

CAPOVILLA, F. C., MACEDO, E. C., & DUDUCHI, M. (1998). Sistema de multimídia para comunicação picto-silábica: Análise de seis meses de uso domiciliar de *ImagoVox* por mulher com paralisia cerebral. *Ciência Cognitiva: Teoria, Pesquisa e Aplicação, 2*(3), 21-112.

CAPOVILLA, F. C., MACEDO, E. C., DUDUCHI, M., CAPOVILLA, A. G. S., & Gonçalves, M. J. (1998). Sistemas de multimídia: Ferramentas para estudar processos cognitivos e próteses cognitivas em auxílio à aquisição de leitura e escrita em paralisia cerebral. In F. C. Capovilla, M. J. Gonçalves, & E. C. Macedo (Eds.), *Tecnologia em (re)habilitação cognitiva: Uma perspectiva multidisciplinar* (pp. 328-337). São Paulo, SP: Sociedade Brasileira de Neuropsicologia.

CAPOVILLA, F. C., MACEDO, E. C., DUDUCHI, M., CAPOVILLA, A. G. S., & THIERS, V. O. (1998). Sistemas de comunicação alternativa e suplementar: Princípios de engenharia e design. *Distúrbios da Comunicação, 9*(2), 185-231.

CAPOVILLA, F. C., MACEDO, E. C., DUDUCHI, M., RAPHAEL, W. D., CHARIN, S., LEÃO, M. R., & CAPOVILLA, A. G. S. (1998). SignoFone: Sistema de multimídia baseado na língua brasileira de sinais para comunicação face a face e em rede por surdos com distúrbios motores. *Ciência Cognitiva: Teoria, Pesquisa e Aplicação, 2*(3), 161-208.

CAPOVILLA, F. C., NUNES, L. R. O. P., MACEDO, E. C., NUNES, D., ARAÚJO, I., BERNAT, A. B., DUDUCHI, M., NOGUEIRA, D., PASSOS, M., MAGALHÃES, A. P., & MADEIRA, S. (1997). Processamento de informação na memória de trabalho do paralisado cerebral: Efeitos de primazia e recência, e natureza da consolidação. *Ciência Cognitiva: Teoria, Pesquisa e Aplicação, 1*(1), 243-292.

CAPOVILLA, F. C., & RAPHAEL, W. D. (no prelo). *Dicionário ilustrado de Língua de Sinais Brasileira para surdos: Ilustração, descrição e escrita visual direta de 3000 sinais usados em São Paulo*. São Paulo, SP: Editora do Instituto de Psicologia da USP.

CAPOVILLA, F. C., RAPHAEL, W. D., & MACEDO, E. C. (Eds.). (1998). *Manual ilustrado de sinais e sistema de comunicação em redes para surdos*. São Paulo, SP: Editora Instituto de Psicologia USP/Dharma.

GRÉGOIRE, J., & PIÉRART, B. (1997). *Avaliação dos problemas de leitura: Os novos modelos teóricos e suas implicações diagnósticas*. Porto Alegre, RS: Artes Médicas.

LIGHT, J. (1997). "Communication is the essence of human life": Reflections on communicative competence. *Augmentative and Alternative Communication, 13*(2), 61-70.

MACEDO, E. C., CAPOVILLA, F. C., CHARIN, S., & DUDUCHI, M. (1998). Versões computadorizadas de testes neuropsicológicos: Teste Boston para diagnóstico diferencial das afasias (Boston-Comp), Teste Boston de nomeação (TBN-Comp) e Teste Token para pessoas (Token-Comp). In F. C. Capovilla, M. J. Gonçalves, & E. C. Macedo (Eds.), *Tecnologia em (re)habilitação cognitiva: Uma perspectiva multidisciplinar*. São Paulo, SP: EDUNISC.

MORTON, J. (1989). An information-processing account of reading acquisition. In A. M. Galaburda (Ed.), *From reading to neurons* (pp. 43-68). Cambridge, MA: The MIT Press.

STEELE, R. D., KLECZEWSKA, M. K., CARLSON, G. S., & WEINRICH, M. (1992). Computers in the rehabilitation of chronic, severe aphasia: C-VIC 2 cross-modal studies. *Aphasiology, 6*(2), 185-94.

STEELE, R. D., WEINRICH, M., KLECZEWSKA, G. S., CARLSON, G. S., & WERTZ, R. T. (1987). Evaluating performance of severely aphasic patients on a computer-aided visual communication system. *Clinical Aphasiology*: Conference Proceedings. Minneapolis, MN: BRK Publishers, P.46-54.

STEELE, R. D., WEINRICH, M., WERTZ, R. T., KLECZEWSKA, G. S., & CARLSON, G. S. (1989). Computer-based visual communication in aphasia. *Neuropsychologia, 27*(4), 409-26.

TETZCHNER, S. VON, & JENSEN, M. H. (1996). *Augmentative and alternative communication: European perspectives.* London, UK: Whurr.

Refletindo a alegria, a beleza e a criatividade no espelho de D. W. Winnicott*

*Sérgio A. Belmont, Niterói***

> "É dentro de nós que vive a beleza e não fora de nós."
> (Émile Zola)

> "Durante algum tempo alguém pode ficar alegre consigo mesmo mas, em longo prazo, a alegria deve ser compartilhada por duas pessoas."
> (Ibsen)

> "Terás alegria ou terás poder, disse Deus; não terás um e outro."
> (Emerson)

Introdução

Pretendo começar estas reflexões sobre a beleza, a alegria e a criatividade a partir das epígrafes, retiradas do dicionário de provérbios e citações de grandes vultos da ciência e da cultura.

Em Zola, podemos observar que a *beleza* é vista como vivendo dentro e não fora e independentemente de nós. Existiria uma

---

* Trabalho apresentado no Encontro Brasileiro "Vivendo criativamente sob o olhar de D. W. Winnicott", organizado pela Profª Ivonise Fernandes da Motta, no Instituto de Psicologia da USP.
** Psicanalista, full member da IPA, mestre em Psicologia Clínica pela USP.

participação fundamental do sujeito para a própria existência da beleza, que não seria concebida como substantivo absoluto.

Ibsen fala da *alegria*, que é enfocada pelo dramaturgo como uma experiência de compartilhamento e de intersubjetividade.

Emerson nos coloca diante de uma escolha, usando a boca de Deus. O poder, essência do *ser supremo*, o Todo-Poderoso, nos afastaria da *alegria*. Aparentemente, a nós, seres humanos, o ato de estar acima do outro, de termos a capacidade de o subjugar ou de decidir o seu destino excluiria o usufruto da alegria. Poderíamos conceber e propor o exercício do poder de outro modo?

O verbete *criatividade* não foi encontrado nos textos que examinei, daí a sua ausência nas epígrafes. Esta situação coloca uma questão inicial. Por que estaria a criatividade ausente de dicionários de provérbios englobando a visão erudita e popular ao longo de séculos?

Buscando delimitar um campo inicial para pensar as nossas questões, podemos dizer que a discussão de temas tão complexos e amplos, de aspectos constituintes do sujeito e de sua existência *não comporta uma visão simplificadora e monista*. Afinal, beleza, alegria e criatividade e suas ausências ou opostos transitam desde o início dos tempos e de nossas vidas, tendo sido estudadas por campos tão diversos do conhecimento como a filosofia, a arte em seus diversos meios de expressão, a ciência, enfim, toda a criação cultural humana.

Um paradoxo aparente seria o fato de que a existência contenha a excepcionalidade em relação aos substantivos em discussão, tanto no seu excesso quanto na sua falta, sendo ao mesmo tempo imersa em singeleza e mesmo banalidade. Isto conferiria à análise dos temas propostos complexidade máxima, pois tem valor as reflexões de filósofos, estetas e artistas e também o dito do homem do povo, em sua sabedoria singela e sem sofisticação cultural.

Outra questão fundamental reside no fato de a beleza, a alegria e a criatividade não serem propriedade de nenhuma classe social, nenhuma etnia, nenhum credo estético ou político.

Ao falar de *complexidade*, refiro o termo ao filósofo Edgar Morin (1982), que pensou sobre a aproximação de espaços anteriormente separados como a ciência e as artes, além de incluir em seu paradigma um espaço de ocorrência para o acaso (álea) também no sujeito, "que deve utilizar as áleas para progredir" (p. 137).

É dentro desse viés que refletirei sobre a beleza e a alegria como atributos humanos que são *aleatoriamente* distribuídos, permitindo que cheguemos ao mundo com doses maiores ou menores deles. Procurarei discutir as circunstâncias, também aleatórias, de integração do sujeito com o meio ambiente onde se dá o seu desenvolvimento, em busca dos princípios intersubjetivos definidos por Winnicott e outros autores e que permitem a alguns o estabelecimento e a manutenção da criatividade.

O espelho de Winnicott será, para as finalidades deste trabalho, a condensação de uma visão do desenvolvimento humano, comum a autores psicanalíticos de diversas épocas, que inclui o Outro como fundamental para a constituição da subjetividade. Esta visão sobre o indivíduo guardou em seu longo desenvolvimento características tanto de complexidade quanto de paradoxo. Estas estão manifestas em conceitos nos quais o sujeito, em sua especificidade neurofisiológica, com seus dotes e limitações particulares e únicas, dependem da participação ativa do meio ambiente para que possam ser reveladas. Podem ser vistas em diversas outras idéias, como a capacidade de estar só, estabelecida na presença do outro, assim como nos espaços compartilhados sujeito/objeto, exemplificados no espaço potencial e no estabelecimento do objeto e dos fenômenos transicionais. Também podem ser encontradas no sentido de influência recíproca do sistema mãe-bebê, conforme foi pensado por Sptiz (1979, 1988) ao dizer: "Voltando às relações da mãe 'boa, normal', com o filho, não devemos esquecer que há não apenas um gradiente da mãe para o filho, mas também um gradiente indo do filho para a mãe. A própria presença da mãe, sua existência, suscita reações no bebê e, igualmente, a existência e presença do bebê evocam reações na mãe" (p. 126).

A revelação do sujeito humano em suas características essenciais dependeria de percepção e reflexão feitas pelo objeto, em um momento no qual o bebê, em estado de dependência absoluta, não possui nenhum conhecimento de seu próprio corpo nem do outro que o cuida. Ao atribuir um valor incomensurável às atividades aparentemente simples do cotidiano do bebê, como os cuidados com seu corpo, Winnicott percebeu que elas são as bases sobre as quais se constrói o sentimento de beleza e de alegria e é aberto o espaço para uma existência verdadeira, onde pode vicejar a criatividade.

Vale a pena lembrar neste momento, que a criatividade vai ser enfocada neste texto a partir dos conceitos de Winnicott (1971), nos quais ele a liga ao viver total, onde o sujeito pode se sentir como ele mesmo e não como uma reação ou defesa contra invasões. Evitaremos uma análise teórica sobre as origens da criatividade no sentido amplo de criação artística, algo de difícil execução e já tentada por inúmeras disciplinas, inclusive a psicanálise, com escasso sucesso, fato observado pela psicanalista e poetisa Marialzira Perestrello (1992, p. 20-21). Nesse texto citado, ela lembra que Freud (1925) dizia que "a análise não pode elucidar a natureza do dom artístico, nem pode explicar sua técnica" e que "em 'Dostoievski e o parricídio' (1928), 'Mal-estar na Cultura' e outros textos, Freud confessa que a psicanálise tinha que depor suas armas diante do problema da criação".

Ressalte-se aqui o fato de Freud ter sido um dos grandes vultos do campo da ciência e ao mesmo tempo um escritor de amplos méritos, reconhecido e agraciado com o prêmio Goethe.

Assim, discutindo a partir das idéias de Winnicott, voltarei meu olhar não para a criação dos bafejados pelas musas, em sua excepcionalidade, e que muitas vezes falham e sofrem exatamente no viver simples e compartilhado, local onde transita a existência e também pode ser criativo o sujeito comum.

Beleza, alegria e criatividade serão pensadas aqui não apenas a partir dos substantivos que as representam, mas também na sua aplicação adjetivada, esta entendida como expressão de intersubjetividade.

A Beleza

Será que o substantivo que define essa qualidade é acessível ao bebê e é por ele assimilada desde o início de seu desenvolvimento? Winnicott nos dizia que o bebê não *se vê*, e apenas pode ver seu reflexo nos olhos de sua mãe. Esta tem de ter a capacidade de perceber, através da imagem que se apresenta, *o sujeito que ainda não se reconhece em sua singularidade.*

Discutindo a esse respeito, Rogério Luz (1998, p.179) diz: "... na tradição do pensamento inglês, Winnicott utiliza à sua maneira uma fórmula cara ao mais radical representante do empirismo idealista, cujo interesse concentrou-se na teoria da visão, o filósofo Berkeley: ser é ser percebido".

A beleza, portanto, não teria valor absoluto na constituição da subjetividade, sendo dependente de ser percebida, apreciada. A despeito de ser, dos três atributos em discussão a mais objetivável, em determinado contexto cultural, ainda assim é dependente da adjetivação que vai ser exercida pelo *outro*. Utilizando o conceito expresso na citação anterior podemos dizer que a beleza não percebida não contribui autonomamente e de modo definitivo para a constituição do *ser*. Do ponto de vista estético e em média mundialmente aceita, em diferentes culturas e contextos, está diretamente ligada à questão da *harmonia*. Falamos aqui da harmonia de aspectos físicos, de simetria, mas vou discuti-la como dependente do sentido etimológico originado do latim e do grego, que fala de harmonia como proporção, união e disposição ordenada entre as partes de um todo. No contexto buscado por este trabalho, as partes do todo incluem um *Outro,* cuja presença é fundante na constituição dos atributos citados, desde o período em que nem eles nem o objeto eram percebidos pelo bebê.

Como já foi dito, em diversos momentos Winnicott falou sobre a constituição e integração de um *espaço intersubjetivo,* onde não se pensa em sujeito x objeto, mundo interno x externo, mas, antes, de um espaço ou zona intermediária compartilhados.

Estamos discutindo a beleza em sua importância e compartilhamento, e, felizmente para a maioria os bebês, *suas mães os vêem como a coisa mais bonita do mundo*. Este olhar carregado e carregando beleza é que vai refletir o bebê em seus momentos iniciais, adquirindo então a citada capacidade adjetivadora. A beleza se transforma então no *belo*.

A função de *espelho humano integrador* (Doin, 1989), desempenhada pela mãe na constituição do sujeito pode, nos casos em que falha (função especular não integradora), provocar resultados dramáticos.

Essa visão a respeito da ação do olhar que observa a beleza e lhe dá significado pode ser observada, em sua função negativa, ou na distorção de sua função especular, desde o mito de Narciso.

Esse, segundo Brandão (2000), "o mais belo dos mortais", nasceu tão bonito que *trouxe apreensão à sua mãe, Liríope*. "Não era concebível um menino tão belo! Na cultura grega, de modo particular, beleza fora do comum sempre assustava... Competir com os deuses em beleza era uma afronta inexoravelmente punida" (p. 172).

A beleza de Narciso, maior do que a dos deuses, não trouxe alegria a sua mãe. O sentimento que nasceu nela foi o de apreensão, e esta foi refletida sobre seu filho, caindo sobre ele com uma sombra de maldição. Não por acaso, sua desdita ficou como símbolo de beleza não compartilhada e de isolamento do outro. A enorme beleza de Narciso não lhe serviu de garantia para uma existência feliz, *porque ele não pôde se ver* (Belmont, in Mello Filho, 2003, p. 99-119).

Observamos na clínica um outro tipo de pessoa que, refletida sem beleza ou mesmo com ojeriza a uma feiúra projetada, sofre a vida toda um desgosto ou tristeza com sua aparência, *muitas vezes sem ser objetivamente feio.*

Um caso específico me vem à mente: o de uma cliente que, nascendo com um nevo escuro em uma das mamas, provocou em sua mãe um sentimento de desgosto e deformidade. Ela havia sentido o problema da filha como uma agressão à harmonia que tanto prezava. Desde cedo obrigava a menina a usar roupas de mangas longas e, em uma exibição de balé quando contava oito anos, passou blush na lesão, tentando escondê-la.

Não por acaso, a paciente sofreu a vida inteira de infecções recorrentes na mancha. Nenhum das dezenas de médicos que procurou em busca de ajuda pôde lhe dizer que o nevo, mais do que lesão, *podia ser visto como uma característica pessoal*. A atividade especular não integradora da mãe espalhou sobre a menina um manto de desgosto. Também não por acaso a paciente veio a se tornar mais tarde dermatologista, talvez como expressão, em termos de escolha profissional, de um viés paradoxal de submissão em sua luta para enfrentar e vencer o reflexo do olhar de sua mãe. Esta luta dura até o dia de hoje.

De acordo com essas idéias, a beleza não é nos primeiros momentos substantivo independente, sendo mais reflexo compartilhado. Quando Winnicott fala em "O bebê como organização em marcha" (1957, 1964, p. 26-30): "Divirta-se... enquanto você está produzindo um dos novos membros do mundo... quase enamorada de si mesma – o bebê **é uma parcela tão próxima de si**", está expressando os sentimentos de alegria narcísica vividos pela mãe identificada com seu bebê, que está mais do que próximo dela. O bebê precisa deste olhar e desta alegria para *simplesmente existir,* tarefa básica de sua vida nesse ponto do desenvolvimento, e *a única que pode exercer.* Para *ser*, o bebê precisa absolutamente de sua mãe, mesmo que ainda não saiba disso.

Na seqüência de um desenvolvimento normal, a beleza, transformada então em um *atributo interior*, no sentido de passar a ser percebido como parte do sujeito, vai necessitar de uma pequena e importante modificação da proposta contida na citação anterior de Berkeley.

Do *"ser é ser percebido"* fundamental dos momentos iniciais, para que o sujeito continue caminhando em direção ao *ser* (humano), precisa tornar-se capaz de perceber. A proposta poderia então ser formulada assim: *"ser é perceber".* A percepção do *outro* em sua singularidade e com beleza, adquire estatuto ôntico. Estou sugerindo que a capacidade de ter acesso ao que chamo de *o humano em nós,* ou seja, a beleza física aleatória alargada para a beleza *interior* que permite o reconhecimento do outro, a consideração e a gratidão, dependeriam em última instância do reconhecimento inicial do *humano que ainda não se vê.* O caminho que vai da impiedade (ruthlessness) de uma *relação fisiológica* com o outro, até o *concern* e a generosidade possíveis na relação objetal, atravessa uma unidade/dual, onde no início apenas um é capaz de ver.

Caso esse desenvolvimento não seja feito nesse sentido de integração, que vai da fusão sujeito/objeto em direção da percepção e apropriação pelo sujeito de seu próprio corpo – passando a sentir a psique habitando no soma – (através do processo de indweling, que eu traduzi como encarnação), e caminha para o estabelecimento da alteridade, estaríamos no terreno de uma existência não compartilhada, na qual mesmo a beleza deixa de ser fruição e contato.

Narciso, proibido de *se ver,* não pôde perceber a admiração e o amor da ninfa Eco e de legiões de jovens que o admiravam, e sua beleza não serviu como ponto de partida e como ponte para se aproximar do outro.

Esse olhar, aparentemente voltado para si mesmo, *mas que na realidade não se vê e não pode enxergar o outro,* representa um dos grandes problemas da nossa época.

A beleza substantivada de modo absoluto se transforma em aprisionamento, tortura ou objeto de comércio e mercadoria. Refiro-me com esta observação aos ícones da moda, do cinema e dos esportes, cuja beleza física, apanhada pela vertigem do marketing voraz, nos dá freqüentemente o sentimento de que, mais do que usufruto e alegria, suas vidas são povoadas por solidão e sofrimento. É como se a mesma beleza ou talento absoluto que os distingue os mantivessem aprisionados e afastados da possibilidade de um relacionamento que poderia ser chamado de *ecológico.*

O sentido desse termo, ligado à apreciação e ao cuidado com a natureza, de modo análogo ao que acontece com a beleza física, representa uma possibilidade da visão e atividade humanas.

Enquanto os homens se sentiram, ao longo do desenvolvimento moderno, conquistadores da natureza e não parte integrante dela, acreditaram que sua beleza fosse permanente e indestrutível, não necessitando de cuidados. Esta atitude *não ecológica* em relação à natureza, é aqui entendida como similar àquela de falta de *concern* com o *outro*, que não é sentido como irmão e participante do mesmo destino. O resultado desta falta de cuidado tem sido a destruição da natureza, de modo semelhante ao que acontece com a falta de cuidado entre os homens, que termina na perda do *próprio sentido de humanidade.*

Um rio nasce como uma pequena fonte, e nesse momento ele é puro (no sentido de singular). Esta pureza inicial contém, como o bebê, características próprias. O pequeno riacho se oferece ao mundo, começa o seu trajeto, e também de modo análogo ao que acontece com o bebê, o seu caminhar vai depender da maneira como for tratado. O rio pode ir correndo, oferecendo alimento, transporte, como os seres humanos podem ser criadores de vida e de alegria, de beleza, aglutinadores e transformadores da história e continuarem crescendo e, apesar deste fluir/crescer, que fatalmente altera as características iniciais do rio/homem, manter sua identidade. Falamos neste caso dos rios/homens tratados com amor.

No sentido *não ecológico* da falta de amor e de cuidado, pode ser poluído, envenenado, tornar-se local de despejo de dejetos (o rio), e de sentimentos (o homem). Ser motivo de descaso e de exploração. Neste caso os rios, a natureza e os homens podem perder a beleza inicial que possuíam e tornarem-se feios e nauseantes, como alguns homens e rios.

A beleza, para que permaneça e possa ser usufruída, precisa *ser reconhecida e cuidada.*

A Alegria

A alegria é um sentimento capaz de ser atribuído ao bebê nos instantes iniciais de sua existência? Ou é mais uma disposição própria que, como a beleza, depende para ser constituída, de integração entre o que *é próprio do bebê* e o que recebe do meio ambiente, também em um contexto de intersubjetividade?

No início, a alegria pode ser entendida no bebê como *atividade e satisfação* (Middlemore), *atividade/capacidade motora* (Winnicott) ou *afeto de vitalidade* (Stern) e representa o conjunto de atividades corporais que são utilizadas pelo bebê para se comunicar com o meio ambiente, quando se sente atendido em suas necessidades essenciais.

De modo análogo ao que acontece com a beleza, a alegria muitas vezes vai ser *nomeada* a partir do sentimento que a mãe experimenta em sua relação com seu bebê. Se ela puder desfrutar com alegria, preponderantemente, os momentos e as atividades nos quais o bebê, sem se dar conta disto, expressa a sua vitalidade, a alegria nomeada poderá inundar o campo de experiência afetiva que circunscreve a relação dos dois.

Ela pode dizer, por exemplo: "como o meu neném está contente, mamou bastante e está satisfeito", ou falar *"que alegria ver este neném todo limpinho, rindo para a mamãe"*, estendendo ao bebê um sentimento que inunda *seu* coração naquele instante.

Esse aspecto que marca o sentimento materno em sua presença não percebida junto do bebê é fundamental, pois muitas vezes a mesma vitalidade pode ser expressa em momentos nos quais, por exemplo, o bebê chora.

Vejamos o que diz Winnicott a esse respeito: "Por que o bebê chora? Satisfação, dor, raiva e pesar... O que eu estou afirmando resume-se nisso: o choro suscita no bebê uma sensação de que está exercitando os pulmões (satisfação), ou então uma canção de tristeza (pesar). Você poderá achar estranho que eu falasse primeiro de choro de satisfação, quase de prazer, pois qualquer pessoa admitiria que, sempre que um bebê chora, é porque deve estar de algum modo aflito... Temos de reconhecer que o prazer participa do choro como do exercício de qualquer função física".

Nesse ponto Winnicott aborda a questão do prazer ou da alegria da mãe ao lidar com seu bebê, exercendo a *nomeação afetiva* que vai adquirir função adjetivadora. Ele dizia:

"Divirta-se quando ficar contrariada porque os gritos e o pranto do bebê o impedem de receber o leite que você anseia lhe dar com generosidade... Desfrute de tudo isso para seu próprio prazer, mas o prazer que você possa extrair do complicado negócio de cuidar de um bebê *é vitalmente importante do ponto de vista do bebê*. Ele não quer tanto que lhe dêem alimentação correta na hora exata, mas, sobretudo, ser alimentado por alguém que ama alimentar seu próprio bebê... O que ele não pode dispensar é o prazer da mãe que acompanha o ato de vestir ou dar banho a seu bebê. O prazer tem de estar presente nesses atos, ou então tudo que o que fizer é monótono, inútil, e mecânico. Se isto tudo lhe dá prazer, **é algo como o raiar do sol para o bebê**" (grifo meu).

Se equivalermos a idéia de prazer do texto de Winnicott à alegria, então poderíamos pensar que esse sentimento da mãe em seus contatos com o bebê vai ser absorvido por ele, preponderantemente, com a mesma tonalidade afetiva. A alegria da mãe, compartilhada com o bebê, exerce a ação que o faz *alegre*.

No sentido oposto, lembro um texto de Stern (1998), no qual lembra o significado das interações mãe-bebê, descritas por ele durante um período "que cobre três minutos de cada hora, das aproximadamente novecentas horas do primeiro ano de vida do bebê. Quero mostrar com estes três minutos, como as experiências subjetivas momento-a-momento da mãe e do bebê influenciam e se entrelaçam umas às outras. Para mostrar isso eu complementei meu livro intitulado *Diário de um Bebê* com este, *O nascimento de uma mãe,* onde descrevo os sentimentos de Joey, quando ele tinha quatro meses e meio de idade. Imagine que nenhuma das coisas que você vê, toque ou ouça tenha um nome. É assim com Joey.

Ele experimenta objetos e eventos principalmente pelas sensações que provocam nele" (p. 160-161).

Stern (idem) continua mostrando a importância que os sentimentos da mãe, em sua convivência com seu filho tem para ele. Enfoca a importância que a constância, também enfatizada por Winnicott, tem para o bebê em desenvolvimento. Demonstra que existe um amálgama de sensações, afetos e percepções, ao qual vai dar o nome de "think-feel". Lembra que ao atribuir uma expressão lingüística ao bebê chamado Joey, dirá: "Joey 'pensa-sente', isso e aquilo" (p. 162).

Continua dizendo que na idade adulta nós somos em grande medida atrapalhados por palavras e significados que juntamos aos eventos. Assim, nosso sentimento de ser funciona em nível diferente daquele vivido por um bebê como Joey.

Stern descreve uma situação na qual o bebê, acostumado com encontros nos quais sua mãe está quase todas as vezes muito alegre, a encontra em um dia no qual seus sentimentos são predominantemente de frustração e de tristeza. Ele diz: "Eu não sou uma pessoa real neste assunto. Sou uma função – um intermediário, um 'amaciador-superador' de problemas. Enquanto pensa isso suas feições se tornam inexpressivas e depois tristes. Ela está de frente para Joey, mas olhando através dele, sem se mover. Ele procura a face conhecida. Ele 'thinks-feels': Eu entro no mundo através de seu rosto. Sua face e seus detalhes são o céu, as nuvens e a água. Sua vitalidade e espírito são o ar e a luz. São quase sempre um conjunto de luz e ar em movimento. Mas desta vez, quando eu entro, o mundo está parado e sem vitalidade...Onde ela está? Para onde foi? Estou com medo. Eu sinto essa falta de vitalidade rastejando para dentro de mim. *Eu procuro em volta por um ponto de vida para onde escapar*" (Stern, idem, p. 163).

As idéias que Stern traz com esse texto são muito importantes para a compreensão do efeito que a dependência absoluta do bebê das atividades, emoções e sentimentos de quem o cuida tem para seu desenvolvimento. Como nosso espelho tem muitas facetas, vale a pena enfatizar aqui nosso ponto de vista de que a linguagem gramatical compartilhada, que ele dramatiza ao supor disponível ao bebê nesse ponto do desenvolvimento, para nós ainda não está. Os bebês como Joey podem ser eventualmente inundados por esse mundo de sensações estranhas, às quais não estão habituados, sofrendo seu impacto no próprio corpo sensível, sem a intermediação e proteção da linguagem e do símbolo. Os efeitos são mais intensos e devastadores, deixando marcas que, por não serem passíveis de representação e memória, podem resultar em lesões não capazes de nomeação.

Esses conceitos seguem os de autores como Ferenczi,[1] Hans Loewald,[2] citados por mim em trabalhos recentes (Belmont, 2000, 2004), nos quais discuto o quanto as lesões traumáticas ocorrendo nos períodos iniciais do desenvolvimento resultarão no fato de que as próprias fundações ou alicerces do *self* estão abaladas e, caso o bebê sobreviva fisicamente, terá seu desenvolvimento ulterior comprometido. Ficarão como "buracos negros psicológicos", enfraquecendo o *self*, em suas várias expressões, como a vitalidade e a alegria.

Um aspecto de extraordinária importância a respeito das lesões resultantes de desencontros, descompassos e rupturas da continuidade, ocorrendo nos primeiros meses do desenvolvimento, é *o fato de os bebês, como Joey, em nosso ponto de vista, não poderem atribuir a algo externo a eles o desconforto e o sentimento apocalíptico que os invadem.*

René Roussillon (2000) diz a esse respeito: "O que acontece quando a atenção se estende além do que foi historicizado, ... ou seja, o que Freud chama de 'pré-história' do sujeito? Como Freud indica em 'Construções em análise' (1938), o modo de reminis-

---

[1] Ferenczi, S. (1931), *Reflexões sobre o trauma*, in Sándor Ferenczi, *Obras Completas*, Vol. IV, Martins Fontes, São Paulo, 1992.
[2] Loewald, H. W. (2000). *The Essential Loewald – Collected Papers and Monographs*, University Publishing Group, Inc., Maryland, 2000.

cência da pré-história do sujeito não é mais de natureza representativa. Neste texto ele evoca a alucinação ou o retorno alucinatório da experiência. De forma mais geral evocaríamos um modo de 'retorno do clivado' que se efetuaria de forma senso-perceptiva-motora... O 'arqueólogo' não possui mais, para fazer seu trabalho, 'monumentos' conservados,... só dispõe de fragmentos do processo, 'vestígios', elementos muito mais fragmentados, 'descontextualizados'. A natureza não representativa desses 'vestígios' não subjetivados não permite **esperar que o sujeito mesmo os 'contextualize', ele não os percebe como vestígios de uma época pré-histórica. O trabalho de recontextualização é, de fato, um trabalho de 'construção', uma tentativa de colocar em relato ... o que não pôde ter lugar, pois o sujeito estava 'retirado da cena'"** (grifos desse autor).

Vemos desse modo que o autor aqui citado vê o trabalho analítico sendo realizado com esse tipo de pacientes a partir de experiências primitivas *que não encontraram seu lugar na mente,* por terem sido violentas demais, atomizando-as, ou terem ocorrido em instante anterior ao desenvolvimento da possibilidade de representação e de memória, como foi discutido ao longo do texto.

Paradoxalmente, o sujeito estava "lá" (no local da experiência), mas "retirado da cena" (Roussillon), ou com o "self em diáspora" (Belmont, 2004), ou seja, incapaz de fazer a ligação entre as experiências traumáticas e os agentes que as perpetraram. Temos aqui outro ponto muito importante discutido por Roussillon no mesmo texto citado, onde lembra Winnicott.

Antes, vou lembrar o conceito de *enactment,* dos autores da Intersubjetividade.

Para eles, *enactment,* "tem seu significado ao concretizar e manter organizações de experiência e está implícito em nosso conceito de caráter como estrutura de um mundo subjetivo. Este conceito, propõe, em particular, que padrões recorrentes de conduta servem para tornar reais (Sandler & Sandler, 1978) as configurações nucleares de self e objeto que constituem o caráter de um sujeito" (Stolorow & Atwood, 1984).

Segundo o dicionário Merriam – Webster (Tenth Ed.) *enactment* é "algo como uma lei, ou que tenha sido estabelecido **por um ato legal ou autoritário**" (grifo meu).

No viés buscado por este trabalho, estamos no campo de fenômenos clínicos ocorridos na "pré-história" (Freud, 1938) do sujeito, ou no período pré-verbal e pré-genital. Estes fenômenos decorrem então da intensidade, eventualmente extensão, e do momento do desenvolvimento no qual o trauma ocorre e o sujeito, como já foi dito, **ainda não tem percepção do Outro e de si mesmo**.

Nas palavras de Roussillon (idem) "Idéias como as de projeção ou de introjeção primitivas não têm, portanto, ... grande sentido se supõem um Eu ali, de pronto, e uma separação eu / não-eu suficientemente nítida. Podemos também compreender o conceito de Winnicott de usurpação (d'empietément). ... Quando o 'encontrado' ou o 'criado' são distantes demais, quando o 'encontrado' é inadequado demais, a criança não terá outros recursos últimos ... senão o de se 'atribuir' a origem do que funciona mal (disfonccionne) na sua relação com o ambiente. *Isto é usurpação e se instala um núcleo de culpabilidade ou de mal-estar primário no centro da experiência subjetiva*".

Na nossa abordagem, esses atos aconteceriam em momento de "pré-subjetividade", ou seja, no qual a subjetividade ou sentido de sujeito não estão estabelecidos.

Os atos causadores de trauma, além de incidirem sobre um sujeito em constituição, terem a **força de lei autoritária e não poderem ser guardados como representação ou memória, deixam uma sombra de culpabilidade sem nome,** *vagamente referida ao próprio sujeito, em movimento de "aprés coup"*. Quero dizer com isso que o sujeito se atribui a culpa por um ato traumático que lhe deixou marcas, do qual não se lembra e que têm características de "lei autoritária". Este tipo de experiência, sem nome e com autoria erroneamente auto-atribuída *a posteriori*, forma um núcleo do sentimento de ser, construído sobre bases de um equívoco essencial e fundante.

A escola da Intersubjetividade e outros autores, como Roussillon e Winnicott, entendem que o trabalho analítico com pacientes portadores de patologias derivadas do tipo de experiência descrito necessita de uma abordagem técnica e clínica especiais.

Algo que foi vivido, ou melhor 'sofrido', tem que ser incluído na história do sujeito, mas paradoxalmente já estava lá. O analista vai fornecer elementos afetivos e compartilhados, de modo a permitir que passem a fazer parte da narrativa do paciente. Roussillon (idem), vê neste tipo de trabalho que: "A capacidade de poder fazer sentir na transferência, a trazer na transferência tais experiências, vai constituir a chance de que um *a posteriori* (um aprés - coup) representativo possa, enfim, ter lugar".

Dentro desse contexto, poderíamos entender e ampliar o sentido das idéias de Emerson e de Ibsen citados nas epígrafes.

Invertendo a primeira poderíamos dizer: *a alegria que começou compartilhada vai também poder ser vivida sozinha*. O início intersubjetivo da experiência do bebê, quando vivido de modo integrador, estrutura outro importante aspecto do desenvolvimento: a capacidade de estar só, ou a alegria de estar em sua própria companhia, que leva, em seqüência, ao *desejo* de compartilhá-la com o outro.

Em outro desenvolvimento (traumático) possível, poderíamos dizer: *a tristeza imposta ao bebê pelo meio ambiente* **vai ter de ser vivida sozinha**. A possibilidade de compartilhamento fica prejudicada e o sujeito se vê carregando um sentimento de culpa não localizado, uma desvitalização essencial e uma dificuldade para o estabelecimento de laços.

Em relação à segunda podemos perguntar: teria Emerson, ao colocar na boca de Deus sua reflexão a respeito do antagonismo entre poder e alegria, querido nos admoestar para as vicissitudes do primeiro?

Voltando ao início do desenvolvimento do bebê, em estado de dependência absoluta, caso a mãe *se embriague de poder*, talvez perca de vista a importância fundamental de sua tarefa, que é mais ligada ao *ser do que ao fazer*. Nesse caso, talvez perca a percepção de que sua *criatura* já é um ser em movimento, com características, capacidades e limitações *que lhe são próprias*. O bebê é mais, como dizia Winnicott, "uma organização em marcha", lembrando que a mãe, caso aceite esta idéia, então "estará livre para se interessar bastante pela observação do que acontece no desenvolvimento do bebê, enquanto desfruta do prazer de reagir às suas necessidades".

A advertência do provérbio ultrapassa os momentos iniciais do desenvolvimento do sujeito e acompanha os séculos, pois a política e a cultura tendem a serem seduzidas pelo poder, afastando-se da alegria do viver compartilhado e da diferença. É muito difícil ser alegre e natural quando se está vergado sob o jugo do poder, seja ele econômico, sexual, étnico ou cultural.

Entretanto, gostaria de lembrar, a partir do aviso contido no provérbio, *que o poder expropria ambos, quem comanda e quem obedece, do usufruto da alegria que a amizade, o amor, a brincadeira e o cuidado com o bebê, que representaria uma soma desses aspectos, trazem*. Todos, sem exceção, são em sua essência e natureza *compartilhados*.

Termino este trecho com uma pergunta: será que uma das facetas da criatividade poderia ser a busca de conciliar, ao longo da vida, o poder adquirido com o desenvolvimento (capacidades, conhecimento, maturidade, sucesso), com a permanência da alegria?

A Criatividade

Essa questão percorre toda a extensão da obra de Winnicott. Sua importância é tão grande que Grolnick (1993) diz: "A vida sem criatividade não é autêntica. A morte psíquica se dá sem uma experiência do que é inovador e novo. Deve-se enfatizar aqui que Winnicott não se referia à criatividade do artista ou do gênio, mas sim à criatividade da vida diária. Ela se refere à capacidade que cada homem possui de ver o mundo e de experimentá-lo em termos originais e, inclusive, estéticos. Daí porque Winnicott não tenta explicar a criação artística... Assim, para Winnicott, a criatividade é entendida como necessária, natural, capaz de trazer uma plenitude e alegria de viver, de ser parte tanto do processo de desenvolvimento quanto do processo terapêutico. Ela não pode ser ensinada, mas pode ser "facilitada" às crianças, terapeutas e pacientes" (p. 41-42).

É dentro dessa visão que vamos considerar a criatividade.

No texto que serve de base a essas reflexões (Winnicott, 1971, p.95), é principalmente no denso cap. V que ele estabelece os primórdios da relação e os moldes em que se estabelecem os alicerces do viver criativo. Dizia ele:

> "É através da apercepção criativa, mais do que qualquer outra coisa, que o indivíduo sente que a vida é digna de ser vivida. Em contraste, existe um relacionamento de submissão com a realidade externa, onde o mundo em todos os seus pormenores é reconhecido apenas como algo a que ajustar-se ou a exigir adaptação. A submissão traz consigo um sentido de inutilidade e está associada à idéia de que nada importa e de que não vale a pena viver a vida".

Dessa citação, colocarei em destaque o termo *apercepção*, que, no sentido que lhe empresta Winnicott, está referido ao estágio de dependência absoluta do desenvolvimento do bebê. Nele, não se espera ou exige do bebê que *perceba* a realidade, quer de seu desamparo, quer das ações do meio ambiente que sustentam a sua existência naquele momento. Esta *apercepção* dá a alguns bebês a oportunidade de, ao terem suas necessidades reais percebidas e atendidas, poderem durante o tempo que *lhes* for necessário conceber e se relacionar com o objeto (e com o mundo que está por trás dele) de maneira *subjetiva* ou pessoal.

Podemos dizer então que o *sujeito* se funda em uma relação *intersubjetiva* onde a *confiança e a permanência* são fundamentais e existe a possibilidade de existir sem cobranças a respeito da realidade. Caso estas bases sejam estabelecidas, o desenvolvimento prossegue, passando pela fase de repúdio do objeto e estabelecimento da distinção eu – não eu. Na saúde esta não é conseguida de maneira forçada, e sim de modo natural, a partir do atendimento citado às necessidades do bebê. Diz Winnicott (1971) a respeito:

> "A confiança do bebê na fidedignidade da mãe e, portanto, na de outras pessoas e coisas, torna possível uma separação do não-eu a partir do eu. Ao mesmo tempo, contudo, pode-se dizer que a separação é evitada pelo preenchimento do **espaço potencial com o brincar criativo** (grifo meu), com o uso de símbolos e com tudo o que acaba por se somar a uma vida cultural. (...) A característica especial desse lugar em que a brincadeira e a experiência cultural tem uma posição, está em que ele depende, para sua existência, de experiências do viver. (...) É aqui que se desenvolve o uso de símbolos que representam, a um só e ao mesmo tempo, os fenômenos do mundo externo e os fenômenos da pessoa individual que está sendo examinada" (p. 150-151).

Esses fenômenos e sentimentos, originados no *espaço potencial* entre a mãe e o bebê, estabelecem a possibilidade de manter em coexistência aspectos que de outra forma necessitam ficar separados, com grande empobrecimento tanto para o próprio sujeito quanto para a realidade que ele contempla. Quero dizer com isso que aos bebês aos quais não foi permitida a experiência inicial de *ser*, instrumentadora do sentimento de capacidade criativa, resta a *desilusão precoce e a submissão forçada à realidade.*

A chegada à adolescência e à vida adulta, caso permaneçam essas circunstâncias iniciais em que os sujeitos se *submeteram à realidade e perderam o sentido de existir plenamente,* irá determinar que passem a vida observando e aceitando a realidade compartilhada objetivamente e percam o sentimento de autoconfiança (sucessor da magia infantil), necessário para a crença de que possam *transformar a realidade*.

Aqui, estamos observando as bases iniciais necessárias tanto para a instalação e manutenção da criatividade quanto para a sua perda. Neste caso, devido a falhas ambientais e, naquele, devido ao pronto atendimento às necessidades do bebê e que vai facilitar o seu desenvolvimento.

Podemos então pensar, nesse ponto, que a *criatividade* oriunda de uma relação estreita intersubjetiva condense os outros substantivos contidos na proposta deste texto.

O bebê necessita da percepção por parte da mãe de que ele é uma *pessoa desde o início*.

Winnicott diz que "um bebê pode ser alimentado sem amor, mas um manejo desamoroso, ou impessoal, fracassa em fazer do indivíduo uma criança humana nova e autônoma" (idem, p. 150).

Além disso, os gestos da mãe precisam ser acompanhados de *alegria*, sendo muito importante que este substantivo seja somado às tarefas de seu manejo com o bebê.

Poderíamos pensar, seguindo a proposta de Stern adaptada a um bebê com um ano de idade, ou pouco mais, atendido deste modo, caso pudesse expressar sentimentos em palavras, talvez dissesse:

> "É muito gostoso viver, pois posso simplesmente estar vivo, sentir fome, porque logo vou ser saciado, posso criar este seio, mergulhar nele, não preciso me ocupar e sofrer com a percepção do tempo, porque sofro frio e sede por muito pouco tempo, logo-logo sou atendido, por esta pessoa alegre que me faz sentir bem e sempre volta. Todo dia a encontro de novo e o mundo fica cheio de luz e de alegria. Viver é bom".

Depois de experimentar essas sensações e sentimentos ao longo de meses, repetidamente, o *infans* talvez possa, olhando para a pessoa que o coloca em contato constante com esse mundo de bem-estar, sintetizar todo esse delicado e ao mesmo tempo intenso conjunto e balbuciar: *mã!!!*

As palavras, que não podiam ser ditas até aquele momento, passam a exercer uma função transicional, e em casos favoráveis permanecem como *sentimentos* no mundo interno do adulto. Sentimentos de prazer, de que a vida vale a pena, de que nossa presença no mundo faz sentido e de que a realidade fornece mais instrumentos de prazer do que de ameaça, estranheza e perseguição.

Talvez valha a pena registrar aqui o que parecem ter sido as sensações e os sentimentos de uma criança pequena, já capaz de pensar gramaticalmente, registrados pela linguagem do poeta:

> Meu Deus, eu só sei dizer
> Eu toco, sinto o desconhecido!
> Sou o primeiro a chegar!
> Cortez, Pizarro, Colombo, Cabot,
> Não são nada, nada!
> Sou o primeiro a chegar!
> Sou o descobridor!
> Eu descobri o outro mundo!
>
> O desconhecido, o desconhecido!
> Sou jogado na praia.
> Estou me cobrindo com areia.
> Estou enchendo minha boca com a terra.
> Estou enterrando meu corpo no solo.
> O desconhecido, o novo mundo![3]

A alegria e o sentimento de poder criador, expressos nas palavras e interjeições do texto poético, mostram o que estivemos descrevendo como a soma da alegria inicial predominante de quem teve o bebê a seu cuidado, somada à beleza que tiver penetrado e ficado na tessitura do *self*. Da reunião dessas experiências sem

---

[3] Lawrence, D. H., *New Heaven and Earth*, apud Kaplan, L. J. (1978), *Oneness and Separateness – From Infant to Individual*, Touchstone Books, N.Y., p. 23.

palavras inicialmente, evoluindo para um sentimento da competência e capacidade com as tonalidades mágicas próprias daquele ponto do desenvolvimento, podem ficar o sentido e a possibilidade de criar.

Pode ser que a confiança inicial estruturada a partir da confiabilidade do meio ambiente também forneça instrumento para que sejam mantidas a esperança e a fé, e criadas as ações para transformar o mundo, em escala grande e planetária (talvez no caso de indivíduos que puderam estruturar um espaço potencial amplo, rico em trocas criativas), ou individual.

No primeiro caso teríamos a criatividade que se traduz em obras, atos e inventos que marcam visível e indelevelmente a história humana. Aqui, ciência e arte se entrecruzam e interpenetram, e tem origem comum. Representam a atuação palpável deste sentimento de que o mundo pode ser recriado, restaurado a partir do sonho que habita o interior destes homens e mulheres e que permanece durante a vigília. No outro, também a partir da permanência da capacidade de sonhar, podem ser exercidas no dia-a-dia as ações que transformem *o mundo pessoal e daqueles que estão próximos em um lugar alegre e rico*. Algumas pessoas possuem esta capacidade aglutinadora e criativa que torna o ambiente ao seu redor, nas atividades simples e compartilhadas, um local de plenitude.

Todas as experiências citadas e originadas no espaço potencial, mantidas à margem do tempo, podem ser atualizadas e instrumentadas ao longo da vida. Expressam aqueles momentos vividos no período pré-verbal do desenvolvimento e possuem pregnância e poder de *presentificação*.

Lévi-Strauss (1994) discute uma idéia que me parece semelhante ao dizer em seu belíssimo texto "Memórias do Brasil":

> "O creosoto com que, antes de partir em expedição, eu impregnara minhas bagagens para protegê-las das térmitas e do mofo, percebo ainda seu odor quando entreabro meus cadernos de notas. Quase indiscernível após mais de meio século, este vestígio, no entanto, torna imediata-

mente presentes os cerrados e as florestas do Brasil Central, componente indissociável de outros odores, humanos, animais e vegetais, e também de sons e de cores. Pois, por mais fraco que tenha ficado, esse odor, perfume para mim, **é a coisa mesma**, uma parte sempre real do que vivi.

Certamente porque muitos anos se passaram – o mesmo número, porém –, a fotografia já não me provoca nada de semelhante. Meus clichês não são uma parte, preservada fisicamente e como por milagre, de experiências nas quais todos os sentidos, os músculos, o cérebro achavam-se envolvidos: são apenas os indícios delas. Indícios de seres, de paisagens e de acontecimentos que sei ainda que vi e conheci; mas após tanto tempo, nem sempre me lembro onde ou quando. Os documentos fotográficos me provam sua existência, sem testemunhar a seu favor nem torná-los sensíveis a mim" (prólogo, p. 9) (grifo meu).

Para as finalidades buscadas nesse texto, compararei as experiências sensoriais (olfativas, gustativas e táteis) descritas por Lévi-Strauss, àquelas vividas pelo bebê nos momentos iniciais de seu desenvolvimento, considerando que possuam, como disse o autor, a capacidade de trazer de volta *imediatamente* a realidade vivida. *A coisa ela mesma.* As experiências carregadas de afeto das trocas e dos contatos corporais vividas pelo bebê, em seu desenvolvimento inicial (equivalentes ao cheiro do creosoto do texto), talvez possuam mais força e energia (em termos psíquicos), do que as representações e memórias posteriores das experiências de contato com os objetos (as fotografias de Strauss), quando passam a ser percebidos objetivamente.

Segundo o autor, as fotografias estavam lá, mas não tornavam os objetos retratados sensíveis a ele.

Imagino que possamos dizer que se o bebê não puder transitar pelo universo pré-verbal, vivendo os encontros com os *objetos e a realidade concebidos subjetivamente de modo pleno,* ao atingir a alteridade e tiver acesso ao mundo das representações e da linguagem, corre o risco de ter uma vida que funcione como as fotografias do autor.

Caso as experiências retratadas e guardadas tenham sido coloridas por um universo de compartilhamento satisfatório (em termos emocionais), o sujeito pode chegar à situação de contigüidade (reconhecimento da separação e da realidade) como uma linha de nova forma de continuidade. O espaço potencial pode permanecer, ser local da criação do objeto e dos fenômenos transicionais e continuar como o local da manutenção da criatividade, da esperança e da fé.

Hans Loewald, aqui citado por Mitchell (2000),[4] ao discutir aspectos da *linguagem primordial* e sua evolução até se constituir em palavras, segundo Sullivan, "que tenham validade sintática consensual, diz a esse respeito: "Caso a ligação não se torne abstrata o suficiente, alargada em seu sentido originado no contexto do processo primário, a criança permanece presa em um estado incompletamente diferenciado e autístico. Por outro lado, se a linguagem tiver sido carregada excessivamente nas funções do processo secundário, se a densidade afetiva original da linguagem tiver quase completamente amputada, o resultado pode ser uma vida funcionalmente competente, mas afetivamente morta e vazia" (p. 9).

O mais importante dessas visões é o sentido da necessidade de mantermos abertas, ou reabrirmos, as estradas e pontes que unem os universos verbal e pré-verbal, assim como suas experiências. Caso elas tenham tido características integradoras e de desenvolvimento, o caminho para o "mundo afetivo denso e consensual" fica aberto e disponível, pois elas vão ganhando formas e nomes, e sendo substituídas por novas, mantendo a vitalidade, a alegria e o desejo permanente de reencontro com a beleza.

Se tiverem sido de natureza traumática, quebrando a continuidade da existência e criando muralhas entre os mesmos mundos e paradas no desenvolvimento, o encontro humano amoroso no setting ou na vida pode ser a oportunidade de re-significar a história, fornecendo os instrumentos de integração que o meio ambiente não tenha sido capaz de fornecer. Essa "segunda chance" (de recuperar uma vida, ou a natureza) permanece como possibilidade real de transformação do mundo.

---

[4] Mitchell, S. A. (2000). *Relationality- From Attachment to Intersubjectivity*, The Analytic Press, N.J. p. 9.

Assim senti quando, vindo para a USP, passei às margens do Rio Tietê depois de ter lido o livro e visto as fotos de Lévi-Strauss. Tiradas de 1935 a 1938, as fotos mostravam um rio cristalino, facilmente navegável e povoado de vida e de riqueza natural. O odor fétido do rio atualmente, suas águas quase mortas e carregadas de sujeira me trouxeram uma grande tristeza. Pensei em quanto os homens podem ser lesivos às suas vidas, destruindo impiedosamente o mundo no qual vivemos.

Depois do Encontro onde falei sobre esses temas, viajei para Araçatuba, a quase 500 quilômetros de distância, para visitar um amigo e colega de faculdade com quem não me encontrava há muitos anos. Ele me mostrou a cidade e as atrações turísticas locais, entre as quais sobressaía um passeio a uma praia fluvial. Estávamos muito *alegres* com nosso reencontro, que nos levava quase que magicamente ao mundo da adolescência vivido em nossa cidade natal. Extasiado com a *beleza* do lago de águas verdes cristalinas, perguntei que rio o formava. Ele me disse que era o Tietê. Pensei que estivesse me gozando, pois tinha ainda na memória as águas negras do rio na Marginal. Foi então que percebi que ele falava a sério.

O mesmo homem capaz de poluir e quase matar o rio, era capaz, usando a *criatividade*, através da oxigenação das águas em quedas nas barragens e utilizando plantas que retiram sujeira da água, de torná-lo tão límpido, cristalino e aproveitável quanto o das fotos de Lévi-Strauss. Era possível realizar a *mágica* de fazer o rio voltar à condição de 60 anos atrás, algo que, por alguns momentos, eu havia pensado que poderia existir apenas na nostalgia do sonho não realizável, e que a criatividade humana, através da ciência, da ecologia e do amor, transformava em realidade palpável. As águas estavam ali e nós podíamos mergulhar nelas, brincar e, por momentos, voltar no tempo.

Se for possível sonhar e trazer o sonho para a vida, talvez consigamos, no caso dos rios e das pessoas, usar a *criatividade (como uma forma de poder compartilhado) para que a beleza de ambos possa ser usufruída com alegria.*

Referências Bibliográficas

ATWOOD, G. E. & Stolorow, R.D. (1984). *Structures of Subjectivity – Explorations in Psychoanalytic Phenomenology*, The Analytic Press, Hillsdale, N.J.

BELMONT, S. A. (2000).*Psicanálise e psicossomática: considerações a partir da teoria da Intersubjetividade,* in Psicanalítica A Revista da SPRJ, vol.II, n. 1, 2001.

_____. (2003). *Narcisismo e falso self,* in Vivendo num país de falsos-selves, Mello Filho, Casa do Psicólogo Livraria e Editora, Rio de Janeiro, 2003.

_____(2004). *Self em Diáspora*: Considerações sobre Tendência Anti-social na Contemporaneidade. Cdrom dos Anais do Encontro Latino-Americano sobre o pensamento de D.W.Winnicott, P. Alegre, 2004

BRANDÃO, J. (2000). *Mitologia Grega,* Vozes, Petrópolis, R.J.

DOIN, C. (1989). *Reflexões sobre o espelho,* in Boletim Científico da SBPRJ, copia mimeografada.

GROLNICK, S. (1993). *Winnicott, o Trabalho e o Brinquedo, uma Leitura Introdutória.* Artes Médicas, Porto Alegre.

KAPLAN, L. J. (1978), *Oneness and Separateness – From Infant to Individual,* Touchstone Books, N.Y., p. 23.

LÉVI-STRAUSS. (1994). *Saudades do Brasil.* Companhia das Letras, São Paulo.

LINS, A. M. I. & LUZ, R. (1998). *D. W. Winnicott: experiência clínica e experiência estética.* Rio de Janeiro, Revinter.

LOEWALD, H. W. (2000). *The Essential Loewald – Collected Papers and Monographs* University Publishing Group, Inc., Maryland.

MELLO Fº, J. (2003). *Vivendo num País de falsos-selves.* Casa do Psicólogo, Livraria e Editora, São Paulo, 2003.

MITCHELL, S. A.(2000). *Relationality – From Attachment to Intersubjectivity.* The Analytic Press, Hillsdale, N.J.

MORIN, E. (1982). *Ciência com Consciência.* Lisboa.

Perestrello, M. (1992). *Psicanálise: Encontros &*. Imago, Rio de Janeiro.
Roussillon, R. (2000). *Entrevista de René Roussillon à Revista Trieb*, ano 2000, n° 9, p. 33-54, SBPRJ.
Spitz, R. (1988). *O Primeiro Ano de Vida*. Martins Fontes, São Paulo.
Stern, D. N. & Bruschweiler-Stern, N. (1998). *The Birth of a Mother: How the motherhood experience changes you forever*. Basic Books, N.Y.
Winnicott, D. W. (1957,1964) *A criança como organização em marcha*, in A Criança e seu Mundo, Zahar, Rio de Janeiro, 1975.
_____. (1975). *O Brincar e a Realidade*. Imago, Rio de Janeiro.

Sérgio A. Belmont
Rua das Margaridas, 530
Itacoatiara, Niterói-RJ.
CEP 24340280
Tel: (21) 2609-5600
E-mail: sergiobelmont@ig.com.br

A Psicopatologia como teoria do sofrimento humano no pensamento de D. W. Winnicott

Tânia Maria José Aiello Vaisberg

Tenho fundamentado as pesquisas que venho realizando, ao longo das três últimas décadas, sobre a sistematização epistemológica, proposta por Bleger (1963), segundo a qual todas as ciências humanas compartilham o estudo do mesmo fenômeno, fazendo-o, todavia, desde diferentes recortes metodológicos. Tal posição, que defende enfaticamente a importância da consideração das especificidades de cada campo do real, rompe de modo firme com o monismo metodológico científico, que apregoa a existência de um único caminho rigoroso para produção de conhecimento confiável. Em outros termos, admite que cada ciência focaliza, de modo exclusivo e privativo, o mesmo fenômeno, delimitando um grupo, classe ou nível de suas qualidades. A complexidade inerente às manifestações humanas demanda, compreensivelmente, de acordo com esta perspectiva, estratégias múltiplas de investigação, que tendem compreensivelmente para uma vertente interventiva, uma vez que os seres humanos não são objetos passivos e insensíveis.

Uma questão fundamental deve ser sempre enfrentada quando se pretende construir saber sobre o humano. Consiste, precisamente, no reconhecimento e busca de explicitação das concepções prévias subjacentes à chamada natureza humana. Diz Bleger (1963) algo que temos comprovado em nossas pesquisas sobre psicanálise das representações sociais:[1] jamais nos dirigimos ao humano, seja no contexto de empreitadas investigativas, seja na experiência de vida, destituídos de uma visão prévia do homem, vale dizer, de uma antropologia. Esta constatação aporta consigo, como conseqüência, a conclusão de que não se alcança rigor, nas ciências humanas, pelo impossível cultivo de uma total abolição de concepções prévias. Ao contrário, pode-se pensar que uma postura rigorosa demanda esforços no sentido de tornar maximamente visíveis os pressupostos antropológicos subjacentes.[2]

Ora, se é verdade que todo pesquisador, na área das ciências humanas, dirige-se ao campo de investigação já afetado por sua concepção de homem, há que considerar que, quando nos propomos realizar pesquisa psicológica, conforme um referencial psicanalítico,[3] lidamos, também, com um outro tipo de pressupostos, que tem caráter psicopatológico, referindo-se, portanto, às concepções que nutrimos sobre o sofrimento humano. É neste sentido que uso o vocábulo psicopatologia, para significar um conjunto de idéias e concepções sobre a potencialidade sofredora do ser humano.

Mesmo entre estudiosos, é freqüente o esquecimento desse significado originário. De fato, muitos psicanalistas e psiquiatras

---

[1] Uma visão abrangente dos trabalhos relativos a essa temática pode ser encontrada em minha tese de livre docência (Aiello Vaisberg, 1999).

[2] Na linha do pensamento blegeriano, a própria atitude fenomenológica demanda esse reconhecimento da impossibilidade de abstração completa de pressupostos sobre o humano, uma vez que só podemos conhecer a partir de nossa inserção na dimensão do vivido.

[3] Remetemos o leitor interessado ao conceito de Esquema Conceitual Referencial e Operativo – ECRO – de Pichon-Rivière, reconhecido mestre de Bleger. Uma boa descrição do conceito pode ser encontrada em Garcia e Waisbrot, 1981.

tendem a usar o termo para designar um tipo específico de investigação, que tem sido realizada no contexto daquela disciplina oficialmente inaugurada por Jaspers (1913),[4] que consiste em concatenar esforços no sentido de produzir quadros classificatórios, de efeito ordenador, a partir dos quais seria possível distinguir diferentes modos de sofrer, que justificariam diferentes condutas terapêuticas.[5] Essa perspectiva conquistou espaço não apenas na psiquiatria clássica – da qual é a cerne[6] – mas também na psicanálise e na psicologia clínica de modo geral. Entretanto, não é difícil perceber que se constitui como empreitada de caráter objetivante, na qual o sofrimento pode ser reificado por um pesquisador que se mantém maximamente distanciado do semelhante que sofre. Fica, assim, freqüentemente esquecido que o vocábulo psicopatologia também designa outro conjunto de pesquisas, que se expandiu em contextos psicanalíticos e fenomenológico-existenciais, voltados primordialmente à compreensão da experiência do sofrimento emocional.

Assim, faço uso da expressão psicopatologia num sentido preciso, que guarda afinidade com os trabalhos dedicados à compreensão da experiência emocional e procura manter distância máxima do positivismo objetivante classificatório.

---

[4] É interessante notar, como reconhece Beauchesne (1986), que, malgrado a concordância entre os estudiosos em adotar a obra jasperiana como marco inaugural da disciplina, o tema já havia sido explorado, de modo abrangente e original, por Sigmund Freud, em 1901. No momento atual, a psicopatologia, como campo de pesquisa, deixa-se compreensivelmente atravessar por diferentes referenciais teóricos (Ionescu, 1991), o que, para aqueles que cultivam uma visão positivista de ciência, é compreendido como uma fraqueza (Postel, 1993).

[5] Bercherie (1980) ressalta que a organização da psicopatologia psiquiátrica inspirou-se na botânica, na medida em que sua impotência terapêutica fortalece uma concepção de produção de conhecimento como operação de mera classificação do real.

[6] Pode-se afirmar que o DSM-IV, atualmente em vigor, ao se pautar pelo uso de critérios diagnósticos ditos descritivos e comportamentais, funda-se sobre uma visão psicopatológica na medida em que opera pela identificação da ocorrência de sinais e sintomas, desconsiderando dimensões etiológicas.

Uma psicopatologia explícita

Parece-me, portanto, oportuna a proposta de um estudo abrangente sobre a obra winnicottiana por meio do qual seja possível tanto acessar suas bases antropológicas, sua visão de homem, como suas bases psicopatológicas, vale dizer, a perspectiva básica que adota em relação ao sofrimento humano. No momento, buscaremos focalizar a visão psicopatológica de D. W. Winnicott, reservando a questão antropológica para escritos futuros. Quero aqui defender a existência de dois tipos de psicopatologia no contexto do pensamento winnicottiano, que denominarei explícita e implícita. A primeira delas tem caráter conservador, aderindo a um modelo tripartite bastante comum entre psicanalistas.[7] A segunda, centrando-se em consideração delicada e cuidadosa da experiência pessoal, aproxima-se do que se poderia designar como uma psicanálise existencial, expressão que, como sabemos, tem sido ligada ao nome controvertido e radical de Ronald Laing, um dos supervisionandos de Winnicott.[8]

Aquilo que estamos aqui designando como psicopatologia explícita de D. W. Winnicott aparece em vários escritos, o que não surpreende, uma vez que sua obra se caracteriza por uma profusão de artigos que correspondem a apresentações orais, feitas

---

[7] Podemos aqui lembrar das sistematizações psicopatológicas de autores importantes como Bergeret (1974) e Kernberg (1995), que também adotaram este tipo de divisão, na esteira do estabelecido por Freud que, a partir de desenvolvimentos ligados ao processo de clivagem do ego e ao fetichismo, permitiu o acréscimo de uma terceira possibilidade psicopatológica ao quadro que esboçara em Neurose e Psicose (1924).

[8] É curioso notar que, de acordo com Thompson (1998), Sartre teria dito, ao ler Laing, que a psicanálise existencial estaria encontrando o seu Freud na figura do psicanalista escocês... Entretanto, sem desvalorizar a riqueza e fecundidade do pensamento lainguiano, talvez não seja ousadia sugerir – hoje – que a contribuição winnicottiana, que guarda marcadas afinidades com o pensamento de Ronald Laing, seja aquela que ocupa a posição mais importante como referência daqueles que julgam fundamental a consideração psicanalítica de uma dimensão propriamente existencial da experiência humana.

para diferentes platéias. Sendo assim, parece-me suficiente buscar, naqueles textos mais elaborados, evidências da adesão a uma psicopatologia tripartite de caráter classificatório, que teria função fundamentalmente diagnóstica. Esta classificação já aparece no importante trabalho dedicado ao desenvolvimento emocional primitivo (Winnicott, 1945). Encontramos aí uma interessante distinção entre categorias de transtorno mental. De um lado, identifica transtornos de tipo psicótico, esquizóide, *borderlines* e falsos *selves,* que correspondem a perturbações ocorridas no contexto das relações objetais precoces. A seguir, refere-se aos transtornos depressivos, conceituados como dificuldades derivadas de conflitos entre amor e ódio. Finalmente, lembra os transtornos das "pessoas totais", que se caracterizariam como conflitos edipianos.

Notam Greenberg e Mitchell (1994) que essa classificação reflete a relação de Winnicott com a tradição psicanalítica:

"Freud estava certo quanto à neurose; Klein estava certa quanto aos depressivos; Winnicott toma como sua própria província a relativamente não-explorada área dos fenômenos psicótico e psicótico-borderline" (Greenberg e Mitchell, 1994, p. 153).

Entretanto, enquanto segue fiel à divisão tripartite explícita, Winnicott não deixa de fazer interessantes observações ao longo do tempo, submetendo sua classificação a curiosas mudanças. Assim, vai considerar, em meados dos anos cinqüenta, que a maioria das pessoas consideradas como normais corresponderiam aos depressivos kleinianos, enquanto os neuróticos freudianos passam a ser vistos como "pessoas bastante saudáveis", como *selves* bem constituídos e capazes de lidar com questões edipianas (Winnicott, 1954).

Posteriormente, chega a praticamente abandonar a categoria mediana, dos depressivos, considerando que a maioria das pessoas que sofrem emocionalmente pode ser agrupada na primeira categoria, na medida em que, como vítimas de falhas ambientais, não estariam estabelecidas como *selves* integrados. As pessoas saudáveis comporiam a categoria neurótica, agora considerada como condição da "pessoa total" que enfrenta as dificuldades inerentes ao viver (Winnicott, 1956).

Abordando a questão da escolha de casos para treinamento psicanalítico, Winnicott (1963) faz um comentário surpreendente, ao se referir à possibilidade de realizar psicanálise clássica com pacientes psiconeuróticos "bem escolhidos":

> "Este tipo de caso está se tornando raro, ao menos na Inglaterra, porque parece que estes pacientes já fizeram o trabalho consigo mesmos por meio da leitura e absorção da tendência cultural geral, como abertamente expressa nas novelas e peças e na moderna retomada dos velhos mestres (Shakespeare, Leonardo da Vinci, Beethoven etc.)" (Winnicott, 1963, p. 231).

Percebe-se, pois, que ao mesmo tempo em que professa, em alto e bom som, uma fidelidade à tradição, mantendo a antiga distribuição de competências entre os "velhos mestres" – Freud e Klein – e ele próprio, Winnicott usa uma interessante estratégia para justificar a escassez de pacientes passíveis de serem considerados como neuróticos. Tais movimentos devem ser compreendidos, a meu ver, como expressões de seus esforços para lidar com a tradição psicanalítica, que são absolutamente compreensíveis como resposta a um ambiente institucional que não se pautou por uma satisfatória abertura de espírito diante da produção de conhecimentos pós-freudianos. Tendo a concordar com Greenberg e Mitchell (1994), quando assinalam que, apesar da natureza relacional de seus conceitos, que permite colocar sua teorização sob a égide do paradigma estrutural-relacional, Winnicott buscou sempre um alinhamento com a ortodoxia, através de estratégias que combinavam processos de assimilação, distorção e fuga. A partir do comentário de algumas passagens importantes, em que Winnicott faz referência explícita a discutíveis convergências entre suas idéias e alguns conceitos freudianos, dizem Greenberg e Micthell (1994):

"A relação com Freud (...) parece ser o resultado de uma estratégia sistemática de Winnicott para apresentar as suas contribuições como uma continuação direta do trabalho de Freud, ao invés de um afastamento pronunciado. Os principais estratagemas usados nestes esforços foram uma má leitura sistemática das formulações de Freud e um uso de distinções diagnósticas que parecem preservar intacta a teoria freudiana da neurose" (Greenberg e Mitchell, 1994, p. 151).

Uma psicopatologia implícita

Entretanto, o que aqui nos interessa é firmar que não há como negar que Winnicott assume a divisão tripartite como uma sistematização psicopatológica explícita.[9] Ainda assim, existem elementos que nos permitem afirmar a existência, em sua obra, de uma teoria implícita do sofrimento humano, de caráter inovador e original – pelo menos no contexto psicanalítico, no qual Winnicott se movia e encontrava seus interlocutores privilegiados. Essa segunda teoria seguiu vigente em paralelo, ao longo de sua obra, e a meu ver não foram retiradas dela todas as conseqüências de que está grávida, mesmo nos atuais tempos pós-winnicottianos.[10]

---

[9] É bem verdade que chegou, também, a propor uma classificação, que faz uso do conceito de falso self como único princípio diagnóstico (Winnicott, 1960). Neste contexto, apresenta um contínuo gradativo de defesas e tipos de falso self, que inclui desde estados psicóticos até modalidades de existência em que o falso self meramente assume de modo saudável aspectos de polidez necessários à vida social, passando por situações complexas em que o falso self domina a cena, permitindo uma vida de sucesso aparente, mas inautêntica. Encontramos, ainda, ao longo de sua obra, referências que permitem pensar que uma "análise falso self" consistiria no esforço mal orientado de realizar um trabalho interpretativo clássico com um paciente que requer manejo. Todavia, não realiza esforços consistentes e sistemáticos no sentido de interrogar a classificação psicanalítica convencional à luz de suas descobertas relativas à cisão defensiva do si mesmo.

[10] Há que notar que o pensamento winnicottiano vem sendo detidamente trabalhado no contexto acadêmico brasileiro o qual, malgrado suas limitações, tem permitido um debate mais livre de idéias, uma vez que não se organiza como as escolas particulares, que exigem adesão a uma ortodoxia para evitar excomunhão. O leitor interessado pode obter uma visão interessante desta produção nos volumes organizados por Catafesta (1996; 1997).

Podemos dizer, sucintamente, que tal elaboração consiste na admissão de um tipo fundamental de sofrimento humano, em relação ao qual as demais possibilidades podem ser compreendidas como manobras defensivas mais ou menos sofisticadas, que consiste na impossibilidade de se sentir vivo e real. Sua raiz evidente são os conhecidos e temíveis fenômenos da despersonalização e da desrealização, habitualmente considerados como apanágio da psicose clínica. Parece, todavia, que podem ser considerados como a questão humana fundamental, que assume apresentação espetacular no psicótico, mas se mantém em absoluta vigência na vida de todos, ainda que mascarada por inúmeras manobras de defesa. Em passagem em que grande espaço é dedicado à consideração abertamente ortodoxa da neurose e do tratamento psicanalítico padrão, Winnicott (1988) introduz, com habilidade, comentários sobre psicóticos e "psicóticos normais", que a meu ver abarca criativamente todo o campo psicanalítico:

> "A ação mais importante do tratamento psicanalítico é aquela exercida junto a pacientes psiconeuróticos, e consiste em trazer para a consciência aquilo que estava inconsciente. Isto é conseguido principalmente por meio da revivência que ocorre na relação entre o paciente e o analista. O psiconeurótico funciona, aparentemente, a partir da consciência, sentindo-se pouco à vontade com o que se encontra fora do alcance da mesma. O desejo de conhecer a si próprio parece ser uma característica do psiconeurótico. Para estas pessoas, a análise traz um aumento da autoconsciência, e uma tolerância maior para com o que é desconhecido. Já os pacientes psicóticos (e as pessoas normais de tipo psicótico), ao contrário, pouco se interessam por ganhar maior autoconsciência, preferindo viver os sentimentos e as experiências místicas, e suspeitando do autoconhecimento intelectual ou mesmo desprezando-o. Estes pacientes não esperam que a análise os torne mais conscientes, mas aos poucos eles podem vir a ter esperanças de que lhes seja possível sentir-se reais" (Winnicott, 1988, p. 79).

Esse texto merece reflexão. Esboça-se, aí, uma visão psicopatológica que confere certo parentesco entre psicose e sanidade, ao mesmo tempo em que as condições normótica (Cooper, 1967) e psiconeurótica ganham proximidade, numa linha que se associa claramente ao falso *self*. Não é difícil lembrar, neste contexto, do desenho antipsiquiátrico, segundo o qual a sanidade e a loucura distam igualmente da posição adaptativa do normótico.

Estamos, desse modo, diante de uma teorização que mantém clara afinidade com a psiquiatria existencial, abordagem essencialmente comprometida com processos de falsificação do eu que resultam na perda de autenticidade do ser que, num plano sintomático, pode acompanhar-se, ou não, dos assim chamados distúrbios do sentido de realidade:

> "A psiquiatria convencional e a psicanálise clássica tratam os pacientes como pessoas que são embaraçadas por defeitos em sua percepção da realidade, a qual é concebida como exterior a elas – como algo que devem ser levadas a ver mais claramente e a enfrentar com maior eficácia. A gravidade da doença do paciente será julgada pela profundidade e extensão da discrepância entre sua concepção subjetiva da própria situação vital e uma avaliação objetivamente correta" (Friedenberg, 1975, p. 57).

A convergência que notamos entre o pensamento winnicottiano e as abordagens psicoterapêuticas existenciais pode ser também observada na decrescente importância atribuída pelo psicanalista inglês à interpretação como fator mutativo. De fato, é visível que, com o passar do tempo, Winnicott tendeu a amadurecer uma concepção segundo a qual o cuidado psicoterapêutico centra-se precisamente sobre a sustentação do acontecer clínico, fenômeno de caráter vincular e dramático, no sentido politzeriano do termo (Politzer, 1928). Vale a pena recordar alguns trechos significativos:

> "Se eu puder fornecer uma descrição correta de uma sessão, o leitor observará que durante longos períodos eu retenho interpretações e permaneço freqüentemente em silêncio. Essa disciplina estrita tem dado bons resultados sempre. As anotações que tomei me foram de grande auxílio num caso em que entro em contato uma vez por se-

mana; descobri que, neste caso, tomar notas não prejudica o trabalho. Também com freqüência alivio a mente, anotando interpretações que, na realidade, retenho para mim. Minha recompensa por essa retenção surge quando a própria paciente faz a interpretação, uma hora ou duas depois, talvez" (Winnicott, 1971, p. 83).

Na verdade, Winnicott preocupa-se visivelmente com a possibilidade da interpretação psicanalítica interferir negativamente no processo de conquista de uma posição existencial criadora, a partir da qual valha a pena estar vivo. Esta posição é muitas vezes descrita por ele como "capacidade de brincar" ou "capacidade de ser criativo".

Assim, podemos dizer que, tendo recebido inicialmente um treinamento padrão, na medida em que aumentou sua experiência clínica pessoal Winnicott começou a afastar-se da análise clássica, na qual a interpretação tem função instrumental, como promotora do auto-conhecimento, para aproximar-se das abordagens existenciais, que consideram que a obtenção de maior introvisão é conseqüência e indício de que o paciente está se tornando mais autêntico.[11] Realmente, desde a perspectiva existencial, a psicopatologia não é concebida como derivativo do fato de o paciente não se compreender corretamente, e sim do desenvolvimento defensivo de um falso *self*. Deste modo, a raiz do sofrimento emocional será encontrada na falsificação do ser, o que contrasta com concepções segundo as quais as perturbações psíquicas são fenômenos que se caracterizam pela ocorrência de percepção desordenada da realidade e de respostas comportamentais inadequadas.[12]

---

[11] E aqui é fundamental lembrar a importante contribuição de Winnicott, quando ensina que é possível aumentar o auto-conhecimento a partir de uma análise neurótica do falso self, seguindo numa vida dissociada e sem autenticidade.

[12] Vale aqui ressaltar que tanto a psicanálise como a psiquiatria clássica subscrevem tal concepção. A diferença entre ambas repousa em suas hipóteses etiológicas, organogênica ou psicogênica.

A capacidade de sentir-se integrado, vivo e real

Muitos leitores impressionam-se compreensivelmente com alguns trechos verdadeiramente geniais da obra winnicottiana, muitos dos quais surgem aos seus olhos como ditos espirituosos e surpreendentes. Um dos mais conhecidos é uma nota de rodapé do artigo O Desenvolvimento Emocional Primitivo (Winnicott, 1945):

> "Através da expressão artística, há a esperança de manter contato com nossos selves primitivos onde se originam os sentimentos mais intensos e sensações amedrontadoramente agudas, e ficamos realmente empobrecidos se somos apenas sãos" (Winnicott, 1945, p. 285).

Fica, aqui, evidente um movimento expressivo por meio do qual Winnicott se afasta daquele Freud que se contentava em tirar seu paciente de sua "desgraça neurótica", para oferecer-lhe uma "infelicidade comum". Percebe-se que a mera adaptação à realidade, algo que o falso *self* pode alcançar, não corresponde, a seu ver, a uma existência verdadeiramente criadora. Desde sua perspectiva, o homem sofre, mesmo que não esteja presente vivenciando seu próprio sofrimento – e este é só mais um dos paradoxos do viver – sempre que não puder se sentir vivo, real e capaz de gestualidade espontânea,[13] ou, em outros termos, integrado.

Não se aprofundando num trabalho reflexivo suficiente, muitos leitores imaginam que se sentir vivo e real corresponda a uma posição existencial sempre ou predominantemente confortável. Este não é, absolutamente, o caso. O assunto é vasto e não pretendemos mais do que introduzi-lo, neste momento. Basta, entretanto, lembrar que o modo humano de ser caracteriza-se tanto

---

[13] Não nos alongaremos sobre o conceito de gesto espontâneo neste momento, mas é fundamental lembrar que o verdadeiro self é o lugar a partir do qual emerge o gesto espontâneo. Este não se confunde com o ato impulsivo, que pode fazer do outro um objeto, porque, sendo humano, inclui o próprio ser e o outro.

pela autoconsciência, que abrange senso de separatividade e mortalidade, como pela consciência da precariedade e mistério do ser. Inclui, ainda, as relações afetivas e emocionais com os demais, que são "*me*" para si próprios, tanto quanto sou "*me*" para mim mesmo. Ser é, pois, um desafio, não apenas quando o ambiente invade o *self*, gerando reações que tomam o lugar da possibilidade do gesto. Ser é desafio também nas condições mais afortunadas, porque estas não tornam o indivíduo imune às dores da existência.

Creio, seguindo indicações do próprio Winnicott, que podemos pensar em termos da necessidade de desenvolvimento de uma "capacidade" para sentir-se vivo e real, como base da possibilidade do viver criativo. Muitas vezes, Winnicott fez uso do termo "capacidade" ao longo de seus escritos, articulando-o freqüentemente com a idéia de amadurecimento:

> "'O desenvolvimento da capacidade de' é uma das formulações mais características de Winnicott: uma 'capacidade de se preocupar' (1963), uma 'capacidade de estar só' (1958), uma 'capacidade de sentir culpa' (1958). Entretanto, 'capacidade', para Winnicott, não é um termo escolhido casualmente. A poesia da etimologia lembra-nos, como tanto lembrou a Winnicott, que a palavra capacidade, em inglês, deriva do latim capere, e significa segurar, conter, estando relacionada com o adjetivo capax, que significa amplo, com grande capacidade. Além do mais, 'capacidade' compartilha a raiz latina com palavras como 'capaz' e 'competência' (capability), apto para fazer as coisas (como potencial) (...) De acordo com Winnicott, tal capacidade de conter não é algo que nasce com os seres humanos, a não ser potencialmente. É algo que tem que ser alimentado ao longo do tempo, num ambiente facilitador, que confie suficientemente em si para permitir que o processo de maturação siga seu próprio curso. Esta noção de capacidade de conter é desenvolvimentista e implica a questão do tempo" (Hopkins, 1997, p. 114).

Confesso ter algumas reservas quanto ao uso do termo capacidade, o qual, como muitos outros, tem um caráter que evoca a noção de espaço. Vejo que muitos autores são levados a confundir a fantasia de existência de um espaço continente corporal, o que é absolutamente compreensível quando lembramos que as funções somáticas são parte integrante de nossa experiência vivida - com concepções topográficas sobre o psíquico. Entretanto, creio que um uso bem definido do conceito de capacidade pode ser bastante esclarecedor e clinicamente útil. Deste modo, parece-me produtivo entender capacidade como vigência de um estado subjetivo do qual dependerá, em certa medida, a experiência.[14] Trata-se, pois, de reconhecer a necessidade da ocorrência prévia de certas condições individuais para que os acontecimentos vitais possam ser satisfatoriamente integrados, na história ou pré-história pessoal,[15] sem interromper a continuidade do ser. Nesta linha, podemos dizer que uma capacidade está desenvolvida quando se encontra em vigência um estado de *self* que permite a apresentação de aspectos da realidade sem geração de efeitos invasivos. Propomos, portanto, um uso descritivo do conceito, que designa um conjunto de condições individuais que permitem viver experiências sem ruptura do *"going on being"*.

Se raciocinarmos nesses termos, faz sentido pensar que se sentir integrado, vivo e real dependa do desenvolvimento de uma capacidade? Entendo que a resposta é afirmativa. Penso, também, que Winnicott deixou pistas importantes para o aprofundamento de estudos posteriores sobre o tema, quando teorizou sobre a experiência de ilusão em termos de onipotência. Assim, paradoxalmente, a capacidade de sentir-se vivo e real depende de uma experiência ilusória de onipotência:

---

[14] Entendo que toda experiência depende também do ambiente humano, que no limite é sustentador ou invasivo. Também penso que, ainda que o ambiente seja decisivo nos primeiros tempos de vida, anteriores à emergência da pessoalidade do indivíduo, nunca deixará de ser importante. A negação deste fato pode gerar conseqüências prejudiciais à qualidade do viver humano, em âmbitos individuais e coletivos.

[15] Rigorosamente falando, podemos dizer que o que acontece com alguém antes da constituição da própria pessoalidade pode ser designado com sua pré-história pessoal. Eventos da pré-história podem afetar duradouramente a capacidade de sentir-se integrado, vivo e real.

"A mãe, no começo, através de uma adaptação quase completa, propicia ao bebê a oportunidade para a ilusão de que o seio dela faz parte do bebê, de que está, por assim dizer, sob o controle mágico do bebê. O mesmo se pode dizer em função do cuidado infantil em geral, nos momentos tranqüilos entre as excitações. **A onipotência é um fato da experiência**"[16] (Winnicott, 1971, p. 26).

Dirá, ainda, mais adiante:

"A adaptação da mãe às necessidades do bebê, quando suficientemente boa, dará a este a ilusão de que existe uma realidade externa correspondente à sua própria capacidade de criar. Em outras palavras, ocorre uma superposição entre o que a mãe supre e o que a criança poderia conceber. Para o observador, a criança percebe aquilo que a mãe apresenta, mas essa não é toda a verdade. O bebê percebe o seio apenas na medida em que um seio poderia ser criado exatamente ali e naquele então" (Winnicott, 1971, p. 29).

Assim, a capacidade de sentir-se vivo e real tem como fundamento a possibilidade de viver, quando bebê, desde uma posição onipotente. O cuidado maternal[17] adequado, ao prover a experiência ilusória de onipotência, permite os primeiros movimentos no sentido da integração inicial, base da emergência da pessoalidade. O integrar-se do bebê corresponde a uma etapa inicial no processo de desenvolvimento de uma capacidade individual de integração, a partir da qual se poderá viver de modo presente, genuíno e autêntico. (Winnicott, 1986). Isto porque, ao pensarmos

---

[16] Acrescento os grifos para destacar que não estamos falando aqui em onipotência psíquica ou em pensamentos onipotentes, que não seriam possíveis em etapas tão iniciais da vida, mas numa experiência emocional onipotente. Vale também lembrar que, paradoxalmente, a possibilidade de sanidade verdadeira repousaria, desde a perspectiva winnicottiana, sobre a onipotência vivida, sendo que todo pensamento ou ato psicoticamente onipotente não passa de arremedo sintomático que indica que o ambiente falhou nos primórdios da vida.

[17] Uso a expressão cuidado maternal como sinônimo de cuidado ao lactente, porque entendo que todo bebê, quando bem e duradouramente cuidado, faz de seu cuidador uma 'mamãe' no sentido preciso do termo.

em termos de desenvolvimento de capacidades, abrimo-nos para a compreensão de importantes fenômenos clínicos em termos de várias possibilidades, que abrangem condições que indicam que uma capacidade está praticamente ausente, insuficientemente desenvolvida ou quase plenamente estabelecida. Além disso, como somos seres que vivemos na dimensão temporal, não há razão para supor que as capacidades sejam fixas, não podendo ser conquistadas ou até mesmo perdidas ao longo da vida, independentemente da maior ou menor fortuna conhecida como lactente.[18]

Minha prática clínica me leva a pensar que toda experiência de sofrimento emocional afeta sempre, em alguma medida, a capacidade de sentir-se vivo, real e integrado. Dito em outros termos, promove dissociação.[19] Não deixa, contudo, de gerar outros efeitos, em função de sua especificidade, que estarão associados a planos de maior amadurecimento. Pensemos, por exemplo, na experiência de perda de um ente querido por alguém que atingiu um estágio de amadurecimento pessoal que lhe permite tanto estar só como se preocupar com o outro. Neste caso, o impacto incidirá tanto como dor relativa à perda, o que poderá incluir não só sentimentos amorosos altruístas, mas também como um pesar marcado por vestígios anaclíticos. Tais ocorrências não impedirão, por outro lado, o surgimento de um movimento dissociativo, de retirada de si, potencialmente capaz de projetar o indivíduo numa sensação de irrealidade mais ou menos intensa. Sair deste estado exigirá que a capacidade para se integrar seja, uma vez

---

[18] Não quero, de modo algum, diminuir a importância da infância precoce, que se caracteriza como etapa pré-subjetiva, anterior à emergência da pessoa. Entretanto, temo intensamente as conseqüências de um pensamento que cultiva a crença numa infância que afeta de modo inescapável o porvir do indivíduo.

[19] Entendo, influenciada pela leitura de Bleger, Pichon-Rivière e Fairbain, que a dissociação é a estratégia defensiva básica. O recalcamento, compreendido fenomenologicamente como incapacidade de lembrar aquilo que causa dor psíquica, é uma forma singular pela qual a dissociação pode ocorrer, quando incide como conduta em área mental (Bleger, 1963).

mais, posta em ação.²⁰ De um certo modo, poder ser afetado em sua capacidade de integração é, paradoxalmente, em muitas circunstâncias, sinal de saúde:

> "Por vezes se supõe que o indivíduo saudável está sempre integrado, vivendo dentro do próprio corpo e capaz de sentir que o mundo é real. Muitas vezes, no entanto, a saúde tem uma qualidade sintomática, estando carregada de medo ou negação da loucura, medo ou negação da capacidade inata que todo ser humano tem de se tornar não-integrado, despersonalizado e de sentir que o mundo é irreal" (Winnicott, 1945, p. 276).

Estar integrado para viver... e para sofrer, se for o caso

A meu ver, ao aproximar-se de abordagens existencialistas, como a de Laing, subscrevendo a impossibilidade de sentir-se vivo, autêntico e integrado como forma fundamental de sofrimento humano, Winnicott não está deixando de reconhecer as variedades clínicas.²¹ Entretanto, se levarmos a sério o considerar

---

²⁰ O exemplo de perda por falecimento me parece bastante apropriado. De fato, freqüentemente as pessoas, na clínica e na vida relatam experiências de irrealidade diante deste tipo de evento. Entretanto, muitas outras mudanças na vida geram o mesmo tido de sensação, a que não estão imunes todos aqueles que atingiram um certo grau de amadurecimento pessoal.

²¹ A meu ver, a psicopatologia winnicottiana implícita não torna desnecessárias as distinções diagnósticas no cotidiano da clínica. Na verdade, a exemplo de outras teorizações psicanalíticas, que se articularam ao redor da identificação de fundos comuns a todas as condições psicopatológicas, tais como a enfermidade única de Pichon-Rivière (Garcia e Waisbrot, 1981) ou a esquizoidia de Fairbain (1940), esta concepção winnicottiana não dispensa a consideração de que tal sofrimento é experenciado diferentemente segundo as estratégias defensivas colocadas em ação e o grau de amadurecimento alcançado pelo indivíduo. Deste modo, faz sentido a elaboração de um diagnóstico a partir de critérios de desenvolvimento emocional, porque certamente a vivência da despersonalização e da irrealidade é diferente entre os que jamais atingiram um estado de integração pessoal, os que o mantém com custo e aqueles que estão habitualmente integrados de modo firme mas sucumbem a acontecimentos geradores de sofrimento intenso.

a despersonalização e a desrealização como padecimentos primários, seremos compelidos a rever profundamente os diferentes tipos de angústias e as várias estratégias defensivas. Trabalho de envergadura semelhante foi iniciado por Fairbain (1941) quando, questionando a teoria freudiana da libido, propôs a esquizoidia como fundamento de todos os quadros psicopatológicos, entendendo as várias neuroses como técnicas de manejo da dissociação básica. Infelizmente, tal trabalho não contribui significantemente para a empreitada que ora aponto, na medida em que o analista escocês não operou com o conceito de *self* e com a questão da autenticidade do ser, limitando sua concepção de esquizoidia à consideração dos vínculos com objetos internalizados.

Merece, pois, especial atenção o fato da integração pessoal não ser algo que se conquiste de uma vez para sempre, sendo inerentemente precária. É diferente perder uma integração alcançada ou jamais chegar a constituir-se como unidade pessoal. Entretanto, ninguém está imune à desintegração psicótica, uma vez que a loucura ronda o viver humano, na medida em que se dá em condições de precariedade e mistério, geradores da chamada insegurança ontológica (Laing, 1960), experiência que só pode ser verdadeiramente mitigada pela possibilidade de ser sustentado.

Finalizo lembrando que, na medida em que um exame detido das obras de Winnicott puder revelar o acerto da tese ora apresentada, da existência de uma psicopatologia implícita de caráter francamente existencial, seremos incentivados a buscar práticas terapêuticas e psicoprofiláticas que se configurem de modo a atender precisamente o desenvolvimento da capacidade de integrar-se de adultos e crianças, que recebem diferentes diagnósticos em termos de seu amadurecimento pessoal e das estratégias defensivas em uso. A partir daí, poderemos contribuir para a conquista de posicionamentos diante da vida que permitam estar presente, vivo e real, tanto para usufruir os bons momentos como para enfrentar as dificuldades, reduzindo a despersonalização e a desrealização ao seu mínimo.

Referências Bibliográficas

AIELLO VAISBERG, T. M. J., *Encontro com a Loucura: Transicionalidade e Ensino de Psicopatologia*. Tese de Livre Docência. São Paulo, Instituto de Psicologia da Universidade de São Paulo, 1999.

BEAUCHESNE, H., (1986) *Historia da Psicopatologia*. Tradução Álvaro Cabral. São Paulo, Martins Fontes, 1989.

BERCHERIE, P., *Histoire et Strucuture du Savoir Psychiatrique*. Belgique, Navarin,1980.

BERGERET, J., *Personnalité Normale et Pathologique*. Paris, Dunod, 1974.

BLEGER, J., (1963) *Psicologia de la Conduta*. Buenos Aires, Paidos, 2001.

CATAFESTA, I. F. M., (org.) *D. W. Winnicott na Universidade de São Paulo – O Verdadeiro e o Falso*. São Paulo, Instituto de Psicologia da USP, 1996.

CATAFESTA, I. F. M., (org.) *A Clínica e a Pesquisa no Final do Século: Winnicott e a Universidade*. São Paulo, Instituto de Psicologia da USP, 1997.

COOPER, D., *Psiquiatria e Antipsiquiatria*. Tradução Regina Schnaiderman. São Paulo, Perspectiva,1967.

FAIRBAIN, W. R., (1940) "Revisión de la Psicopatologia de las Psicosis y de las Neurosis". In *Estudio Psicoanalítico de la Personalidad*. Traducción Hebe Friedenthal. Buenos Aires, Hormé, 1970.

FREUD, S., (1901) *Psicopatología de la Vida Cotidiana*. Traducción Luis Lopez-Ballesteros y de Torres. Madrid, Biblioteca Nueva, 1948.

_____., (1924) *Neurosis y Psicosis*. Traducción Luis Lopez-Ballesteros y de Torres. Madrid, Biblioteca Nueva, 1948.

FRIEDENBERG, E., *As Idéias de Laing*. Tradução Álvaro Cabral. São Paulo, Cultrix, 1975.

GARCIA, M., e WAISBROT, D., *Pichon-Riviere: Una Volta en Espiral Dialéctica*. Buenos Aires, Centro Editor Argentino, 1981.

GREENBERG, J., e MITCHELL, S., *Relações Objetais na Teoria Psicanalítica*. Tradução Emilia de Oliveira Diehl. Porto Alegre, Artes Médicas, 1994.

HOPKINS, B., "Winnicott e a Capacidade de Acreditar". *Livro Anual de Psicanálise*, XIII, 111-122, 1997.

IONESCU, S., *Quatorze Approches de la Psychopatologie*. Paris, Nathan, 1991.

JASPERS, K., (1913) *Psicopatologia Geral*. Tradução Samuel Penna Reis. Rio de Janeiro, Atheneu, 1987.

KERNEBERG, O., *Transtornos Graves de Personalidade: Estratégias Psicoterapêuticas*. Tradução Rita de Cássia Sobreira Lopes. Porto Alegre, Artes Médicas, 1995.

POLITZER, G., (1929) *Critique des Fondaments de la Psychologie*. Paris, PUF, 2003.

POSTEL, J., (org.) *Dictionnaire de Psychiatrie et de Psychopatologie Clinique*. Paris, Larousse, 1993.

ROUDINESCO, E., e PLON, M., *Dicionário De Psicanálise*. Tradução Vera Ribeiro e Lucy Magalhães. Rio, Jorge Zahar, 1998.

THOMPSON, M. G., Existential Psychoanalysis: A Langian Perspective. In Marcus, P., e Rosenberg, A., (eds.) *Psychoanalytic Versions of the Human Condition*. New York, New York University Press, 1998.

WINNICOTT, D. W., (1945) "Le Dévelopment Affectif Primaire." In Winnicott, D. W., *De la Pédiatrie à la Psychanalyse*. Traduction de Jeannine Kalmanovitch. Paris, Payot, 1992.

_____., (1954) "La Position Dépressive dans le Développmente Affectif Normal." Idem, Ibidem.

_____., (1956) "Pédiatrie et Névrose Infantile." Idem, Ibidem.

_____., (1963) "Psychiatric Disorders in Terms of Infantile Maturational Processes." *The Maturational Processes and the Facilitating Environment*. London, Karnac, 1984.

_____., (1988) *Natureza Humana*. Tradução Davi Litman Bogomoletz. Rio de Janeiro, Imago, 1990.

Tânia Maria José Aiello Vaisberg
Professora Livre Docente do Instituto de Psicologia
da Universidade de São Paulo,
Orientadora dos Programas de Pós-Graduação em Psicologia
da Universidade de São Paulo
e da Pontifícia Universidade Católica de Campinas,
Coordenadora da *Ser e Fazer:*
Oficinas Psicoterapêuticas de Criação
e Presidente da NEW – *Núcleo de Estudos Winnicottianos de São Paulo*

A Psicanálise no século XXI: Um momento de reflexão

Ivonise Fernandes da Motta

As novas conquistas advindas da tecnologia têm mostrado efeitos benéficos nos mais variados campos das ciências e da vida humana. As mudanças e conseqüências estão cada vez mais presentes em nosso dia-a-dia. A era da informática, a internet, os celulares invadem nosso cotidiano nos mais diferentes setores. A aceleração da velocidade nos traz muitas vantagens, incluindo a comunicação, que nos é bastante facilitada pelos mais modernos recursos tecnológicos colocados a nosso dispor.

A comunicação nos dias atuais é vital pelos mais diversos ângulos em que possamos analisar o viver. Porém, ao lado da facilitação e velocidade dos meios de comunicação, sofremos força contrária em nossas vidas quando focalizamos apenas valores como eficiência, resultados, produtividade etc.

Ao mesmo tempo em que rapidamente podemos ter tantas informações sobre tantos e diferentes setores de nosso mundo, por vezes a comunicação com o que costumamos denominar mundo intrapsíquico ou a comunicação mais íntima com um outro ser pode ser dificultada pelas tendências tecnológicas da atualidade.

Concomitante à valorização dos resultados rápidos, sinais instigantes surgem denunciando antíteses e paradoxos. Tratamentos médicos alternativos oriundos de diferentes culturas ganham peso (massagens, yoga, florais de Bach etc.); religiões as mais diversas ganham ascendência, mostrando que o ser humano busca algo diferente ou algo além da satisfação imediata de necessidades e desejos.

Marca indelével de nossos tempos foi o 11 de setembro de 2001. Ruptura de muitas de nossas crenças de segurança, de indestrutibilidade e proteção, conseqüências possíveis ou desejáveis dos avanços gradativos da moderna tecnologia. A destruição das Torres Gêmeas nos Estados Unidos da América denuncia nossa vulnerabilidade em um universo sobrecarregado de conquistas, vantagens, facilidades, que os sucessivos ganhos tecnológicos trouxeram.

No último congresso que organizamos e do qual fez parte Robert Rodman, "A Psicanálise no Século XXI – Um Momento de Reflexão", procuramos abordar algumas das questões acima mencionadas. Para ilustrar tal panorama, recorremos a fragmentos de Arthur C. Clarke. Em "Um Dia na Vida do Século XXI",[1] descreve ele uma sessão psicanalítica com características e tendências da moderna tecnologia, ou o que nós poderíamos prever ou imaginar nessa direção.

"TI343: SUA APARÊNCIA ESTÁ BOA. COMO SE SENTE HOJE?

ALMA M.: Bem, eu acho. Não sei se são as drogas – estou tomando Halcyon, que parece nome de ilha do Caribe – ou a mnemoterapia. Estou mesmo obcecada. Achei uma meia de Karl na minha gaveta hoje e não tive um ataque de choro. Só notei seu cheiro. Pena que Abelardo e Heloisa não tenham podido fazer testes de receptores globais com o Dr. Woszniski.

TI343: AGORA QUE SABEMOS QUE O AMOR NÃO CORRESPONDIDO É UM DISTÚRBIO QUÍMICO, O CLIENTE PODE RECUPERAR-SE DE UM GRANDE RELACIONAMENTO EM UMA OU DUAS SEMANAS. ANTES LEVAVA ANOS.

---

[1] Cap. 12: "Uma Tarde no Divã: A Psiquiatria em 2019", p. 217-219.

ALMA M.: É, minha tia Rachel foi abandonada no altar em 1987 e nunca se recuperou. Ela ouvia vozes que lhe diziam que o mundo ia acabar no segundo milênio. Deve ter ficado decepcionada no reveillon do ano 2000, quando a festa começou na Times Square e o apocalipse não aconteceu, e ela ficou com uma pilha de panfletos encalhados.

TI343: E VOCÊ, OUVE VOZES?

ALMA M.: Ora! Fui vacinada contra esquizofrenia quando era criança. Só ouço vozes quando quero.

TI343: QUANDO VOCÊ QUER?

ALMA M.: Agora você repete tudo, como papagaio? Ah, é isso mesmo, é o programa rogeriano. Eu gosto da terapia rogeriana; é como um efeito de eco. Quero dizer, é claro, as alucinações controladas, as fármaco-fantasias, as divagações fabricadas, especialmente as vozes extraterrestres que às vezes a gente ouve quando toma os compostos de triptamina. Mas eu, pessoalmente, prefiro os intensificadores sensoriais, os empatógenos e os compostos introspectivos.

TI343: POR QUE ISSO?

ALMA M.: Bem, o Dr. Hurley – você sabe, o eletrojunguiano – realizou testes de Rorschach com eletroencefalogramas e Wang Worldview Inventores comigo e disse que tenho um Circuito de Jeová hiperativo. Isso se relaciona com costumes tribais, tabus e deuses punitivos e paternalistas etc. Os compostos supramundanos às vezes provocam meus programas de paranóia. Pego uma porção de deuses irados e alienígenas sinistros. Para mim é melhor ficar na faixa do biográfico, da regressão cronológica padronizada, lembrança do nascimento, talvez algum tipo de criação de arquétipos de nível inferior... Ah, por falar nisso, tive um sonho incrível a noite passada.

TI343: VOCÊ GOSTARIA DE PASSAR O SEU REGISTRO DE SONHOS?

ALMA M.: Ok. Sonhei que tinha morrido e no meu velório ninguém se lembrava do meu nome. O pastor disse: "Nossa querida falecida, de cujo nome não me lembro..." O que é muito irônico, pois meu nome é exatamente Alma. Pelo menos a alma deveria sobreviver, você não acha? Bom, e Karl fez o elogio fúnebre e disse: "Ela era mãe e esposa devotada, blablablá". Mas, é claro, não sou casada, nem tenho filhos...

TI343: O QUE SIGNIFICA ESSE SONHO PARA VOCÊ?

ALMA M.: Não sei bem. Acho que fui uma esposa e mãe devotada – para Karl. Agora isso já era.

TI343: E NO SEU VELÓRIO NINGUÉM SE LEMBRA DE SEU NOME.

ALMA M.: É. E por falar nisso, minhas sessões de mnemoterapia estão indo muito bem. Estou fazendo um PsicoSim forte para modificar todo o programa Karl. Estou de volta a 2016 agora, e modifiquei o modo como nos conhecemos, como nos apaixonamos, como reagi... Sinto-me como uma pessoa diferente. Talvez seja por isso que meu antigo eu morreu no sonho. E, por falar nisso, não acabei de contar meu sonho.

TI343: POR FAVOR, CONTINUE.

ALMA M.: Bom, depois de certo tempo o velório se transformou num casamento – você sabe como são os sonhos. Eu era uma das damas de honra, mas não conseguia achar meu buquê. Pensei: "Ah, meu Deus, fui deflorada. Eram lírios-do-vale, capuchinhas, credêndios". Era isso que eu estava pensando – credêndios. Existe essa flor?

TI343: (Pausa para verificação de dados) NÃO, NÃO EXISTEM CREDÊNDIOS. DEVE SER AQUILO QUE SE CHAMAVA LAPSO FREUDIANO – UM ERRO INTERNO DE PROCESSAMENTO DE INFORMAÇÃO. CREDÊNDIO EM LUGAR DE CRÉDULO, TALVEZ?

ALMA M.: Deve ser isso aí.

A ficção escrita por Arthur Clarke, além de utópica, é reveladora ao trazer à tona vários desejos ou idéias manifestos nessa passagem: resultados rápidos (amor não correspondido é um distúrbio químico – cura em uma ou duas semanas); vacinas contra graves distúrbios mentais (esquizofrenia, paranóia); mudanças vertiginosas de personalidade e identidade fácil e rapidamente obtidas.

A diminuição da dor psíquica e da presença de conflitos psíquicos também mostra algumas das direções marcadas em seu texto. Seria desejável que conseguíssemos, com o progresso de conhecimento científico, tal estado mental. Mal-entendidos teóricos também aparecem: terapia rogeriana é apenas uma repetição mecânica de frases ditas. Ou tantos outros mitos conhecidos de outras abordagens psicoterápicas, inclusive as psicanalíticas. Todos nós conhecemos os inúmeros jargões ou trocadilhos existentes sobre o divã.

Miragens como as descritas nos últimos trechos dessa passagem revelam o desejo por mudanças rápidas de identidade, mudanças no próprio histórico percorrido pela personagem, que poderiam ser apagadas ou "deletadas", usando a linguagem dos computadores.

A comunicação torna inegável quanto desses desejos estão presentes e operantes nos dias atuais, corroborados pelas facilidades tecnológicas que poderiam nos levar muitas vezes a acreditar que isso até seria possível. Doce ilusão ou contradição. À medida que nossos conhecimentos são aprofundados pelas múltiplas pesquisas realizadas nas últimas décadas, cada vez mais temos a confirmação do longo e árduo trabalho a desenvolver para realmente conseguirmos mudanças consistentes e estáveis no plano psíquico, trabalho necessário para "superar crises", para efetuar mudanças significativas e estruturantes em vários aspectos de nosso viver.

O logotipo ou a imagem representativa do Congresso "A Psicanálise no Século XXI: Um Momento de Reflexão", composta por várias fotos, ilustra passos marcantes do ponto de vista histórico deste e do século passado ao registrar aspectos dos paradoxos e controvérsias já mencionados.

As Torres Gêmeas do World Trade Center, ruínas do nosso tempo, são marcas concretas de nossa vulnerabilidade e impotência diante da utilização dos avanços tecnológicos para a realização de atentados terroristas. O progresso das ciências funcionando para a destruição. Novas vacinas, novos remédios nos orientam para o uso do conhecimento científico em direção oposta à anterior, isto é, a favor da vida e da saúde. Sabemos as mudanças radicais que a descoberta e o uso da penicilina trouxeram ao mundo. E de várias outras substâncias que evitam catástrofes, epidemias, sofrimento...

O advento de novos medicamentos trouxe também efeitos poucos desejáveis. As promessas de alívio milagroso de vários padecimentos humanos venderam e vendem ilusões perigosas. Vivemos a era das drogas com seus anti-depressivos e tantos outros chamados "antídotos" de várias "doenças" ou "padecimentos humanos".

Freud e Winnicott não poderiam faltar na imagem marca desse congresso. O surgimento da Psicanálise e sua ampliação tiveram por conseqüência mudanças nos hábitos mais cotidianos de nosso viver. Mitos sobre o paraíso que seria a infância foram desfeitos, revelando a importância dessa etapa para a possível constituição de bases firmes para a saúde e o desenvolvimento psíquico. Freud, demonstrando a presença da instintividade desde os primórdios da vida da criança, e Winnicott, trazendo à luz a importância do ambiente e suas vicissitudes no complexo caminho em direção à maturidade.

As guerras prosseguem em sua destrutividade em várias regiões do nosso planeta. Assistimos às cenas dolorosas nos noticiários, em documentários, imagens de guerras diferentes em tempos e lugares os mais diversos. A célebre foto do beijo, marca do final da Segunda Grande Guerra, "And the War Said Good Bye", presentifica nossos desejos ou possível sonho de que poderia haver um final para as guerras.

Avanços tecnológicos repercutiram na indústria automobilística, nos meios de transporte, nos meios de comunicação. São marcas indeléveis do século passado e que continuam seus avanços no século atual.

A revolução sexual, que pudemos acompanhar desde o advento da pílula anticoncepcional, e tantas conseqüências resultantes, ao lado das modernas técnicas de inseminação artificial, de concepção e dos "remédios", que alteram o comportamento sexual, marcam mais uma vez os paradoxos e contradições de nosso tempo. A foto de Marilyn Monroe registra esse aspecto.

Uma época e um mundo com ângulos tão conflitantes trariam cada vez mais novos desafios e questões ao estudioso do psiquismo. Os conhecimentos e sua ampliação oriundas da psicologia e da psicanálise alargaram territórios, possibilitando seu uso não apenas nos mais variados setores da saúde mas também em outros campos que regem as relações sociais, legais, culturais.

Sentir-se real, sentir que a vida vale a pena é uma conquista reveladora da constituição do que Winnicott denominou "Verdadeiro Self". Nesse contexto, a cultura em seus múltiplos aspectos vai gradativamente tomar mais espaço no viver, à medida que a criança vai amadurecendo, denotando saúde. A criatividade vai fazer parte significativa desse processo ou, melhor dito, o viver criativo estará sempre revelando a presença do "Verdadeiro Self" no viver o dia-a-dia.

Nesse sentido, na direção do que denominamos saúde, os fenômenos culturais podem ter um valor definitório de saúde ou doença. Podem ser utilizados na direção de facilitar a integração de aspectos dissociados do self ou poderiam ter também efeitos desintegradores ou patológicos. Teríamos possibilidades de utilização de vários fenômenos culturais (dança, pintura, música) a fim de articular possibilidades de vitalização ou que orientem o paciente para encontrar facetas distanciadas ou desintegradas de seu próprio self. Nesse mesmo contexto podemos incluir a tecnologia com todos os avanços conseguidos (cinema, televisão, rádio, computadores, internet, celulares), a tecnologia podendo ter um efeito útil em termos de integração do self, ou conseqüências desintegradoras.

Muitas pesquisas têm sido desenvolvidas em nosso meio sobre as possibilidades culturais em facilitar a saúde ou o desenvolvimento psíquico. No Departamento de Psicologia Clínica do Instituto de Psicologia da Universidade de São Paulo – IPUSP, o que denominamos "laboratórios de pesquisas" tem desenvolvido trabalhos nessa direção: Ser e Fazer; Apoiar; Sujeito e Corpo; Chronos; Terapia Comportamental; Crianças Psicóticas; Família e Casal; LAPECRI etc. Trabalhos com pacientes com diversas patologias ou transtornos, desde doenças degenerativas, câncer ou atrasos no desenvolvimento têm recebido vários tipos de tratamento que, além de objetivarem os ganhos psicoterápicos possíveis, visam pesquisar os alcances e limites do trabalho realizado.

Nesse contexto, vários questionamentos se fazem pertinentes quanto às diferentes intervenções que poderiam ser feitas com certos tipos de pacientes, visando um desenvolvimento psíquico favorável. Isto é, dirigir-se para um viver criativo e mais rico segundo suas próprias tendências e interesses. Nessa maneira de olhar o trabalho psicoterápico psicanalítico, a comunicação, o tipo de interpretação, o que dizer, quanto e quando, podem adquirir sentidos e lugares bem diferentes do que poderíamos denominar técnica psicanalítica clássica ou ortodoxa. Pode também levar a mal-entendidos. O que poderíamos considerar intervenção ou interpretação "superficial" ou com tendências apenas "suportivas" teriam alcance muito maior, e poderiam atingir extratos muito mais profundos do psiquismo.

Através da organização dos três congressos dos quais Robert Rodman fez parte, pudemos confirmar a importância da continuidade de nossas pesquisas e a importância da possibilidade de trocarmos idéias, resultados, sugestões sobre questões tão complexas e paradoxais.

O que denominamos "Verdadeiro Self", "Falso Self", "Gesto Espontâneo" e tantos outros termos, comumente utilizados na literatura psicanalítica, cada vez mais podem traduzir especificidades e características que essas situações clínicas apresentam e que podem nos guiar para superar impasses clínicos por vezes de difícil acesso ou resolução.

Gostaria de finalizar este artigo citando Rodman (1999), ao afirmar em uma de suas conferências proferidas no Brasil com o nome "O Gesto Espontâneo":

> "Uma linha de meu próprio pensamento tem sido a de que uma parte importante da ação terapêutica da psicanálise consiste naquilo que o paciente aprende sobre a natureza profunda do analista. Da forma como eu vejo, o analista faz um esforço para ser anônimo, com várias marcas no seu comportamento advindas dessa palavra. Alguns alcançam a anonimidade tão completamente que podem gabar-se de ter executado a disciplina necessária para abrir espaço para o paciente, como ensinado por Freud, enquanto outros não serão capazes de alcançar essa condição por razões de temperamento, ou porque eles a consideram prejudicial se levada a extremos. Eu penso que há espaço para todos nós sob o guarda-chuva psicanalítico, e é melhor que haja, porque não há um tipo único de personalidade que represente a vasta gama de pessoas que executam nosso trabalho" (p. 64).

Referências Bibliográficas

BOLLAS, C. *Forças do Destino – Psicanálise e Idioma Humano*. Trad. R. M. Bergallo. Rio de Janeiro, Imago, 1992.

CLARKE, A. *Um Dia na Vida do Século XXI*. Trad. Heloísa Gonçalves Barbosa. Rio de Janeiro, Nova Fronteira, 1989.

DOLTO, F. (1972) No Jogo do Desejo – Dados Viciados e Cartas Marcadas In: *No Jogo do Desejo*. Trad. Vera Ribeiro. Rio de Janeiro, Zahar, 1984.

DOLTO, F. *Tudo é Linguagem*. Trad. Luvano Machado. São Paulo, Martins Fontes, 1999.

RODMAN, R. O Gesto Espontâneo. In: Catafesta, I. F. M. (org.) *Um dia na Universidade –: Dialogando com Winnicott, Klein e Lacan sobre a criança e o adolescente*. São Bernardo do Campo, UMESP e Departamento de Psicologia Clínica IPUSP, 1999.

WINNICOTT, D. W. (1963) La comunicación y la falta de comunicación como conducentes al estudio de ciertos pares antitéticos In: *El Proceso de Maduración en el niño*. Trad. Jodi Beltrán. Barcelona, Editorial Laia, 1975.

_____. *O Brincar e a Realidade*. Trad. de José Octavio de Aguiar Abreu e Vanede Nobre. Rio de Janeiro, Imago, 1975.

O ambiente de holding após o 11 de setembro*

Robert Rodman**
Tradução de Sonia Strong

*"... o terror é mais forte que a
soma total das felicidades de cada um."****

Os eventos de 11 de Setembro constituem um assunto difícil e até mesmo perigoso. Por um lado, eles chegaram como um objeto atingindo nosso planeta do espaço exterior, um golpe inesperado e fatal à nossa continuidade como espécie. E por outro, podemos enxergá-los como uma série de catástrofes que se iniciaram na pré-história e que sem dúvida nunca cessarão.

Mas, à medida que prosseguimos para um futuro desconhecido à luz daqueles eventos de Setembro, ignorantes que somos e limitados em nossa capacidade de saber o que fazer para recuperar nossa compostura, eles nos parecem ter sido únicos, pelo menos em nossa época. Todos nós tivemos medo, nos Estados

---

* Apresentado como conferência no Departamento de Psicologia Clínica, Universidade de São Paulo, Brasil, sob o título *A Psicanálise no Século Vinte e Um: Um Momento de Reflexão*, em 6 de abril de 2002.
** Psicanalista.
*** Laxness, Halldor, Independent People. New York: Vintage Books, 1997. Primeira publicação em 1946.

Unidos, de estarmos sujeitos à morte a qualquer momento, como indivíduos, e como membros de uma civilização estabelecida que mantém certos valores como sendo indispensáveis e preciosos, nas palavras de Thomas Jefferson, "a vida, a liberdade e a busca da felicidade". Fomos lembrados de que nada é permanente, de que poderíamos ser destruídos. No momento em que essas palavras são ditas por mim, tenho de me perguntar quanto do sentimento gerado naquele dia ainda sobrevive, e como podemos nos sentir bem neste momento, porque tanto de nós foi levado de volta a um lugar distante dentro de nós mesmos, enquanto nosso dia-a-dia continuou. Poderemos até mesmo entender o quanto nossa civilização está ameaçada? Se abrirmos os olhos, poderemos ser relembrados disto, mas a maioria de nós prefere fechá-los. Enquanto escrevo estas palavras, uma semana antes de pronunciá-las em voz alta, os jornais me informam de que estamos à beira de uma guerra total no Oriente Médio.

Não é que tenhamos ingenuamente acreditado na pureza e na bondade da nossa civilização, separadamente do todo o mais. As pessoas que pensam, onde quer que estejam, ou, eu deveria dizer, as pessoas que sentem, sabem que injustiça, exploração, hipocrisia e cobiça têm sido parte do crescimento desta civilização desde o seu início. Acreditamos que tais motivos e que as ações baseadas em tais motivos deveriam ser condenados e eliminados, se queremos nos considerar um povo decente. Desta forma, não haverá a impostura de acharmos que nós – e quando digo "nós" estou falando do Mundo Ocidental como um todo, não apenas dos Estados Unidos – construímos algo perfeito e que agora, esta coisa perfeita está sendo ameaçada por uma destruição criminosa. Não se tratava de algo é perfeito, mas de tão bom quanto fomos capazes de fazê-lo, esse fruto da democracia como a conhecemos, o resultado de imensas reservas de determinação, energia e inventividade. As torres do World Trade Center representavam o desafio à própria gravidade, que conquistamos com tanto sucesso. E sim, estamos conscientes do que os gregos chamavam de hübris. Sabemos que, como diz a Bíblia, "O orgulho precede a queda".

Mas havíamos considerado como líquido e certo que se fôssemos ameaçados por um inimigo, saberíamos a tempo como nos defender de seu ataque. Pensamos que poderíamos ser racionais em relação à guerra. Não havíamos considerado as implicações das novas tecnologias e as ações potenciais de grupos guiados por suas crenças a ponto de sacrificar suas vidas para destruir a vida de outros. Assim, em 11 de Setembro ficamos frente a frente com uma surpresa, na forma das imagens de televisão mostrando o inacreditável. Soubemos, então, que todos os conceitos anteriores acerca da natureza da nossa realidade estavam agora sendo questionados. Não sabíamos exatamente aonde chegaríamos após o período de re-imaginarmos essa realidade. Fomos lançados à deriva. Muito rapidamente nos disseram que estávamos em guerra. Era difícil de acreditar, já que não havia um lugar onde o inimigo pudesse ser localizado. O inimigo, nos disseram, estava em toda parte. Centralizamos nossa atenção no Talibã, em Osama bin Laden, na Al Quaeda. Ficamos sabendo que os ataques tinham sido planejados e desenvolvidos em solo americano, sob leis que tinham como objetivo salvaguardar a liberdade dos cidadãos. Nos sentimos idiotas.

Como um psicanalista tentando entender um pouco desse assunto, eu o abordo através do conceito do "Ambiente de *Holding*",[1] mencionado pela primeira vez no estudo de Winnicott de 1960, "A Teoria da Relação Genitor-Bebê" (Na tradução existente em português, "A Teoria do Relacionamento Paterno-Filial"). As palavras "*holding*" e "ambiente de *holding*", em uma nota de rodapé no final do artigo, são atribuídas à sua esposa Clare, assistente social, com referência a um estudo seu publicado em 1954 sobre sua prática profissional. "*Holding*" aplica-se à mãe suficientemente boa expressando amor por seu bebê, e também se aplica ao psica-

---

[1] Ambiente de Holding: poderíamos traduzir por "Ambiente Protetor". N. E.

nalista tratando de um paciente dependente em regressão. Refere-se ao ato físico quando descreve a mãe, mas também inclui todos os outros aspectos da atitude que resulta no sentimento do bebê de ser abraçado, e são estes últimos que se aplicam ao psicanalista centrado em seu/sua paciente em estado de dependência. Nesse estudo ele não lida com o *holding* físico do paciente pelo analista. O que ele descreve é um ambiente de proteção enraizado no início da vida de cada um de nós, a continuação natural da proteção que tínhamos no estado intra-uterino.

O "Ambiente de *Holding*" é uma forma de descrever o que nos faz sentir protegidos contra o perigo. Esse ambiente de *holding* refere-se em sua maior parte à mãe – que precede o pai na mente do bebê –, a mãe cujo comportamento segue o de seu próprio útero como uma continuação da proteção à criança vulnerável.

Ainda assim, entre o útero e o ambiente de *holding*, há o que Freud chamou de "barreira de estímulo", a capacidade física de todo bebê de barrar graus perturbadores de estímulos. Esta barreira de estímulos, neurologicamente herdada, faz com que o bebê consiga passar pelo stress do nascimento sem ser esmagado, ou lhe permite adormecer em um ambiente barulhento. É o protótipo da futura habilidade de abstrair-se de perturbações, tais como os problemas pessoais capazes de tirar o sono de alguém. E a barreira de estímulos é também uma forma inicial de negação, aquele mecanismo através do qual evitamos enfrentar fatos perturbadores ou traumáticos.

Existe, então, uma série: primeiro o útero, então a barreira de estímulos, então o ambiente de *holding*, a mãe e o pai. O pai é o forte protetor do ambiente familiar contra intrusos e outras forças destrutivas. Todas essas barreiras são pessoais e individuais. Mas para além delas há seus equivalentes sociais, e estas são as complexas organizações culturais e políticas que proporcionam uma sensação de segurança. O "ambiente de *holding*" após o 11 de Setembro, o título desta conferência, refere-se ao significado político-cultural do termo. Dependemos de nossos governos para nos proteger: dos departamentos de polícia e bombeiros, da organização do tráfego terrestre e aéreo, das instituições médicas e legais, para nos fornecer recursos organizados em tempos difíceis. Essas instituições nunca são perfeitas, mas temos a tendência de contar com aqueles que foram incumbidos de pôr em prática essas funções.

Como pode a vida pessoal florescer onde ela não é protegida? Esta questão se aplica ao mundo social tanto quanto ao mundo pessoal. Para que a vida interior possa crescer e se desenvolver, ela necessita de condições de segurança. Digo isto mesmo sabendo que há exceções. Estou falando de um assunto muito amplo aqui, preparando assim a minha afirmação básica, que é simplesmente esta: Os eventos do 11 de Setembro romperam a barreira de estímulos e comprometeram o ambiente de *holding* de uma maneira equivalente à nossa primeira percepção de que todos nós, mais cedo ou mais tarde, vamos morrer.

Os brilhantes escritos de Frances Tustin sobre o autismo em crianças incluem esta frase: "O que emerge do estudo sistemático e detalhado de crianças autistas, e que vai além dos fenômenos externos, é que, na mais tenra infância, elas se sentiram bruscamente arrancadas de uma mãe, que, por várias razões, tinha sido vivenciada como parte de seus corpos".[2] Esta é uma formulação extrema do mesmo princípio de dependência que é central ao conceito de "ambiente de *holding*". Neste caso, a mãe é vista como sendo parte do corpo do bebê. Quando reencontrei esta frase recentemente, tendo lido a mesma anos atrás, pensei que sim, havia algo de autista na maneira como certos pacientes reagiram ao 11 de Setembro – fora de contato, absorvidos em si próprios. Eu não teria usado essa palavra, já que eles continuavam a funcionar no dia-a-dia, mas havia um toque efêmero de autismo em seu comportamento. É importante enfatizar a natureza transitória desses fragmentos de comportamento, porque virtualmente tudo o que observei foi re-

---

[2] Tustin. F., *A Concha Protetora em Crianças e Adultos* (1989). Londres: Karnac. Prefácio: XII.

cuperado através da restauração das características básicas do ambiente de *holding* e da negação que o acompanha. Então, mais tarde, houve recaídas. Estou enfatizando que o comportamento não podia ser chamado apenas de depressivo. Havia algo mais profundo, algo que sugeria um sentimento de desamparo muito primitivo.

Tustin escreve sobre um encapsulamento auto-gerado em crianças autistas, uma espécie de reflexo automático que é "inato a todos nós", mas que pode ser hiper-utilizado de forma a constituir uma patologia. É a criança fornecendo a si própria uma cápsula protetora. Tais idéias colocam as defesas do autista em contato próximo com a idéia freudiana da barreira de estímulos, e se aproximam de minha própria impressão sobre pacientes que detectam uma ameaça catastrófica à sua existência e mostram de forma reflexiva um recolhimento transitório para dentro de si mesmos. É um toque do insuportável em pessoas que respondem com suas defesas costumeiras.

Aqui estão algumas frases de um livro escrito em 1944, chamado *Independent People* (*Gente Independentes*). O autor era islandês e ganhou o prêmio Nobel de literatura. Estas frases são sobre como um menino de sete anos adquire certo tipo de conhecimento.

"– Algum dia serei um bebê novamente? – perguntou o menino de sete anos.

E sua mãe, que lhe havia cantado canções admiráveis e contado tudo sobre países estrangeiros, respondeu fracamente de seu leito de doente, onde jazia:

– Quando alguém fica muito velho transforma-se novamente num pequenino bebê.

– E morre? – perguntou o menino.

Foi como se uma corda se partisse em seu coração, uma daquelas delicadas cordas da infância que se quebram antes que alguém tenha tido tempo de perceber que elas são capazes de produzir som; e essas cordas não soam mais; desse dia em diante elas são apenas a lembrança de dias incríveis.

– Todos nós morremos.

Mais tarde, no mesmo dia, ele trouxe o assunto novamente à tona, desta vez com a avó:

– Eu conheço alguém que nunca vai morrer – disse o menino.

– Verdade, querido? – perguntou ela, olhando para ele através da ponta de seu nariz, com a cabeça inclinada para um lado, como era seu costume quando ela olhava para alguém. – E quem seria essa pessoa?

– Meu pai, respondeu o menino resolutamente. Mesmo assim, ele não estava totalmente certo de não estar cometendo um erro, pois continuou a olhar para sua avó com olhos questionadores.

– Oh, ele vai morrer, ele vai morrer com certeza – bufou a mulher sem remorso algum, quase exultante, e assoou o nariz ruidosamente."

A criança lida com o conhecimento da morte ao invocar a pessoa mais forte que ela conhece, o pai. O pai a protegerá da morte, porque o pai, ele mesmo, nunca vai morrer. A mãe, gradualmente construída a partir de vários pedaços, e desta forma, surgindo como algo diferente de uma pessoa completa, pode desmantelar-se e regredir, mas o pai, completo desde o começo, é a quintessência da integridade, do princípio de indestrutibilidade que se posiciona entre a criança e todos os perigos desconhecidos do mundo fora da família.

O menino se depara com esse novo conhecimento e descobre uma maneira de negá-lo ao declarar sua confiança de que o pai nunca morrerá. Nós todos não nos lembramos da época, na infância, quando tivemos de perceber que a morte é universal? Vocês se lembram de não se sentirem capazes de suportar isso, de não conseguirem manter essa idéia em sua mente? Vocês se lembram de que repetidamente esqueciam desse fato impossível de ser enfrentado? De que vocês repassaram as pessoas importantes em sua vida, terminando em si mesmos, e se perguntaram se isto se aplicava a todos? E vocês concordam comigo que, mesmo sabendo que se trata de um fato, vocês não o aceitam realmente? Posso fazer uma lista de várias crenças compartilhadas por milhões de pessoas, cuja função é negar o fato inevitável da morte, mas não enfatizarei tal coisa neste momento. Eu direi que mesmo entre aqueles que não têm dúvida do caráter definitivo e da universalidade da morte, há ainda a continuação da negação. Eu chamaria a atenção para o fato de que os mortos reaparecem em nossos sonhos como se estivessem completamente vivos, uma prova, em minha opinião, de que muito lá no fundo acreditamos que eles ainda estão vivos. E, de certa forma, eles realmente estão. Só porque se trata do mundo dos sonhos, a experiência alucinatória de que a pessoa morta está viva não perde o valor.

Descobri que depois da morte de alguém há um período durante o qual não há sonhos com a pessoa morta como se estivesse viva, e que algo muito importante é alcançado quando essa pessoa aparece em um sonho. Tenho a impressão de que isto freqüentemente ocorre cerca de três meses após a morte. Neste ponto, da forma como o entendo, a pessoa está começando a levar uma vida póstuma, ou seja, o sobrevivente abriu mão da necessidade de que o morto continue a se comportar como se estivesse vivo, para garantir a impressão de que ele ou ela não morreu. Agora, a pessoa morta pode ter uma vida no inconsciente do sobrevivente, pode ter uma certa liberdade de experiência que algumas vezes vem à tona em sonhos.

A idéia de que todos nós vamos morrer afeta as crianças pequenas. Esse conhecimento é inaceitável e inacreditável. A meu ver, ninguém, em nenhuma época da vida, integra totalmente a idéia da morte e acredita nela, não importa o quanto a pessoa é sã e orientada para a realidade. O "Ambiente de *Holding*", no título, refere-se principalmente àquele ambiente que a mãe fornece ao bebê, uma sensação segura de ser abraçado, física e/ou emocionalmente, a coisa mais próxima a um equivalente das condições intra-uterinas. Esta segurança absoluta dá lugar, com o tempo, a uma falha gradual que permite à criança lidar com o mundo externo sem uma insegurança esmagadora. Mas há limites para o que a criança pode aceitar e integrar. O fato da morte universal é um, a indiferença do universo é outro. A morte eventual de tudo o que existe agora é impossível de conceber, muito menos aceitar. Este é o resultado inevitável quando o nosso sol se torna muito quente, ou vai em direção oposta, torna-se frio e morre.

Estamos envolvidos pelo calor das vidas que conhecemos, a ponto de realmente recebermos calor e segurança. Nossas vidas dentro da família e da sociedade familiar fornecem segurança, ou pelo menos previsibilidade, e lá fora há o perigo, lá fora pode estar a morte. Tentamos não nos expor a isto. Até mesmo negamos que somos vulneráveis enquanto organismos.

Vocês já viram alguém na rua, ou talvez num restaurante, que se parecia exatamente com alguém que já morreu? E vocês, por uma fração de segundo – talvez um décimo de segundo – já se viram acreditando, querendo acreditar que era verdadeiramente aquela pessoa, que a pessoa não estava morta, afinal de contas, e sim viva? Algumas vezes sentimos um calafrio, ficamos sem fôlego, e há uma alteração convincente de tudo o que pensávamos ser verdadeiro. Sim, a sensação desaparece rapidamente à medida que balançamos a cabeça e nos lembramos da realidade, mas por aqueles poucos instantes estamos em contato com o inaceitação, com a negação do que sabemos ser a verdade. Eu acredito que isto também é evidência de que não acreditamos na morte, mesmo aqueles de nós que não possuem uma idéia religiosa sobre ela.

Os eventos do 11 de Setembro, de acordo com a minha interpretação, produziram um profundo abatimento e grande consternação na maior parte da população dos Estados Unidos, ao reforçar a percepção de que não estamos protegidos como pensávamos, de que o nosso governo, nossas Forças Armadas, eram insuficientes para continuar a manter para nós a tradição que começou no útero materno, e de que, conseqüentemente, estávamos frente a frente com a verdade da qual tomamos conhecimento aos sete ou oito anos, aquela verdade a qual, de alguma forma, conseguimos rejeitar, e que agora era forçada de volta à consciência, de que todos nós realmente morremos, e que no final não há nada que nos proteja da morte, nem nossos pais, nem qualquer manobra mental, nem religião, nada. Surge-nos então o vislumbre de que um dia nossa civilização irá morrer, não necessariamente como resultado de ataques como o do World Trade Center, mas talvez por razões imprevisíveis. Obviamente, não queremos pensar desta forma. Isto leva nossa própria morte a uma nova dimensão: nada do que sabemos ou amamos, nada que parece sólido e eterno irá sobreviver no final. Isto está além dos nossos meios de conceituação, e não é o tipo da coisa que nos esforçamos arduamente por imaginar.

Pode ser muito difícil ouvir-me dizer tudo isso. Eu não desejo provocar ninguém ou abrir uma discussão acerca da validade de qualquer crença religiosa. Considero-me uma pessoa bastante religiosa, principalmente por causa do meu senso de reverência e admiração por este universo no qual, por um momento, adquirimos consciência. Sinto reverência ao mesmo tempo em que sinto humildade, pelo fato de que nada temos a dizer sobre nosso destino. Isto deixa de lado tudo o que realmente temos, e que Freud nos mostrou que tínhamos, dentro dos estreitos limites da vida individual que vivemos, geralmente protegidos pela série de fenômenos à qual me referi: útero, barreira de estímulos, ambiente de *holding* da mãe, do pai, ambiente de *holding* da sociedade e cultura.

Eu deveria adicionar a isto o ambiente de *holding* da camada de ozônio, da atmosfera que nos protege dos raios do sol, e o resto das funções defensivas de nosso planeta, como os oceanos e a massa verde, que regenera nosso suprimento de oxigênio. Assim, a idéia do ambiente de *holding* é estendida àquilo que herdamos enquanto espécie e, cronicamente, – não preciso mencionar a Floresta Amazônica para esta audiência –, todos nós estamos colaborando em um padrão de comportamento que compromete o ambiente de *holding* do mundo natural. Apenas para ser justo e equilibrado, apresso-me a dizer que o Presidente do meu país decidiu não assinar o Tratado de Kyoto, que visa proteger o meio ambiente.

Estou tecendo num conjunto os elementos do ambiente de *holding*, para demonstrar como vivemos nossas vidas dentro da malha protetora de todos eles. Winnicott, o psicanalista, começou com o objeto transicional, os brinquedos macios que acalmam as crianças na hora de dormir, e no final de sua vida escreveu "A Localização da Experiência Cultural", que estendeu seus conceitos para o mundo mais amplo. Ele começou com o indivíduo e estendeu seus pensamentos à sociedade. Eu estou obviamente fazendo o mesmo aqui, ao considerar o impacto do 11 de Setembro – quando os aviões atravessaram as paredes das torres do World Trade Center e, como resultado, as derrubaram. Nossa reação foi sentir que o que acreditávamos ser o nosso escudo protetor havia sido colocado em questão.

Observei então, como cidadão e como psicanalista, que as pessoas se comportavam como se estivessem doentes, ficaram preocupadas, aturdidas, duvidando que o mundo fosse voltar a ser o mesmo. Estávamos todos vulneráveis. A qualquer momento um grande acontecimento poderia destruir milhares de vidas. O medo do antraz veio juntar-se a esse sentimento. Nossa sobrevivência estava em questão, e isto se revela verdadeiro – nossa sobrevivência está em questão, na medida em que aqueles que desejam nos destruir têm tamanha crença na retidão de sua causa, que estão dispostos a morrer por ela. É verdade que após as primeiras semanas, as pessoas começaram a sentir-se mais seguras outra vez. Isto pode significar a restauração da negação. É simplesmente impossível viver como se a nossa sobrevivência estivesse a cada minuto em questão. O alívio é necessário.

Um paciente meu recordava suas experiências no Vietnam como médico no campo de batalha: às vezes ele virava as costas para as balas vindo em sua direção, sua forma de negação. Outras vezes fazia longas corridas em território inimigo. Ele se sentia exultante por seu comportamento e por sua consciência do quanto a vida é preciosa: conseguia sentir gostos e cheiros, ver e ouvir de modo mais aguçado que antes e, quando a guerra acabou, entrou em declínio. Nenhum tipo de vida comum podia igualar-se àquela que ele levava sob o perigo constante. Os soldados freqüentemente dizem isso. A guerra é uma espécie de anti-depressivo.

Era sempre uma alívio quando a batalha começava. A pior parte para ele e os outros soldados em redor era a espera pelo início da batalha. A resposta aos eventos do 11 de Setembro foi a guerra, a guerra ao terrorismo, o qual, nos foi dito, continuará indefinidamente. Mas, apesar dos eventos no Afeganistão, ainda estamos no horroroso período de espera. Não sabemos o que virá a seguir, mas esperamos algo terrível. Lemos os jornais em busca de pistas. A evidência aponta para uma tão ampla determinação em destruir o que é chamado de "infiel", que uma guerra sem fim parece a única resposta possível. Entretanto, considerando que há um alívio na batalha, deve-se perguntar se o desejo por um encontro direto com o inimigo não obtém um pouco de sua força do anseio por alívio, próximo a um desejo de vingança. Agora que fomos atacados com tanta audácia, queremos eliminar de vez o inimigo e acabar com a batalha. Estamos nos preparando para uma extensa série de embates que pode muito bem resultar em uma guerra sem fim. Nossos motivos podem ter uma base racional – queremos sobreviver. Mas também não podemos suportar a espera pelo próximo golpe.

Os cidadãos do Ocidente não têm as mesmas opiniões. Como poderiam? Notei que as páginas de uma revista literária inglesa estavam cheias de comentários vingativos. Não havia simpatia pelas vítimas. Não é difícil perceber que a terra na Europa está empapada do sangue das guerras, que eles conhecem a morte, o morrer e o terror em primeira mão – aqueles que se lembram, e aqueles que experimentaram o terrorismo ligado à Irlanda do Norte. Portanto, os Estados Unidos não deveriam reclamar. Nós sempre nos safamos em perfeitas condições o tempo todo, então não é algo tão importante assim.

Afinal, a psicanálise, que depende de um ambiente de *holding* para funcionar, continuou a existir durante as Guerras Mundiais I e II. Acabou na Alemanha e na Áustria, e não podia sobreviver em países ocupados pelos nazistas, mas continuou na Inglaterra e nos Estados Unidos. Muitos de meus pacientes disseram que em um mundo no qual o World Trade Center podia ser destruído, um mundo no qual todos estavam em alerta contra a possibilidade de contrair antraz, um mundo no qual ninguém sabia onde o próximo ataque terrorista aconteceria, não havia razão para prosseguir com o trabalho da psicanálise. Não era hora de se perder em auto-reflexão. Não havia argumentos contra tais declarações, apenas esperar para ver se elas persistiam e quais reflexões posteriores aprofundariam o estado de espírito que dera origem a elas. Muito embora tenham ocorrido diversas ocasiões em que meus pacientes e eu trocamos impressões espontâneas sobre o que acontecia no mundo, em meu caso, trazendo de volta à memória o tipo de conversa que aconteceu após um grande terremoto em Los Angeles, descobri que eu podia retomar minha forma psicanalítica de pensar e assim fornecer um ambiente no qual a associação livre podia acontecer.

A continuação do trabalho psicanalítico forneceu uma porta de saída para a expressão do mal estar e para tudo o que o estado atual de cada paciente os fazia lembrar. Havia mais pacientes com celulares ligados durante as sessões, prontos para falar com os filhos e outros membros da família. Fora, no mundo público das ruas e estradas, podia-se observar que as pessoas adquiriam máscaras protetoras para o caso de um ataque biológico ou químico. As pessoas enchiam o tanque de combustível muito mais cedo do que fariam em outras circunstâncias. Colocavam bandeiras nos carros, transformando-os em batalhões prontos para avançar. Havia um sentido da pátria unida em volta do Presidente para que lidasse com o ataque, e um tremendo apoio para a eliminação do terrorismo onde quer que fosse encontrado. Ficamos estarrecidos ao perceber – ingênuos que somos – que o mundo está cheio de células de indivíduos – como uma colméia – sempre planejando nos destruir. Não sabíamos o que havíamos feito para merecer isto, mas sempre havíamos estado distantes de tais questões, uma economia próspera em um mundo de pobreza, fome e desesperança. O que, tentávamos imaginar, levou aquelas pessoas a aceitarem a própria morte em recompensa por atingir os Estados Unidos? Éramos mesmo o Grande Satã? Éramos realmente maus, ou éramos tão bem sucedidos que a juventude de outros países, frustrada por sua própria desesperança, sentia que não tinha escolha além de mostrar sua masculinidade e sua capacidade para o idealismo destruindo a si próprios como um meio de nos destruir? Ou seriam tais especulações consideradas provocações, ao serem ditas? Os terroristas não almejam ser entendidos por psicanalistas.

As pessoas foram compelidas a prestar atenção ao mundo externo, como se fossem despertadas à noite por um barulho alto e assustador. Entender a natureza do barulho não parecia o mais adequado – o entendimento psicanalítico estava muito distante da ação. Algo tinha de ser feito, providências tinham que ser tomadas. E se e quando o terrorismo retornar ao nível em que a sobrevivência seja a preocupação número um, então o trabalho psicanalítico deve ser interrompido. Freud e sua família tiveram de deixar Viena quando os nazistas chegaram. "Recomendo a Gestapo a quem dela vier a necessitar", escreveu ele, para satisfazer a exigência de uma prova de que tinha sido bem tratado. Ele fez o que era necessário para sobreviver, mudou-se para a Inglaterra, e continuou a escrever o "Moisés e o Monoteísmo". Estabeleceu um consultório e atendia pacientes também, esse homem com mais de 80 anos, que estava enfrentando a morte devido ao câncer. A luta humana continua – isto é um truísmo – e nos interstícios, mesmo em épocas de guerra, mesmo quando o mundo ameaça se desintegrar, há uma demanda, há espaço para a reflexão, se somente um mínimo do ambiente de *holding* puder ser estabelecido. Alguém precisa manter a calma e estar pronto a defender a paz. Se isto puder ser alcançado, então há um ambiente de *holding*. Em certo sentido profundo, a continuação da civilização depende da manutenção de um ambiente de *holding*.

Olhando para trás agora, para uma época catastrófica anterior, eu aprendi algo sobre o início da Segunda Guerra em uma entrevista com o psicanalista Martin Grotjahn que realizei cerca de vinte anos atrás. Ele tinha sido candidato no Instituto de Berlim no final dos anos 30. Seu pai era um membro eleito do Reichstag, o Parlamento Alemão. Ele não era judeu, mas seu analista, Ernst Simmel, era. Durante uma sessão analítica em particular – imagine um paciente num divã na hora em que os Nazistas tomam o poder em Berlim – o telefone tocou. Alguém avisava o Dr. Simmel de que a Gestapo estava a caminho para prendê-lo. Tomado de agitação, pediu a Grotjahn se ele poderia lhe emprestar o dinheiro necessário para a fuga. Grotjahn lhe deu tudo o que tinha, o que não era suficiente. Simmel correu pela porta afora e escapou pulando a cerca de sua casa. Foi assim que o trabalho psicanalítico chegou ao fim.

Depois disso, Grotjahn retomou a análise com outra pessoa em Berlim e, quando isto se tornou impossível, ele e sua esposa, que era judia, fugiram para o Ocidente e chegaram a Chicago, e então à Clínica de Menninger em Topeka, e então a Los Angeles, onde trabalhou por muitos anos. Simmel acabou sendo co-fundador, junto com Otto Fenichel, do Los Angeles Psychoanalytic Institute.

Ambos encontraram um refúgio, o que equivale dizer, um ambiente de *holding* onde trabalhar, e no qual perpetuaram seu precioso legado da psicanálise.

A busca por um novo ambiente de *holding* é incessante quando o sentimento de segurança é severamente comprometido. A perda daquele ambiente produz um tipo de doença, na qual a morte é iminente a menos que um novo sentimento de segurança se torne possível. O desamparo da primeira infância entrou em nossas vidas quando os ataques de 11 de Setembro aconteceram. Vislumbramos a morte como um assunto pessoal, o fato inaceitável da morte em todos os níveis, do mais pessoal àquele que envolve a nossa cultura como um todo. Qualquer ilusão que tivéssemos de invencibilidade, uma forma tão conveniente de sentir a fim de prosseguir com confiança máxima no dia a dia, foi estilhaçada. O menino que não pode acreditar na morte entrou em nossas vidas novamente, e nós aqui, nesta sala, todos nós no mundo, estamos agora engajados na busca de um modo de imaginar o re-estabelecimento de uma proteção suficiente sob a qual possamos continuar a crescer e florescer.

Somos tocados pelo menino de sete anos dizendo à avó que o seu pai nunca irá morrer, porque reconhecemos nosso esforço pessoal para alcançar o domínio sobre um fato inaceitável. É uma luta que dura toda a nossa vida, tornada mais aguda e pungente e aterrorizante quando vários componentes do ambiente de *holding*, do qual sempre dependemos, são trespassados pelo objeto que perpassa todas as camadas que circundam o planeta, entra em nosso espaço aéreo e atinge a terra.

Nós, cidadãos desse planeta, estamos confusos, correndo para buscar um lugar seguro ao nos prepararmos para o que achamos que vem por aí.

Eu lhes agradeço a calma ao me ouvir falar sobre um assunto tão aterrorizante, um tema que todos nós preferiríamos fingir que não existe.

Cem anos de clínica: As reformulações teóricas e técnicas decorrentes

Orestes Forlenza Neto*

"Vivemos num período da psicanálise no qual as premissas básicas do modelo clássico da mente e da teoria analítica se tornaram insustentáveis."
(S. Mitchell)

Nos últimos cem anos de clínica, as alterações na técnica psicanalítica foram se impondo para poderem dar conta da mudança nosográfica e nosológica com que estamos nos defrontando. Alguns quadros nos parecem novos, outros foram mudando suas características costumeiras, e mesmo os quadros que sabemos sempre terem existido, tiveram seu percentual alterado. Alguns parecem realmente terem decrescido percentualmente, outros aumentaram espantosamente. Isto nos levou a estudar novas aproximações à subjetividade e à gênese alterada das subjetivações. Com a mudança causada pelo modernismo, a sociedade foi afetada em seus vários níveis. Juntamente com progressos visíveis, novos pro-

---

* Membro Efetivo e Analista Didata da SBPSP.

blemas foram criados. Houve alterações na constituição familiar: a mulher foi ganhando posição mais digna na sociedade e na profissão, a grande família se cindiu, separando-se em núcleos familiares menores. Novos arranjos se fizeram necessários nos cuidados aos filhos e, em muitos casos, com a impossibilidade da presença materna mais constante e mais disponível, certas patologias se fizeram notar com mais freqüência. Hoje, temos muito mais pacientes com problemas narcísicos, estados-limite, esquizóides. Parecem rarear as histerias clássicas e as neuroses obsessivas. A histeria de angústia parece ter cedido lugar aos estados de pânico.

O modernismo como movimento global mudou a concepção de mundo. Veja-se por exemplo na pintura, onde o Futurismo privilegiava os movimentos e o dinamismo. Os futuristas louvavam as máquinas que apontavam para um mundo em intenso movimento. Na ciência, o homem entendia as forças da natureza e a tecnologia as subjugava com seus inventos. Freud acreditava que a psicanálise era uma ciência natural e que a luta do ser humano era de conhecer e dominar seu lado instintivo pela razão. Em sua metapsicologia, a subjetividade era fruto de forças em luta, cargas de energia, repressões, conflitos, tudo num modelo fisicalista. Seu sonho foi se desfazendo, seu trabalho *O mal-estar na cultura* já mostra seu pessimismo. A primeira grande guerra já parecia ter enterrado muito do seu entusiasmo, e ele se impôs um espírito mais crítico sobre o ideal cientificista da "elevação" e aprimoramento do homem e da sociedade.

A sociedade e seus membros se orientaram para satisfações mais impostas do que autênticas. As lutas para vencer, se salientar e se valorizar pelo olhar do "outro" passam a determinar certas metas de vida em detrimento do pessoal, do individual, dos valores autênticos e da tradição. O egoísmo e a cultura da aparência, do narcisismo patológico favorecem a disputa e o individualismo em detrimento do aprofundamento das relações humanas.

Com o aumento dos distúrbios do Ego e do Self, a atenção dos pesquisadores se voltou para as condições ambientais de maternagem que iriam modular as subjetividades das crianças, agora mais expostas a restrições de tempo materno e a interações afetivas mais empobrecidas. Pressionados por necessidades enganosas, os pais cada vez menos tinham possibilidade de se doarem aos filhos e substituíam, quando possível, os cuidados por suprimentos materiais. A criança é lançada sem base e sem amadurecimento na vida, e se torna caricatura violenta de adulto.

O empobrecimento simbólico impede a espera e a substituição de objetivos imediatos por planos e ideais humanos: a criança não aprende a brincar com sua imaginação e com criatividade.

Nossa rápida e esquemática exposição vai tentar expor os diferentes modos pelos quais as tendências psicanalíticas passaram a encarar estes problemas, para ganhar compreensão e formular hipóteses ligadas ao processo de desenvolvimento e à maneira de poder ajudar os pais e seus filhos, tanto na orientação como nos métodos empregados para as terapias.

Podemos dizer que a psicanálise vive uma etapa de revisões. As insatisfações colhidas na clínica e o questionamento das teorias, bem como o salutar vai-e-vem entre ambas, vai permitindo uma expansão do espectro de ação da psicanálise e as inevitáveis reformulações. Certos pacientes tidos como não analisáveis passaram a despertar maior interesse, o que redundou na possibilidade de se enveredar pela psicose, estados limites, pacientes ditos narcísicos, etc.

Passou-se a dar maior atenção aos efeitos dos cuidados maternos e de suas privações. Os teóricos das relações objetais passaram a ser mais estudados, como é o caso de Fairbairn, Guntrip, Winnicott e outros como Mahler, Bowlby, Sullivan, Kohut etc. Os paradigmas freudianos da psicanálise passaram a ser objeto de questionamentos e de discordâncias. A teoria dos instintos não conseguia dar conta dos casos estudados: surgiram os estudos que mostraram novas abordagens, como as teorias referentes à constituição do self, que o simples conflito das pulsões não podia explicar.

A teoria psicossexual freudiana não era mais suficiente para dar conta do desenvolvimento psicológico e da patologia de pacientes com problemas de individuação. Sob este vértice, o estudo da diferenciação self – objeto era mais central e mais universal que a teoria sexual.

Muitas vezes, olhando para o passado, para o início de nosso trabalho clínico, fico admirado que pudesse ter bons resultados. Nosso conhecimento era mais restrito, nossa visão sobre a psicanálise mudou, tanto teórica como clinicamente e, no entanto, houve resultados satisfatórios. Poderíamos atribuí-los ao acaso ou à sorte dos principiantes. Acredito, entretanto, que o fator fundamental, evidenciado por Freud, foi o de proporcionar um contato humano, através da presença do analista, disponível e interessado no paciente, que vinha (e continua vindo) em busca de algo que ele mesmo não sabe o que é. Esta presença esteve em Breuer e Ana O, Freud e Ana O, Freud e outros pacientes, e na "presença epistolar" de Fliess na auto-análise de Freud.

É na busca dessa presença que se baseiam as chamadas escolas das relações objetais, das quais a mais explícita, a meu ver, é a de Fairbairn, que postula que a libido não visa a descarga da tensão, mas o encontro do objeto. Este autor, durante muito tempo esquecido, vem sendo revisitado, e suas idéias vêm de encontro a necessidades que se constatam no trabalho clínico. A isto voltaremos mais tarde.

Nas primeiras teorias sobre a histeria, Freud acreditava na atuação do adulto sedutor, que traumatizava o ser em desenvolvimento: uma criança, um púbere, um adolescente, que eram vítimas de algum tipo de violência sexual.

Logo Freud se decepcionou com a teoria da sedução, pelo menos da forma simplista formulada no início. Seus pacientes histéricos mentiam. O outro, sedutor, era produto de fantasias. Freud deu a guinada de 180° e interiorizou a teoria psicanalítica. Desenvolveu amplamente a teoria dos instintos ou das pulsões, e desenvolveu a teoria do complexo de Édipo. Ele teve momentos de ressalvas, dizendo que muitas vezes havia uma concorrência das duas vertentes: a que procedia da pulsão e do objeto pactuante. Tudo então passou a se dirigir mais para a interiorização proposta por Freud, da qual Melanie Klein fez parte e a levou a extremos, mantendo grande influência sobre o pensamento psicanalítico na Inglaterra e mesmo em outros continentes. Embora contemporâneos dela, Winnicott, Balint e Fairbairn, que mostraram uma perspectiva relacional, foram abafados pela personalidade e pelo sucesso de Klein. Só mais tarde, e aos poucos, foram ganhando ouvidos, inicialmente Winnicott, Bowlby e Balint e, mais tarde, Fairbairn, Tustin e outros. Entre os kleinianos, Bion introduziu importantes modificações com os conceitos de continente, contido, função, *reverie*, introduzindo os aspectos relacionais através da inter-subjetividade.

O processo analítico sempre precisou da dupla, do mesmo modo que "não existe isso que chamam de bebê", expressão pronunciada por Winnicott para acentuar a grande dependência do bebê em relação à sua mãe, e as conseqüências advindas deste fato na constituição do self, individuação, personificação, e integração.

No início, o analista era um interlocutor, o mais das vezes silencioso, na presença do qual o paciente deveria se entregar às "associações". Ao analista eram recomendados procedimentos que se tornaram clássicos e que, durante muito tempo, foram seguidos, quase ritualisticamente, como mandamentos religiosos e portanto inquestionáveis, mesmo com as possíveis exceções – quero me referir à aplicação da psicanálise para aqueles casos para os quais ela não era recomendável por Freud (psicoses, narcisismo e outros). Ou o paciente deveria se encaixar na ortodoxia ou não recebia cuidados psicanalíticos. Estes procedimentos diziam respeito ao *setting*, à associação livre do paciente, à atenção flutuante do analista, à interpretação, e mantêm sua validade desde que possamos reavaliá-los nas diferentes modalidades clínicas. Isto ocorreu de forma exemplar nas formulações de Winnicott sobre o uso do *setting* e suas possíveis variações de acordo com o grau de regressão do paciente, e mesmo a substituição da interpretação pelo manejo do *setting* nos referidos pacientes. Eram pacientes que precisavam regredir à dependência absoluta, para os quais o ambiente, agora representado pelo *setting*, era mais importante que a pessoa do analista e as interpretações que este pudesse formular.

Havia outras recomendações: neutralidade do analista, abstinência, reserva pessoal, contenção das emoções, uma fala pausada e uniforme para não se revelar (sic) etc. Enfim, tudo para proteger a originalidade do conflito do paciente, tendo como pano de fundo a teoria da interioridade do conflito, ou seja: tudo se originava no paciente, e o analista deveria ser uma "tela em branco", impessoal (vejam que ironia, uma pessoa impessoal!). Se pensarmos em pacientes obsessivos e certos tipos de esquizóides, tal postura por parte do analista poderia até reforçar as defesas deles e serem bem-vindas. Porém, se pensarmos em alguns tipos de *borderlines*, ou outros para quem a falha ambiental inicial foi essencialmente patógena, tal conduta distante e impessoal pode ser desde angustiante até repetitivamente traumatizante. É claro que uma teoria que privilegiava as pulsões constitucionalmente determinadas, com as correspondentes fantasias primárias, lutas pelo poder, idéias parricidas e matricidas, cena primária, se valia da "tela em branco" como num processo de investigação policial, para "desmascarar o criminoso".

A proposta da neutralidade do analista tem sua origem quando a psicanálise de Freud tentou se separar das técnicas sugestivas, onde o analista influenciava o paciente. Freud passou a propor que o analista deveria proceder como o cirurgião hábil que leva a bom termo sua operação. Deveria ser neutro quanto a valores religiosos, morais e sociais. Não ter interesse especial por certos temas, permitindo que pudessem surgir espontaneamente nas associações do paciente. Não reagir objetivamente às transferências do paciente, ou seja, enquanto individualidade, mas poder ser um representante das imagens de seu paciente.

Entretanto, por uma ampliação e distorção semânticas, neutralidade passou a significar outras coisas como: impassividade, distância afetiva, inatingibilidade, impessoalidade etc. A abstinência era preconizada também com base na teoria da descarga pulsional: o tratamento deveria se processar de tal modo que o paciente não encontrasse satisfação substitutiva para seus sintomas, chegando até a sugerir-se ou impor restrições na vida extra-analítica do paciente.

Como conseqüência da neutralidade, a abstinência impunha ao analista o maior cuidado em não gratificar o paciente. A frustração era o fator propulsor da análise.

Embora muitos falassem nos objetos reais (pai, mãe etc.), a relação do sujeito com as características pessoais do outro (pais, analista) ficou em plano secundário em relação à teoria pulsional. Entretanto, em diversos autores e em diferentes países foram surgindo novas questões, novas abordagens clínicas e novas teorias, numa relação que poderíamos chamar de causalidade circular, onde uma observação nos leva a formular uma teoria ou um conjunto de formulações para um universo em estudo, estas alimentam a investigação que, por sua vez, vai observar o que acontece clinicamente. A clínica, por sua vez, pode reforçar ou alterar a teoria formulada. Não podemos, evidentemente, negligenciar aquilo que Lapanche chama de psicanálise extra-muros ou aplicada, como o movimento cultural e a história do pensamento psicanalítico, que inclui a complexa troca entre a evolução da teoria e as mudanças do ser humano, nas condições de vida cultural e social que vão se alterando.

Voltando à teoria pulsional, ela estava ligada ao juramento fisicalista de Brücke, Dubois-Raymond, Helmholtz e outros, segundo os quais todas as explicações na psicologia deveriam ser redutíveis às leis da físico-química. A teoria pulsional veio para substituir uma teoria da sedução muito simplista e acabou se desenvolvendo e, de certo modo, seus adeptos mais exclusivos acabaram obscurecendo o fato de que o ser humano foi formado para se constituir e se relacionar com outro ser humano. Paralelamente, ela servia para tranqüilizar o analista e, até certo ponto, eximi-lo de suas falhas, uma vez que tudo procedia do intra-psíquico do paciente (inveja, destrutividade etc).

A teorização tem sido vítima de muita injustiça. Entretanto, é com novas teorias que novos fenômenos podem ser observados, e a teoria ser corrigida. Contudo, muito se disse a respeito de a teoria da clínica ser suficiente. Os adeptos deste ponto de vista rejeitavam qualquer teoria causal explicativa, generalizações, busca de mecanismos subjacentes ao comportamento. Afirmavam que, no caso do ser humano, a identificação empática era suficiente. Entretanto, a idéia de uma teoria clínica pura, sem nenhum traço de teoria ampliada, é ilusória. Mesmo os mais intuitivo-empáticos como Kohut não podem dispensar uma elaboração teórica para além da teoria da clínica. Vejamos seu conceito de internalização transmutadora ou mesmo a teoria do "espelhamento adequado", que relaciona a falta de espelhamento na infância com a transferência especular. Ora, isto é apenas uma inferência, e não decorre da clínica ou da empatia.

O problema não é de duas teorias: a clínica e a ampliada. O conflito entre as duas é falso, o que existe é uma gradação contínua de abstração e compreensão e poder de explanação entre as duas.

Na interação humana podemos, freqüentemente, de modo intencional ou não, promover respostas que estão de acordo com nossas expectativas. Tais fatos se aplicam tanto aos que defendem apenas a teoria baseada na clínica, como aos que estão interessados numa teoria ampliada em particular. De algum modo precisamos nos valer de resultados terapêuticos, porém também precisamos lidar com uma teoria mais ampla e coerente, que nos orienta e que também nos fornece esclarecimentos sobre a psicopatologia, o funcionamento da personalidade e o desenvolvimento.

Com as observações clínicas dos casos difíceis, a exclusividade da teoria pulsional foi cedendo espaço para outras formulações. A teoria da motivação pulsional – a busca da descarga e da satisfação, que constituía uma patologia dependente de uma só mente, foi sendo acompanhada pelas teorias relacionais, da intersubjetividade, na qual a relação com o outro não dependia apenas do próprio controle ou vontade.

Então, por que as pessoas buscam encontrar e se relacionar com outras pessoas?

A resposta tradicional era: porque buscavam prazer, satisfação sexual, segurança, dependência etc. Isto dava a impressão de que a mente se desenvolveria de modo independente, e só secundariamente buscaria o outro. Porém a mente só se estrutura em contato com outra mente humana: o ser humano busca outro ser humano, que no início é quem provê os cuidados maternos e o intercâmbio das introjeções. O próprio conceito de pulsão tende a se modificar pelas interações com os objetos primários, que se tornam importantes determinantes das pulsões. J. Laplanche (*Novos Fundamentos da Psicanálise*) nos chega a propor que as pulsões não são determinadas biologicamente.

No modelo freudiano, o ego teria como função intermediar o assédio do id e as imposições da realidade, muitas vezes fazendo um desvio (mesmo que fosse um sintoma).

Dentro de um modelo darwiniano, Freud dividia o psiquismo em duas partes. Uma forma inferior, baseada nas fantasias, no processo primário, que busca satisfação pulsional e a descarga, e, de outro lado, uma forma superior de organização da percepção e atuação na realidade – o processo secundário e a objetividade. Com este modelo podemos imaginar o tipo de linguagem usada na clínica clássica. Entretanto, numa visão relacional, o modelo se altera e a linguagem também. O ego não está para brigar com o id e a realidade. Ambos, ego e realidade, nascem de uma unidade que se diferencia através de sucessivas estruturações. Para que o sujeito se sinta real, é necessário certo grau de tessitura entre o que se chama de realidade externa e mundo interno. Ainda mais, pode-se perceber que a teoria da psicossexualidade não era suficiente para dar conta do desenvolvimento psicológico, ou dito de outra forma: a diferenciação *self – objeto* era um fenômeno mais universal que o conflito sexual e, a diferenciação *self – objeto* participa de modo preponderante na patogenia de pacientes mais graves (psicóticos, *borderlines*, narcísicos, etc.). Além disso, a luta desses pacientes para manterem um self coeso ocupa o primeiro plano. Para autores como Fairbairn, Mahler, Bowlby e Winnicott, a boa vinculação afetiva vai facilitar a separação-individuação, e a dependência adulta ou relativa. Fairbairn dá maior ênfase às primeiras relações, ao conceito de desenvolvimento psicológico em termos de diferenciação entre self e objeto, e ao progresso da dependência absoluta, infantil, para a dependência madura. Paralelamente, deu mais realce à busca do objeto, mostrando que é tão ou mais primária e biológica que a teoria das pulsões agressivas e sexuais da teoria instintivista. Para Fairbairn, as experiências da sexualidade e da agressão não representam a erupção da biologia na subjetividade, mas são formadas e seu significado é dado pelas primeiras relações de objeto.

Na Inglaterra, Fairbairn, Winnicott e Bowlby foram os principais representantes da teoria relacional. Por motivos de política da Sociedade Britânica de Psicanálise e pela figura preponderante de M. Klein, foram excluídos do foco principal. Bowlby dizia que a íntima ligação com outro ser humano é o eixo em torno do qual gira a vida pessoal. Ele era muito afeito à etologia e à observação da ligação – separação da criança com a mãe. Se Freud era darwiniano no sentido da evolução da mente, que do nível mais primitivo (id) deveria ser transformada em ego, ligado à realidade, uma mente superior, Bowlby era darwiniano no sentido da adaptação do animal às condições ambientais. Foi muito influenciado por estudar crianças autistas. Para ele, os distúrbios afetivos e do pensamento da criança decorriam dos acidentes do *attachment* e das respostas pouco hábeis dos pais em relação às necessidades da criança (emocionais, de segurança).

Por uma idolização da ciência do fim do século 19 e começo do século 20, a psicanálise, inadvertidamente, absorveu a obsessão da "realidade objetiva", esquecendo-se de que o mundo da realidade adulta, quando separado da magia infantil, é despojado de significado e afeto.

Ao contrário das expectativas da transformação da mente inferior em uma mente superior e objetiva, alguns autores como Winnicott, Marion Milner, Loewald, afirmam que na doença se perde a capacidade de enriquecer o mundo dito exterior ou objetivo através dos sonhos e imaginações, e então ele perde sua significância.

O presente pode ser encoberto pelo passado, mas também pode ser enriquecido pelo mesmo. A própria transferência mobiliza uma "nova oportunidade" de reavaliar os fantasmas, testando-os na figura do analista. Desta forma, o passado é aliviado de sobrecargas inúteis e se torna mais propício para se ligar ao presente, revitalizando-o com vivências agora permitidas e com a densidade afetiva de nossa vida pregressa: sem essa repercussão, o presente seria vazio. No teste da realidade, as imaginações e as fantasias são mobilizadas como formas potencialmente adequadas à apreensão da realidade. Por outro lado, a realidade pode modificar a imaginação de vida fantasiosa, num processo de interpenetração mútua.

De certo modo, o impulso infantil repudiado, reprimido ou negado terá agora a oportunidade de ser corrigido pela experiência auto-reflexiva. Portanto, não há incompatibilidade nem antagonismo insuperáveis entre a vida dos impulsos espontâneos e a auto-reflexão.

Do ponto de vista clássico, a análise lidava com um sistema fechado da mente do paciente. O "conteúdo" "seria revelado" pela interpretação do analista, que operava como um "espelho que refletia" com rigorosa neutralidade, com a vantagem que lhe era dada por estar fora do sistema. Atualmente vemos a situação analítica como interativa, e o analista como um ator, mesmo que involuntário, na cena.

Nos fatos clínicos em que se baseia a compreensão da ação da análise, dentro de uma perspectiva relacional, o analista não pode mais ser considerado um espectador afastado. Quando o paciente leva o analista para o campo da indiferenciação *self* e objeto, o analista precisa estar disponível para entrar nesse campo, onde a distância e a separação paciente-analista é reduzida ou anulada. Aí reside a capacidade de, ao mesmo tempo, manter a identidade própria e assumir a que lhe é conferida pelo paciente. A análise requer a capacidade de navegar entre diferentes níveis de organização, tal qual faz o paciente. Se o analista precisar se agarrar ao processo secundário e conseqüentemente à racionalidade, seu trabalho se empobrece. Uma situação analítica requer trânsito pelos diferentes estados mentais: processo-primário – processo-secundário, eu – não eu, realidade – fantasia, estado integrado – estado não integrado.

Nessa abordagem, as mentes humanas interagem e a subjetividade se processa através da intersubjetividade, numa continua re-elaboração de nós mesmos e do mundo.

Para Winnicott, Mahler, Kohut e Fairbairn, a dimensão central do desenvolvimento psicológico é o movimento de um estado de dependência absoluta e de relativa falta de separação *self – objeto* para uma maior definição do *self* e diminuição da dependência. De qualquer modo, o fator conformador do indivíduo não é apenas pulsional. O objeto deixa de ser apenas o alvo dos investimentos instintivos e gratificações para se configurar como estruturante da integração, personificação e independência do sujeito. O analista deixa de ser apenas o objeto das pulsões e necessidades. Ele é uma pessoa com pleno direito à sua subjetividade. Podemos dizer que a técnica e a teoria atuais conjugam os aspectos tradicionais e as inovações. O paciente associa, reage emocionalmente etc. Atualmente isto é analisado sempre levando em conta a co-autoria do analista. Numa técnica clássica, o analista deveria permanecer intocado e intocável. Hoje, ele deve estar aberto para captar as interações, porque são inevitáveis e úteis.

A linguagem na clínica era vista numa análise clássica como um aspecto puramente semiótico – decodificando e traduzindo os significados das associações. Hoje, numa postura mais relacional, ela não apenas esclarece ou veicula significados, mas também é importante na evocação de estados de mente e na promoção da ligação de experiências várias e de diferentes níveis, muitas vezes acompanhadas de memórias cujo vivenciar é mais fundamental que a própria tradução. O paciente precisa não apenas saber, mas realmente conviver com nossas emoções e interesses autênticos. Um analista "neutro" será tão traumatizante quanto qualquer objeto não responsivo. A densidade emocional é um bom trecho do caminho do *insight*. Aqui nos debatemos, novamente, entre a Cila da abstinência total e o Caribdes da abertura indiscriminada, que não leva em conta as possibilidades e necessidades do momento.

No início era preconizada a contenção emocional da fala (semelhante ao que se vê em filmes de ficção nas falas de robôs). Tal atitude, além de antipática e pedante, favorecia a cisão entre afeto e fala.

Freud usou a linguagem da física de seus dias, falando de forças, cargas, impulsos, "mecanismos" de defesa etc. Do mesmo modo que a física se modificou, a psicanálise também foi mudando. Com a retração do modelo positivista passou, a se falar mais de objetos internos, representações, relações Self – objeto, embora sempre privilegiando o mundo interno, dentro do pensamento kleiniano, que também privilegiava as fantasias primárias, expressão dos instintos biológicos e, portanto interiores, que distorciam a percepção do mundo exterior. O passo seguinte foi uma teoria relacional, como viemos discutindo nesta apresentação. Ela não nega um substrato biológico e impessoal. Entretanto, existem outras necessidades universais, biologicamente embasadas, que por sua vez necessitam ser representadas e transformadas em objetivos pessoais através do contato com outro ser humano. Elas incluem, além da experiência sexual e sensual, a vinculação afetiva, a busca do objeto e de se relacionar, experiências de integração, individuação e ganho de auto-estima.

Num bom desenvolvimento, esses alvos são atingidos, e na doença não o são. Estes domínios do Eu são diferentes das funções do ego para domar o id. Na teoria relacional, em vez de o instinto ser assustador e inimigo do ego, ele é visto como colaborador, ligando o biológico com o psíquico e incluindo comportamento de vinculação, desenvolvimento da individuação – separação, e caminho para a dependência madura, sempre no contato com o outro humano.

Muito se escreveu e se escreve sobre a técnica psicanalítica e a compreensão do que ocorre no processo analítico, mas nunca estamos seguros da correspondência entre o que se publica e o que ocorre na sessão entre a dupla.

O que podemos ver é que a técnica tem procurado recursos para poder levar a psicanálise a cuidar de portadores de déficits estruturais. Esforços são feitos para esclarecer melhor o papel das interpretações e outros aspectos do processo analítico que, embora não interpretativos, são eficientes com pacientes mais comprometidos, como é o caso do *holding*, o uso do *setting* e seu manejo e do silêncio, como propostos por Winnicott. O estudo da *contratransferência* pode mostrar que, muitas vezes, o analista formula interpretações para assegurar sua superioridade sobre o paciente. Winnicott preconiza que o analista espere ao máximo para que o paciente chegue, ele mesmo, criativamente, às interpretações e, que este prazer supera o de se mostrar arguto e ágil.

As abordagens variam entre os que defendem unicamente o *insight* decorrente das interpretações e os que valorizam a experiência interpessoal, bem como os que usam a abordagem que mais se adapta às necessidades do momento, numa tessitura harmoniosa.

Durante muito tempo a análise propôs como técnica a de interpretar a transferência para resolver os conflitos infantis. Mais tarde verificou-se que, com pacientes mais comprometidos, essa técnica não tinha alcance e podia ser nociva. Passou-se a aplicar técnicas não interpretativas auxiliares, o que não quer dizer que houve proscrição das técnicas interpretativas.

As discórdias persistem entre os que entendem serem os déficits e necessidades mais primitivas produtos de relações deficientes entre o bebê e os que dele cuidam, e os que os atribuem ao produto de fantasias inconscientes interiores do bebê. Os que defendem o primeiro ponto de vista parecem ganhar terreno paulatinamente. Como sempre, é bom formularmos a pergunta sobre qual das técnicas é menos intrusiva. A proposta sempre vai depender da sensibilidade e da sintonia do analista com seu paciente. A própria eficiência da interpretação depende do *holding* do analista, do *setting* e da correspondente atualização simbólica dos cuidados maternos, numa nova experiência relacional fornecida pelo encontro analítico.

Bibliografia

BOWLBY, J. *Formação e Rompimento dos Laços Afetivos*. São Paulo: Martins Fontes Editora Ltda., 1982.

EAGLE, M. N. *Recent Developments in Psychoanalysis – A Critical Evaluation*. Cambridge, Massachusetts: Harvard University Press, 1987.

FAIRBAIRN, W. R. D. *Psychoanalytic Studies of the Personality*. London: Tavistock,1986.

FREUD, S. (1929-1930) *Civilization and Its Discontents*, in Standard Edition Vol. XXI. London: Hogarth Press, 1975.

GILL, M. M. *Psychoanalysis in Transition – A Personal View*. N. Jersey: The Analytic Press, 1994.

GREENBERG, J. R. and Mitchell S.A. - Relações Objetais na Teoria Psicanalítica. Porto Alegre: Artes Médicas, 1994.

GUNTRIP, H. J. S. *El "self" en la Teoria y la terapia psicoanalitica*. Buenos Aires: Amorrortu Editores, 1973.

KOHUT, H. *Analisis del Self*. Buenos Aires: Amorrortu Editores, 1977.

LAPLANCHE, J. *Novos Fundamentos Para a Psicanálise*. São Paulo: Martins Fontes, 1992.

LOEWALD, H. W. *Ego and Reality*, in The Essential Joewald – Collected Papers and Monographs. Maryland: University Publishing Group, 200.

MAHLER, M. S., PINE F & BERGMAN, A. *O Nascimento Psicológico da Criança – Simbiose e Individuação*. Rio de Janeiro: Zahar Editores, 1977, p. 9-30.

MEISSNER, W. W. *What is Effective in Psychoanalytic Therapy – The Move from Interpretation to Relation*. N. Jersey: Janson Aronson, 1991.

MITCHELL, S. A. *Relationability – From Attachment to Intersubjectivity*. N. Jersey. The Analytic Press. 200.

MODELL, A. H. *Amor Objetal e Realidade*. Rio de Janeiro: Imago, 1973.

ROTHSTEIN, A. (Editor) *Models of Mind – Their Relationship to Clinical Work*. N. York: International Universities Press, 1985.

Winnicott, D. W. *Textos Selecionados – Da Pediatria à Psicanálise*. Rio de Janeiro: Livraria Francisco Alves Editora, 1978.

O Ambiente e os Processos de Maturação. P. Alegre: Artes Médicas, 1982.

Psicanálise e Psiquiatria – 90 anos depois

*Luiz Roberto Millan**

"Proponho-me, com toda a firmeza, a não entrar em nenhuma discussão polêmica. Não creio na verdade da máxima que afirma que a luz nasce da discussão... Penso que o que denominamos polêmica científica é algo completamente estéril, e tende sempre a encobrir um caráter pessoal... Buscarei estabelecer um paralelo entre Psiquiatria e Psicanálise. E agora pergunto: vocês observaram que existe uma contradição entre ambos? A Psiquiatria não aplica os métodos teóricos da Psicanálise e nem tenta vincular algo a sintomas, como a ideação delirante, satisfazendo-se em mostrar-nos a herança como um fator etiológico geral e distante, ao invés de dedicar-se à investigação de causas mais específicas e próximas. Porém, isto é uma contradição? Nada disso. Pelo contrário, Psicanálise e Psiquiatria completam-se uma a outra, havendo uma relação semelhante à que existe entre o fator hereditário e o acontecimento psíquico, os quais, longe de se excluírem, contribuem reciprocamente do modo mais eficaz para a obtenção de um mesmo resultado. É o psiquiatra, e não a Psiquiatria, que se opõe à Psicanálise. Penso, portanto, que na natureza do trabalho psiquiátrico não há nada que possa servir de argumento contra a investigação psicanalítica, de forma semelhante ao que ocorre com a Histologia e Anatomia, onde uma estuda as formas exteriores dos órgãos, e a outra os tecidos e as células que os compõem. Uma contradição entre esses dois níveis de estudo é inconcebível, pois um é a continuação do outro" (Tradução livre do autor).

---
* Membro Efetivo e Analista Didata da SBPSP.

O texto acima é parte do artigo de Freud de 1916, intitulado "Psicanálise e Psiquiatria", que integra as Lições Introdutórias à Psicanálise, uma reprodução das conferências proferidas por ele em cursos para médicos e leigos.

A Psicanálise foi definida por Freud, em 1922, como um método para a investigação de processos mentais que seriam inacessíveis de outro modo; como uma forma de terapia de perturbações neuróticas baseadas nessa investigação; e como uma série de conhecimentos psicológicos, assim adquiridos, que vão constituindo paulatinamente uma nova disciplina científica.

Médico, especialista em neurologia, Freud interessou-se pelas neuroses, patologias que não possuíam substrato anatômico. Com o passar dos anos, os psicanalistas aprofundaram cada vez mais seus conhecimentos acerca da dinâmica do psiquismo humano, e ampliou-se o espectro dos pacientes atendidos pela Psicanálise, que passou a incluir crianças, *borderlines* e psicóticos. Até o início dos anos sessenta, a psicanálise manteve-se como a principal abordagem terapêutica utilizada no tratamento dos transtornos mentais, ocupando sempre uma posição de destaque nos compêndios psiquiátricos. A partir de então, a Psicanálise progressivamente abandonou o modelo médico e a vertente terapêutica, passando a utilizar um modelo que privilegia a investigação dos processos mentais, o *insight* e o desenvolvimento emocional. Os psicanalistas das últimas gerações tiveram a sua formação fortemente impregnada por essa última vertente. Para alcançar a identidade psicanalítica, seria necessário desenvolver certas condições internas que habilitam o psicanalista a realizar um trabalho de investigação com o analisando, tendo como material o suceder de experiências emocionais que emergem na relação entre ambos. O objetivo dessa relação seria conhecer, em parte, o funcionamento psíquico do analisando. A partir desse conhecimento, surgiria a possibilidade, mas não a garantia, de o analisando vir a desenvolver-se emocionalmente, dentro dos seus limites e dos limites da dupla analítica (Millan, 1992; 1999).

Gradualmente, a Psicanálise deixa de ser utilizada como modelo teórico pela Psiquiatria, e praticamente desaparece da literatura médica. A terapia comportamental passa a preencher esse espaço e é cada vez mais prestigiada e indicada pelos psiquiatras, como coadjuvante de seus tratamentos, e tem sua eficácia terapêutica demonstrada por inúmeros modelos experimentais. Por sua vez, a Psicanálise afasta-se desses modelos empíricos. A marginalização da teoria psicanalítica chega a tal ponto, que a classificação psiquiátrica retira o já consagrado termo neurose do Manual Diagnóstico e Estatístico dos Transtornos Mentais (DSM IV-TR, 2003), e passa a dar pouca ênfase aos aspectos psicodinâmicos dos transtornos mentais, que são classificados em quatro "eixos": clínico, personalidade, condições médicas gerais, e problemas psicossociais e ambientais.

Outro fator crucial para que isso ocorresse foi o desenvolvimento da Psiquiatria, que até o final da década de cinqüenta quase nada tinha a oferecer a seus pacientes, do ponto de vista terapêutico. Nesse período surgem os primeiros psicofármacos que, com o passar das décadas, foram sendo aperfeiçoados, alcançando melhores resultados com menor incidência de efeitos colaterais. Enquanto no início da década de sessenta os psiquiatras buscavam aprender o manejo dos poucos psicofármacos disponíveis, hoje possuem à sua disposição um grande número de ansiolíticos, antidepressivos, estabilizadores de humor e antipsicóticos de última geração A nosologia psiquiátrica também foi aperfeiçoada, e novas patologias foram descobertas, como o transtorno do pânico e subtipos do transtorno bipolar. Com isso, os resultados terapêuticos passaram a ter cada vez mais êxito.

Além do que já foi exposto, deve-se considerar as transformações sociais contemporâneas, com a forte presença do espírito "pós-moderno": há pouco espaço para a reflexão; o "fazer" e o "ter" são mais valorizados do que o "ser"; tudo tem de acontecer rapidamente; nega-se a subjetividade, o conflito e a dúvida; busca-se o prazer imediato, o culto ao corpo e o achatamento das diferenças ("globalização"); há preponderância do individualismo e da competição; esvaecem-se as ideologias e o idealismo; busca-se o poder desconsiderando-se, cada vez mais, os valores éticos.

A Psicanálise, um processo lento, que privilegia a subjetividade e a busca do que há de mais peculiar em cada ser humano, definitivamente, nada tem a ver com esse "espírito pós-moderno". Paradoxalmente, em nosso meio, o número de psicanalistas cresceu demasiadamente, de forma desproporcional ao número de pacientes que possuem condições financeiras, condições internas e disponibilidade para se submeter à Psicanálise. Não há maior desmotivação para o candidato a psicanalista do que a falta de perspectiva de trabalho. Diante disso, acentuou-se a tendência de os psicanalistas trabalharem com um número reduzido de pacientes em análise e a dedicarem o restante de seu tempo a outras atividades, como a Psicoterapia Psicanalítica, o ensino, a pesquisa e a trabalhos em instituições de saúde.

Apesar de todas essas transformações, a Psicanálise ainda é a principal fonte de conhecimento psicológico acerca da mente humana. A Psicoterapia Psicanalítica, proposta por Férenczi, Alexander, Balint, Malan Gillieron e outros, utiliza a teoria psicanalítica, mas propõe mudanças fundamentais na técnica, o que a torna uma ciência aplicada e, por isso, há poucas possibilidades de que novas descobertas no campo teórico sejam obtidas a partir dessa abordagem. A pesquisa empírica, a meu ver, não combina com a Psicanálise, que construiu seu arcabouço teórico por meio da investigação clínica. Cabe, então, à Psicoterapia Psicanalítica realizar pesquisas empíricas e comparar os seus resultados com outros tipos de psicoterapia, o que poderá criar condições para uma reaproximação com a Medicina. A Psicanálise como profissão pode estar em crise, mas a Psicanálise como ciência, geradora de conhecimento profundo sobre a mente humana, certamente não (Millan, 1999).

Os avanços científicos nos últimos cinqüenta anos mostraram, com clareza, que a origem das doenças mentais é multifatorial, superpondo-se aspectos hereditários, psicodinâmicos, o perfil de personalidade, os eventos estressantes e traumáticos, as doenças físicas, o efeito de drogas, lícitas ou não, e, finalmente, os problemas sociais. O surpreendente avanço tecnológico criou sofisticados exames de imagem e de dinâmica do cérebro, enquanto os progressos da bioquímica e da biologia molecular começam a esclarecer o que se passa no universo intracelular. E, como seria de se esperar, essa tecnologia passou a ser utilizada para a investigação de doenças mentais pelos psiquiatras. Infelizmente, a interpretação dos resultados dessas pesquisas chegou, muitas vezes, a conclusões equivocadas, que são divulgadas indiscriminadamente pela imprensa leiga e até mesmo pelos meios científicos. E que equívocos são esses?

Um dos principais é que se confunde etiologia com fisiopatologia! Um exemplo típico é a afirmação de que a causa da depressão é química. Ora, o fato incontestável de que na depressão há queda de serotonina e de outros neurotransmissores nas sinapses dos neurônios, além de alterações intracelulares recentemente descobertas, não significa que sejam estas as causas da depressão, mas sim a sua fisiologia. Diferentes fatores etiológicos, como foi dito acima, podem provocar as alterações fisiológicas que levam um indivíduo a se deprimir. Esse equívoco faz com que muitos psiquiatras superestimem a genética e a bioquímica, e menosprezem os aspectos psicodinâmicos na etiologia das depressões. Para eles, a Psicanálise não passa de charlatanismo e de uma pseudociência. No entanto, se aquela hipótese fosse verdadeira, sempre que um gêmeo homozigoto tivesse depressão, a chance de seu irmão idêntico apresentar o mesmo quadro seria de 100%. Mas não é. Sabe-se que é em torno de 50%. Ou seja, confirma-se a hipótese da etiologia multifatorial.

Alguns psicanalistas, por sua vez, radicalizam em direção ao outro extremo e afirmam que a etiologia das doenças mentais é sempre psicológica, e que a única forma séria e profunda de abordá-las seria por meio da Psicanálise. Ouve-se deles que a

Psiquiatria trataria apenas os sintomas, os psicofármacos trariam efeitos colaterais nefastos, causariam sempre dependência e transformariam os pacientes em verdadeiros drogados, como se fossem robôs. Para piorar, todo aquele que realizasse um tratamento psiquiátrico ficaria impossibilitado de submeter-se à Psicanálise, pois estaria "afastado de seu verdadeiro eu". A meu ver, trata-se de afirmações preconceituosas, inconseqüentes e que não são respaldadas pela experiência clínica. Alguns dos que dizem isso não têm sequer os conhecimentos básicos de psicopatologia e de psicofarmacologia, que são fundamentais para qualquer iniciante em Psicologia ou Psiquiatria. Falta-lhes abertura para áreas afins à Psicanálise, algo que Freud nunca deixou de ter. Afirmam inspirar seu trabalho no fundador da Psicanálise, mas não agem como ele. São dogmáticos e prepotentes. Quem perde são os pacientes. E a Psicanálise.

Do ponto de vista científico, como assinalou Freud, não há motivo algum para contrapor a Psiquiatria à Psicanálise. São ciências complementares e não excludentes. Trabalham com modelos e objetivos diferentes. Abordam níveis diferentes do psiquismo. Enquanto o neurologista atua predominantemente no campo anatômico e o psiquiatra na fisiologia, o psicanalista trabalha com os conteúdos psíquicos e com a subjetividade. Esses três níveis devem ser integrados, e não dissociados.

O confronto entre a Psiquiatria e a Psicanálise ocorre mais por disputas políticas e de poder do que por problemas verdadeiramente científicos, sendo que inúmeros exemplos poderiam ser citados nesse sentido. Em nosso meio, como veremos a seguir, a história nos ensina o que provocou um grande abismo entre essas duas importantes áreas.

Ao contrário do que muitos imaginam, a Faculdade de Medicina da Universidade de São Paulo, FMUSP, foi uma das primeiras instituições brasileiras a abraçar e a divulgar as idéias de Freud. Foi precedida apenas pela Universidade Federal da Bahia onde, em 1899, Juliano Moreira tornou-se o primeiro médico a expor sobre os métodos de Freud no Brasil, e pela Faculdade de Medicina da Universidade Federal do Rio de Janeiro onde, em 1918, Henrique Belford Roxo introduziu no currículo a Disciplina "A doutrina de Freud" (Mokrejs, 1993). Franco da Rocha (figura 1), o primeiro professor de Clínica Neuropsiquiátrica da FMUSP, em sua aula inaugural, em 1919, versou sobre a obra de Freud e teve sua apresentação transformada em artigo, publicado no jornal O Estado de São Paulo. No ano seguinte, publicou o livro *O Pansexualismo na Doutrina de Freud*, obra de divulgação científica, reeditada em 1930 com o título modificado para *A Doutrina de Freud* por sugestão do próprio Freud (figuras 2 e 3). Durval Marcondes (figura 4), que cursava Medicina, entusiasmou-se pelo tema, e em 1927, apenas três anos após a sua formatura, criou a primeira Sociedade Brasileira de Psicanálise da América Latina, presidida por Franco da Rocha (figura 5). O vice-presidente era Raul Briquet, catedrático de Clínica Obstétrica e de Puericultura Neonatal da FMUSP, que também foi professor e fundador da cadeira de Psicologia Social da Escola Livre de Sociologia e Política de São Paulo. Entre os vinte e quatro membros inscritos estavam também outros professores da FMUSP: Flamíneo Fávero – Medicina Legal, e Pedro de Alcântara – Pediatria, além de profissionais de outras áreas, como o escritor Menotti Del Picchia, num autêntico trabalho multidisciplinar, onde psiquiatras e psicanalistas trabalhavam em perfeita harmonia (Montagna, 1994; Sagawa, 1994; Lacaz e Mazzieri, 1995).

Em 1928, foi publicada a primeira edição da Revista Brasileira de Psicanálise (figura 6), que só voltou a ser publicada em 1967. A primeira Sociedade de Psicanálise manteve-se ativa durante alguns anos, promovendo sessões científicas e conferências públicas, até interromper suas atividades na década de trinta. No final dos anos vinte, Durval Marcondes também elaborou um projeto para incluir a cadeira de Psicanálise na FMUSP, e defendeu a idéia de que o curso de Medicina poderia abrigar um núcleo capaz de criar um Centro de Formação Psicanalítica (Sagawa, 1994). Em 1931, Durval

Marcondes e o Clínico Geral Barbosa Corrêa traduziram as "Lições Introdutórias" de Freud, diretamente do alemão (figura 7).

Diante do exposto, não é exagero afirmar que a FMUSP foi o berço da Psicanálise brasileira, e tudo levava a crer que a Psicanálise teria ali um futuro promissor. Mas a história tem seus caprichos, e o que se viu foi algo completamente diferente...

Com a aposentadoria de Franco da Rocha, em 1923, a Cadeira de Neuropsiquiatria passou a ser ocupada por Vampré, professor de Neurologia, até que, em 1936, Pacheco e Silva concorreu com Durval Marcondes pela cátedra e venceu o concurso. A partir de então houve um rompimento entre o movimento psicanalítico e a FMUSP. Segundo Montagna (1994), "é provável que esta situação tenha sido fruto mais de mal-entendidos do que de irredutível divergência científica. Para isso em muito contribuíram questões de natureza pessoal, mesmo passional. De todo modo, as relações entre psicanálise e psiquiatria acadêmica em São Paulo estiveram, em geral, longe de uma cooperação amistosa" (Montagna refere-se aqui à FMUSP). Ainda segundo Montagna "com a vitória de Pacheco no concurso, a psicanálise não só perdeu a oportunidade de instalar-se na Faculdade de Medicina, como passou a enfrentar forte antagonismo e uma atitude até hostil da psiquiatria acadêmica. Por décadas foi segregada pelo *establishment*".

Em 1948, deu-se início ao atendimento ambulatorial da Clínica Psiquiátrica da FMUSP, no 30º andar do Hospital das Clínicas. Em 1952, foi fundado o Instituto de Psiquiatria, que até hoje abriga a cadeira de Psiquiatria. Com a aposentadoria de Pacheco e Silva, novo concurso foi aberto em 1967 e a disputa, mais uma vez, apresentou uma forte polarização em torno da Psicanálise: Fernando Bastos, médico do Instituto de Psiquiatria, concorre com Darcy Mendonça Uchôa, um dos fundadores da Sociedade Brasileira de Psicanálise de São Paulo. Mais uma vez a Psicanálise é derrotada (Montagna, 1994; Arruda, 1999; Lacaz e Mazzieri, 1995). Segundo Montagna (1994), Bastos não chegou a ser contra a abertura de discussões psicodinâmicas, e durante o seu período como Titular o psicodrama instalou-se com força na Faculdade.

De acordo com Arruda (1999), desde a criação do Instituto de Psiquiatria vários médicos com formação psicanalítica atuaram naquele Serviço. Com o risco de estar cometendo alguma injustiça por omissão, podemos citar Paulo Gonzaga Arruda e Oscar Rezende de Lima. Na década de sessenta, com a criação do Curso Experimental de Medicina sob a coordenação de Paulo Vaz de Arruda, foram contratados Luiz Tenório de Oliveira Lima, Plínio Montagna e Roberto Vilardo. Passaram também pelo Instituto Antonio Carlos Eva, Luiz Carlos Uchôa Junqueira Filho, Cláudio Rossi, Raymundo Barcelos e José Bilezikjan.

Coincidentemente ou não, o fato é que todos eles, com exceção de Oscar Rezende de Lima, afastaram-se do Instituto. A minha impressão é que aquela Instituição nunca se configurou como um campo fértil para o desenvolvimento da Psicanálise. A hostilidade franca foi por vezes substituída pela indiferença asfixiante. Em duas ocasiões (1985 e 1993), Paulo Vaz de Arruda tentou, em vão, criar um curso de formação em Psicanálise. As aulas por mim ministradas sobre Psicanálise, no curso de graduação, foram sumariamente retiradas do programa, sem aviso prévio... Estes são alguns dos inúmeros exemplos capazes de ocupar dezenas de páginas, que certamente estão vivos na memória dos psicanalistas que atuaram naquela instituição. A Psicanálise é vista por alguns, equivocadamente, como uma ameaça, e não como uma contribuição que pode enriquecer o campo médico como, por exemplo, no auxílio à compreensão da relação médico-paciente.

Paradoxalmente, apesar de tudo, o psicanalista Oswaldo Ferreira Leite Netto é o atual Chefe do Serviço de Psicoterapia do Instituto de Psiquiatria. Em seu artigo intitulado "Um psicanalista na instituição (nem herói, nem 'picareta')" nos diz, com otimismo, que há espaço, no Instituto de Psiquiatria, para os que têm conhecimento e experiência em Psicanálise (Leite Netto, 1997).

Afirma, porém, que "o psicanalista é aceito, convidado a se manifestar, mas se espera dele uma contribuição dentro de um referencial eminentemente médico, que hoje até se deturpa e pode se perder, ao valorizar a eficácia e abrangência dos métodos e a rapidez de seus resultados – a tecnologia em primeiro lugar, em detrimento da atenção ao indivíduo e suas peculiaridades, a tendência à impessoalidade".

Concluindo, cabe aos psiquiatras e psicanalistas contemporâneos manterem uma atitude construtiva, que busque a convivência harmoniosa com áreas que são tão distantes e, ao mesmo tempo, tão próximas. Noventa anos depois, o texto elaborado por Freud sobre as relações entre a Psiquiatria e a Psicanálise mostra-se atualíssimo! Marcado por seu espírito científico, por sua honestidade, por sua capacidade de integração e abertura para campos diversos, deve ser lido e relido por psiquiatras, psicanalistas e por todos aqueles que se interessam pelo ser humano.

Referências bibliográficas

American Psychiatric Association, DSM IV–TR. Porto Alegre, Artmed, 2003.
ARRUDA, P. C. V., Comunicação pessoal, 1999.
FREUD, S., "Psiquiatria y Psicoanálisis". In Freud S., *Obras Completas*, vol. II, Madrid, Editorial Biblioteca Nueva, 1973.
FREUD, S., "Psicoanálisis y Teoría de la Libido". Idem, vol. III, Ibidem.
LACAZ, C. S., Mazzieri, B. R., *A Faculdade de Medicina e a USP*. São Paulo, Edusp, 1995.
LEITE NETTO, O. F., "Um psicanalista na instituição (nem herói, nem 'picareta'...)". Jornal de Psicanálise, 30 (50/56):205-212, 1997.
MILLAN, L. R., "A permanente busca de uma identidade. O que vem a ser um psicanalista?" Jornal de Psicanálise, 25 (19): 89-100, 1992.
MILLAN, L. R., "A psicoterapia de orientação psicanalítica". Jornal de Psicanálise, 32 (58/59): 231-44, 1999.
MOKREJS, E., *A psicanálise no Brasil*. Petrópolis, Ed. Vozes, 1993.
MONTAGNA, P., "Psicanálise e Psiquiatria em São Paulo". In L. Nosek e P. Montagna, Eds., *Álbum de Família*. São Paulo, Casa do Psicólogo, 1994.
SAGAWA, R. Y., "A História da Sociedade Brasileira de Psicanálise de São Paulo". In Idem, Ibidem.

Luiz Roberto Millan
Doutor em Ciências pela
Faculdade de Medicina da
Universidade de São Paulo (FMUSP);
Membro Associado da
Sociedade Brasileira de Psicanálise de São Paulo;
Psiquiatra do Grupo de Assistência Psicológica
ao Aluno da FMUSP

O bebê e a água do banho

Neyza Prochet

"Meu corpo não é meu corpo, é ilusão de outro ser.
Sabe a arte de esconder-me e é de tal
modo sagaz que a mim de mim ele oculta."
C. Drummond de Andrade* (1984)

Na Idade Média, o hábito de banhar-se era escasso, pouco mais que anual, um acontecimento extraordinário no cotidiano familiar. Colocava-se, na sala comunal, uma imensa tina de água escaldante onde cada membro deveria banhar-se, em sucessão. Em primeiro lugar, o chefe da família, deixando-se as crianças e os bebês por último. Podemos supor que, pelo acúmulo de sujeira nas abluções derradeiras, o líquido final estivesse longe de ser cristalino. Diante da opacidade da água, resultado da imersão de muitos corpos, o que fazer se, ao mergulharmos o bebê, o perdermos? Como identificar o bebê, sem fala pessoal? E se, ao jogarmos a água fora, o bebê se for?

"Jogar fora a água do banho e o bebê ir junto" é uma expressão utilizada para indicar uma situação problema que, para ser resolvida, perde-se o que é fundamental.

O primeiro registro oficial do provérbio é encontrado na obra do alemão Thomas Murner (1475-1537), no livro de versos satíri-

---

* Drummond de Andrade, Carlos, *Corpo*. Rio de Janeiro, Record, 1984.

cos Narrenbeschwörung (1512), onde um dos capítulos é intitulado *"Das kindt mit dem bad vß schitten"*. A história versa sobre indivíduos tolos o suficiente para, ao se livrarem de algo ruim, destruírem igualmente o que de bom possuíam. Mais tarde, a expressão foi popularizada em língua inglesa – *"to throw the baby out with the bath water"* – idioma que vai me permitir certas liberdades lingüísticas para abordar o tema central deste trabalho, o trauma.

Kindt é a palavra alemã para criança e *kind*, em inglês, significa bondade. *Bad* corresponde a banho em alemão, graficamente idêntica ao inglês *bad*, mau. Num jogo de palavras, a criança perdida no banho torna-se uma analogia à bondade perdida com a recusa do "mau".

Jogar fora a água do banho junto com o bebê é a representação imagética do funcionamento esquizóide, onde o trauma é a água suja do banho, lançada fora junto com o bebê – uma condição onde objetos bons e maus são projetados para fora do psiquismo, desconhecendo inscrição psíquica, repressão ou simbolização, inviabilizando os processos elaborativos. Em outras palavras, se, ao jogarmos o "mau" fora, perdermos igualmente o bom, indiscriminadamente perdida fica a capacidade de experimentar a ambivalência e, com ela, a possibilidade de existir fora da área de onipotência.

A tina de água comunal é o ambiente familiar. Nele se banham, por ordem de chegada, todos os membros, imergindo por completo nessa água/ambiente, deixando lá o registro corporal de suas presenças, seus cheiros e seus dejetos. Assim como no banho daquela época, o bebê que chega já encontra a água da tina turva nesse continente comum. Caberá aos mais velhos, aos pais, renovar suficientemente esta água, para que o banho de cada um tenha água limpa o suficiente, tépida o suficiente, clara o suficiente, para que o bebê não se perca, pois ele ainda não tem a capacidade de emergir por si mesmo. O que torna tudo claro e faz com que esta água se torne límpida novamente é o desejo e o amor dos pais por esse filho.

Tornar-se mãe ou pai é uma experiência profundamente complexa e ambivalente. Reaviva, no adulto, as fantasias ligadas aos seus próprios pais da infância, com toda a carga de amor, ódio e rivalidade existentes nessa relação. Implica em tomar um lugar na cadeia geracional, demarcar uma passagem do tempo, aspirar pela confirmação de uma maturidade que deseja ser estendida mais além do físico. Ao mesmo tempo, denuncia o futuro envelhecimento e o fim subseqüente. A experiência de ter um filho enraíza-se profundamente no campo do narcisismo e dos processos identificatórios, originando-se de um desejo que emerge de um cadinho de impulsos contraditórios, banhado em fantasias de transgressão edípica.

O desejo de criar e procriar, registro de potência, mistura-se aos temores, dos mais banais aos mais aterrorizantes, como não ser capaz de produzir um filho "normal" – expressão que pode abranger uma maior ou menor tolerabilidade às singularidades do bebê, assim como exige a capacidade de suportar, sem tomar como insulto ou prova de fracasso, as diferenças entre a criança sonhada e a criança concebida. A capacidade de oferecer um ambiente facilitador onde o filho sonhado pode ser um filho encarnado estará ligada à capacidade de reconhecer e suportar a ambivalência inerente a esta experiência.

Enfatizando a importância da provisão ambiental (mãe ambiente), Winnicott[1] (1949a) assinala dois tipos de cuidados principais:

1. Um cuidado que não ofereça uma sobrecarga emocional, evitando o acúmulo de experiências emocionais intensas.

2. Um cuidado em que a mãe possa ser capaz de discriminar fantasia e fato.

Trata-se de uma situação que, pela própria constituição do bebê humano, exige da figura materna um imenso trabalho de

---

[1] Winnicott, "O mundo em pequenas doses" (1949 a), in *A criança e seu mundo*. Zahar, Rio de Janeiro, 1979.

discriminação a fim de garantir um ambiente e um tipo de cuidado, físico e psíquico, que forneça uma experiência de continuidade vivencial ao bebê. Este cuidado vai permitir ao bebê voltar-se exclusivamente para a criação de uma subjetividade, sem o ônus de um reconhecimento precoce do ambiente. Conquistar a capacidade de objetivar sem que esta objetividade aniquile a subjetividade é o cerne de um encontro criativo com o mundo. (Winnicott,[2] 1969)

Em seu artigo sobre o desmame, Winnicott[3] (1949b) nos lembra que a possibilidade de enfrentar a finitude é dada pela capacidade materna de suportar, sem retaliar, o ódio provocado na criança pelo encontro com o limite. A condução necessária para isto é a de uma experiência genuína de satisfação, que vai conferir ao meio uma qualidade de confiabilidade básica. Apenas de posse desta confiabilidade essencial, as ausências, desconhecimentos, falhas, limites, serão suportáveis, sem desamparo.

As experiências compartilhadas da díade mãe-bebê, os atos e espaços comuns do núcleo familiar, as interações sociais e as raízes culturais constituem a trama essencial na qual uma criança se apóia para construir uma vida que ela um dia poderá chamar de pessoal.

Em relação a isto, Winnicott[4] (1949c) comenta:

> "A necessidade de um ambiente bom, de início absoluta, torna-se rapidamente relativa. *A mãe devotada comum é suficientemente boa.* Se ela é *suficientemente boa*, o bebê virá a dar conta de suas falhas através da atividade mental. Essa atividade mental do bebê transforma um ambiente *suficientemente bom* num ambiente perfeito, ou seja, transforma a falha relativa da adaptação num êxito adaptativo. O que

---

[2] Winnicott, "A experiência mãe bebê de mutualidade" (1969) – *Explorações Psicanalíticas* – Artes Médicas, Porto Alegre, 1994.

[3] Winnicott, "O desmame" (1949b) – *A criança e seu mundo* – Zahar, Rio de Janeiro, 1979.

[4] Winnicott, "A mente e sua relação com o psicossoma" (1949c) em *Da pediatria à psicanálise* – Imago, Rio de Janeiro, 2000.

libera a mãe da necessidade de ser quase perfeita é a compreensão do bebê"[5] (p. 335).

Winnicott[6] (1965) estabelece uma relação estreita entre família e trauma, ao apontar o papel da primeira em fornecer à criança uma proteção contra o segundo. Aponta o trauma como um fator etiológico ligado a diferentes momentos do desenvolvimento, relacionando-o às falhas da mãe ambiente em exercer as funções de filtragem, estabilização ambiental e sustentação física e psíquica desta organização em marcha chamada bebê, protegendo-o de acúmulos e excessos. A família necessita criar uma trama de ligações que se cruzam e interligam, formando uma rede de sustentação que ofereça segurança e confiabilidade intrínseca suficientes para proteger a criança das experiências traumáticas. Ao mesmo tempo, necessita também desiludi-la, nos ajustes necessários aos processos de separação e individuação. A mãe, então, precisa ser aquela que desilude seu bebê depois de tê-lo iludido.

No artigo "O conceito de trauma em relação ao desenvolvimento do indivíduo dentro da família", Winnicott[7] define trauma como "aquilo que rompe a idealização de um objeto pelo ódio do indivíduo, reativo ao fracasso deste objeto em desempenhar sua função" (p. 113). Em seguida, aponta significados distintos para o conceito descrito. Enfatizando das diferenças de contexto e etapas de desenvolvimento, Winnicott diferencia o trauma que conduz a um colapso na área de confiabilidade da criança e aquele ligado à desadaptação necessária que conduz ao encontro do princípio de realidade. Sobre este, ele fala:

---

[5] Grifos do autor.
[6] Winnicott, "O conceito de trauma em relação ao desenvolvimento do indivíduo dentro da família" (1965) – *Explorações Psicanalíticas* – Artes Médicas, Porto Alegre, 1994.
[7] Winnicott, "O conceito de regressão clínica comparado com o de organização defensiva" (1967) em *Explorações Psicanalíticas* – Artes Médicas, Porto Alegre, 1994.

"Desta maneira, existe um aspecto normal do trauma. A mãe está sempre "traumatizando",[8] dentro de um arcabouço de adaptação, e, deste modo, o bebê passa da dependência absoluta para a dependência relativa" (p. 114).

Talvez seja possível, então, falar de dois tipos de trauma: um trauma adaptativo, a serviço de um reconhecimento e aceitação de uma realidade externa, portanto benigno, que, ao promover a desilusão, permite a experiência de ambivalência em relação ao objeto bom, que passa a ser igualmente odiado e instaura a capacidade de *concern*. O segundo, chamaremos de trauma maligno, que ultrapassa as possibilidades egóicas da criança onde o rompimento da idealização, ao invés de permitir a experiência de ambivalência, amplifica os mecanismos de cisão, inibe a capacidade de simbolização, impedindo a integração e o curso em direção à autonomia. Trauma, assim, nesta concepção, fundamenta-se no fracasso do ambiente em oferecer as experiências necessárias de **adaptação e desadaptação**, dentro de um timing ativamente implicado à singularidade do bebê.

Se, é função da mãe proteger o bebê do trauma que promove a quebra da confiabilidade no ambiente, também é sua função, sentindo a capacidade crescente da criança em suportar a desadaptação, ser capaz de acolher sua resposta ativa ao trauma adaptativo. Como resposta ativa, considero as respostas de raiva ou ódio apropriadas àquela situação. Respostas que, se a mãe fica apavorada com a zanga do bebê e com a "sujeira" resultante desta zanga lançada na água/ ambiente, certamente vai temer continuar a banhá-lo, se incapaz de filtrá-la através de sua capacidade de discriminar fantasia e fato.

Encontro, na clínica, muitos pais temerosos em desagradar os filhos, incapazes de frustrá-los e impor-lhes limites, difi-

---

[8] Aspas do autor.

culdade expressa através do "medo de traumatizar" a criança. Tais medos estão muito mais relacionados a dificuldades narcísicas pessoais e à necessidade de se sentirem como permanentemente bons e provedores, não suportando acolher o ódio (a água suja) que resulta da desilusão acerca de sua imagem idealizada e da desadaptação ambiental essencial para o processo de amadurecimento da criança. Pais narcísicos, que não conseguem filtrar a água/ambiente, incapazes de oferecer-lhes outra água que não àquela em que eles mesmos se banham, impossibilitados de imaginar necessidades diferentes das suas, indiscriminadamente identificados com seus filhos, perdidos na opacidade do meio.

Ora, o bebê de ontem é o adolescente de hoje e o processo que ocorreu na época do nascimento reaviva-se na adolescência, intensificadamente. Não é inusitado ouvirmos um adolescente dizer: "Pensar dói. Não quero pensar". Por que a adolescência pode servir de palco a tantos sofrimentos? Por ser um tempo de muda, de transição, de reedições de novos e velhos conflitos, de confrontos entre o narcisismo parental e o narcisismo do adolescente.

Fuks[9] (2001) considera que muitos eventos só adquirem valor de trauma em forma cumulativa e retrospectivamente. Muitas vezes, o episódio traumático é a própria passagem do tempo, a entrada na adolescência, período que se torna receptáculo de inúmeras experiências traumáticas anteriores. Masud Khan (apud Fuks, 2001) considera que:

> "... a fase em que a própria criança toma conhecimento dos efeitos cruéis e distorcidos de um laço lesivo com a mãe é na adolescência. Sua reação então é de tremenda rejeição à mãe e a todo o seu investimento libidinal em relação a ela".

---

[9] Fuks, Lúcia Barbero, *O traumático na clínica*. In http://www.etatsgeneraux-psychanalyse.net/archives/texte98.html (Estados Gerais da Psicanálise) 2001.

A tina escaldante da Idade Média já não existe mais. Foi substituída por uma banheira Jacuzzi, com sistemas requintados de bombeamento e turbilhonamento da água, criando um meio mais sofisticado tecnologicamente, porém muito mais instável – a pós-Modernidade.

Antes, na Modernidade, o corpo era uma realidade fixa e natural, uma referência estável, apresentado como a morada do ser, da razão e da consciência. A relativização da presença corporal na *cyber*-cultura e a conseqüente perda de objetividade e estabilidade conduziram a um novo fenômeno hoje em dia: Mais do que o corpo anatômico funcionante da Medicina, mais do que o corpo imaginário da Psicanálise, o corpo da atualidade necessita ser produtor de sentidos e de identidade.

É um corpo a ser construído – conceito peculiar e recente que transforma o corpo pessoal em objeto público (Góes,[10] 1999), passível de tantas estratégias tecnológicas quanto possível: cosmetologia, alimentação controlada, uso de anabolizantes, práticas de toda a forma de exercícios físicos, cirurgias. Os heróis morrem de overdose. Paga-se a conta da lipoaspiração e do *personal trainer* para não se saber quem se é. O saber de si torna-se um fenômeno externalizado, depositado nas mãos de um outro (Prochet, 2004)

O adolescente contemporâneo ressente-se não só das angústias ligadas ao tempo necessário ao estabelecimento de uma identidade pessoal, como fica privado de uma constância de referentes simbólicos nos quais possa se apoiar. As representações ideativas, simbólicas, são substituídas pela representação da coisa-corpo, pela força da imagem do que parece ser (Prochet,[11] 2001).

Um adolescente, com o corpo todo marcado por cicatrizes, disse-me que quando achava que ia ficar maluco tinha de sentir dor para ter certeza de que não estava louco nem "fora de si". Para

---

[10] Góes, Fred, "Do body building ao body modification – paraíso ou perdição?" In *Que corpo é esse? Novas perspectivas*. Org. Nízia Vilaça et al. Mauad, Rio de Janeiro, 1999.

[11] Prochet, Neyza, *Corpo, Identidade e Globalização*, 2001.

ele, as cicatrizes eram como suturas que o ajudavam a costurar seu psiquismo ao corpo. Uma outra adolescente fala-me de seu corpo na terceira pessoa.

Observamos corpos não encarnados, relatos de "era como se eu não estivesse lá", "como se não fosse eu", "não sinto que há algo dentro de mim", uma psique jamais inserida no corpo ou apresentando uma inserção frágil. Vivências de vazio alinhadas a uma aflição crescente em desenhar de forma cada vez mais definida as fronteiras externas da superfície do corpo. Se o pensamento cartesiano nos empurrava para dentro de nossas cabeças, a cultura contemporânea se apropria de nossos corpos, empurrando-nos para fora de nós mesmos.

Como exercer a clínica, em um modo terapêutico eminentemente verbal e simbólico, quando tratamos de fenômenos que se caracterizam por um vazio representacional?

Uchitel[12] (2001) considera como o "verdadeiro" traumático aquilo que marca a clínica com um caráter dissociativo e impeditivo de simbolização, tal como se apresenta na psicose e na perversão, cuja sintomatologia encontra-se mais determinada pela evitação da angústia do que pela realização do desejo. A autora pergunta se as questões da psicossomática, e incluo aí os transtornos da imagem corporal, também não estariam próximos da concepção da neurose traumática, de intensidade e repercussão física e psíquica devastadoras.

Lúcia Fuks (2003), ao descrever o traumático na clínica, lembra-nos o conceito de trauma cumulativo desenvolvido por Masud Khan, que "analisa as tensões e ansiedades vivenciais experimentadas pela criança no contexto da dependência do seu psiquismo com o da sua mãe". A autora também nos remete a Freud que, em 1920, em "Além do Princípio do Prazer", "postula a importância de uma proteção contra os estímulos, como

---

[12] Uchitel, Myriam, *Neurose Traumática*, São Paulo, Casa do Psicólogo, 2001.

função de preservação dos modos particulares de funcionamento energético do organismo, frente às ameaças de grande magnitude provenientes do mundo exterior".

Para Winnicott[13] (1987), a grande luta na qual o adolescente se empenha é a de "descobrir o próprio eu, para que lhe possa ser fiel" (p. 157). É uma tarefa difícil, já que a conquista da genitalidade, com todos os aspectos físicos que concernem a este estágio de desenvolvimento libidinal, com uma nova excitabilidade, obriga o adolescente a uma outra orientação em relação ao mundo, tentando, num tempo de mudanças radicais, preservar e conservar um senso de identidade subjetiva e sexual.

A perda da estabilidade do corpo infantil desorganiza a imagem que o jovem tem de si mesmo, acarretando dúvidas, conflitos e insegurança. Sintomas hipocondríacos, estranheza do próprio corpo e pesquisa compulsiva por doenças graves, fazem parte de um processo que gera ansiedades intensas e fantasias persecutórias. Góes (1999) considera que "O corpo como símbolo da nossa identidade pessoal e social se busca como estratégia contra nossa falta de sentido e levanta a pergunta sobre a existência humana como um todo" (p. 34) Além do mais, é muito mais fácil enfrentar e comunicar ao outro suas preocupações físicas do que sentimentos nebulosos em relação a modificações emocionais, imprecisas e ambivalentes.

Acredito que os registros sensoriais dos primeiros cuidados marcam a história pessoal de um indivíduo, e marcam também um sentido de continuidade através da forma do cuidado materno, impregnada pela cultura, introduzindo uma dimensão histórica, transgeracional, neste cuidado. Auxiliam a mãe no manejo da criança, ao permitir que estes movimentos em direção à constituição do self sejam vividos como passagens e não como rupturas.

---

[13] Winnicott, *Privação e Delinquência*. São Paulo, Martins Fontes, 1987.

A ausência ou desvalorização de referências familiares ambientais dificulta a tarefa materna, exigindo que a mãe use parâmetros alheios a si mesma. Neste caso, uma imposição se transmite à criança: ela será forçada a aprender que a realidade "real" não é a sua, mas a de outro.

O processo de localização da psique no corpo se produz a partir de duas direções – da vivência da experiência pessoal e do tipo de cuidado ambiental oferecido. Em torno disso articulam-se os sentidos de *self* e de identidade. Uma exposição indevida, a mais ou a menos, do bebê ao desconforto físico e psíquico torna complicada a tarefa de distinguir-se do outro podendo suscitar uma representação corporal arcaica onde a delimitação de contornos e a distinção entre corpos permanece confusa.

As experiências corporais que permitem a elaboração imaginativa das partes do corpo do bebê podem ser divididas em dois aspectos significativos:

a) Experiência em termos de presença/ausência: A presença permite um certo desenrolar dos acontecimentos, enquanto que a ausência caracteriza-se pelo apelo intenso e repetido à presença do ausente.

b) Experiência em termos qualitativos: A experiência da presença fica ligada à qualidade experienciada no encontro entre os corpos da mãe e do bebê. Safra[14] chama a esta qualidade de "oposição". Prefiro falar da qualidade de "consistência" do objeto. O encontro corporal, campo sensório da criação do espaço potencial, pode apresentar qualidades diversas:

b.1) Se marcadas pela rigidez e tensão, as relações construídas ali serão moduladas por afetos intrusivos, provocando respostas reativas aos elementos da parceria.

b.2) Se marcada por uma labilidade no manejo e sustentação da criança, toda a organização sofrerá da instabilidade intrínseca

---

[14] Safra, Gilberto, *A Face Estética do Self*. São Paulo, Unimarco, 1999.

à sustentação ilusória onipotente. A criança irá acreditar que seu gesto é forte demais e que ela pode ameaçar e destruir o objeto. Assim, só lhe restará conter-se, inibir-se, recolher-se, para proteger o que deveria estar ali para protegê-la e sobreviver ao seu ataque.

A questão identitária está no cerne de todas as modificações corporais, quer seja pela tentativa de homogeneização num padrão estabelecido de beleza, quer seja na busca de uma singularização através de tatuagens, piercings e outras modificações corporais. O corpo adolescente, em mutante reconstrução, não serve mais como referência confiável, exigindo que, junto com o esquema corporal, seja reavaliada a cada momento a auto-imagem. Definimos auto-imagem como um conceito mental, que pode ser mais ou menos próximo da realidade, que reúne uma percepção do próprio esquema corporal tonalizado com atribuições de valor e adequação, influenciadas pelo ambiente e época na qual o indivíduo esteja inserido. Ou seja, como o corpo se apresenta a si próprio num determinado momento da vida. (Prochet,[15] 2004)

Orbach[16] (2002), numa extensão do conceito de falso self criado por Winnicott, apresenta o conceito de um "corpo falso", buscando compreender as dificuldades encontradas na compreensão do desenvolvimento psicossomático. Para a autora, tanto o corpo falso como o falso self derivam da mesma fonte: a incapacidade de conquistar uma separação física ou emocional de sua mãe, resultando em corpos incapazes de se sentirem totalmente vivos para a pessoa. Da mesma forma que no falso self, o indivíduo se sente incapaz de perceber-se como viável, com valor, e sendo capaz de existir por si mesmo de forma confiável.

---

[15] Prochet, Neyza, "Corpos Perfeitos, Imagens Imperfeitas". In *Cadernos de Psicanálise* – Sociedade de Psicanálise da Cidade do Rio de Janeiro, v. 20, n. 23. Rio de Janeiro, 2004.

[16] Orbach, Susie – "The false self and the false body". *In The legacy of Winnicott – essays on infant and child mental health*. Ed. Brett Kahr. Karnac, London, 2002.

A perda ou não obtenção da capacidade de confiar num Eu real e valioso advém da incapacidade materna em reconhecer o valor e a singularidade do gesto do bebê, substituindo-o pelo seu próprio gesto e exigindo a aquiescência do bebê a este.

Uma adolescente que sofreu, de modo singularmente intenso, com uma mãe intrusiva e pouco empática, declara com ênfase de que com ela vai ser diferente, vai ter "uma relação perfeita com a própria filha." Pergunto-lhe se acha isto possível, ao que me responde que sim, vai fazer tudo para que isto aconteça, relatando-me planos sobre esta dupla perfeita: ela e sua filha. Comento então, como que *en passant*, que, para que os pais se sintam perfeitos, os filhos precisam ser perfeitos também. Ao que ela me interrompe dizendo que os dela vão ser. Pergunto: – "E se não forem? Tadinhos, já tão pequenininhos tendo de ser alguma coisa para alguém... Deve ser muito difícil ter de ser alguma coisa para alguém tão cedo", o que revelou à adolescente o risco da repetição da mesma experiência vivida por ela, na infância. A etiologia do falso self reside na impossibilidade de discriminação entre o gesto materno e o do bebê.

A sociedade contemporânea lida mal com a dor e o sofrimento. As mazelas e dores humanas são tomadas como resultantes de fracassos ou incapacidades e não como fatos da vida, mecanismos necessários para sinalizar e organizar o indivíduo diante do que lhe é externo. Palavras e experiências sensoriais ficam apartadas dos afetos e os atos ocupam os hiatos nas comunicações interrompidas.

Winnicott nos fala de um tipo de ambiente onde a falha da provisão ambiental impede que o sujeito vivencie plenamente a experiência de habitar um corpo – experiência básica de subjetivação e de personalização. Aquele que não habita seu próprio corpo é como um ser errante num deserto afetivo/representacional, à mercê de angústias intoleráveis que refletem o vazio existencial de um self desencarnado. Em vez de ser capaz de um viver criativo, tem instalado dentro de si um sentimento de futilidade, com relacionamentos esvaziados de qualquer investimento libidinal, e o grande horror que o avassala não é a perda da vida, mas a perda do sentido de viver.

Procuram-se corpos perfeitos para imagens de si cada vez mais imperfeitas. O ambiente falha, na miopia de uma cultura narcísica, ao tomar como literal externo ao eu, aquilo que é eminentemente uma experiência subjetiva. Nenhum traço da natureza humana pode ser verdadeiramente extirpado, sob o risco do sentimento de ser a si mesmo se perder também. O conflito acerca das dificuldades e limites impostos à condição humana não é resolvido à custa do não reconhecimento desta mesma condição. O que nos liberta da necessidade da perfeição e de uma pureza imaculada é a possibilidade de compreendermos nossas imperfeições ultrapassando através da integração o estágio em que a idealização é necessária.

A capacidade do indivíduo para ver a si e ao mundo criativamente depende da internalização da experiência de ter sido olhado por um olhar sustentador, precursor da instauração do verdadeiro *self*. A experiência de valia e inteireza do ser reside na mutualidade de uma relação amorosa com o outro, experiência que é sensual, mas não exclusivamente sensorial. Não é necessário ser perfeito, não é necessário parecer perfeito. É necessário que seja vivido como "perfeito", mesmo não o sendo.

Se o trabalho analítico busca a restauração desses hiatos ou falhas narcísicas precoces, o que nos cabe oferecer ao nosso bebê/paciente a fim de que não se perca "junto com a água do banho"? Ao propiciar um ambiente-continente suficientemente bom – as águas límpidas e cristalinas – através do *holding* do olhar e da escuta analítica, permitimos que o mergulho nas águas turvas e profundas de sua realidade interna torne-se uma experiência compartilhada e, ao mesmo tempo, singular, da qual o sujeito poderá emergir sem se perder.

A adoção sob um "olhar" winnicottiano: Uma experiência clínica

Renata Iyama
*Isabel Cristina Gomes**

> *"Quando olho, sou visto; logo, existo.*
> *Posso agora me permitir olhar e ver.*
> *Olho agora criativamente e sofro a minha*
> *apercepção, e também percebo.*
> *Na verdade, protejo-me de não ver o que ali não*
> *está para ser visto (a menos que esteja cansado)."*
> (Winnicott, 1975, p. 157)

Sabemos da importância do olhar, do ser visto para qualquer ser humano. De acordo com Winnicott, o que o bebê vê quando olha para o rosto da mãe é ele mesmo: "... a mãe está olhando para o bebê e aquilo com o que ele se parece se acha relacionado com o que ela vê ali" (1975, p. 154). Para que a

---

* Artigo derivado da Dissertação de Mestrado "Os Pais Adotivos: preconceitos, fantasias, fatores motivacionais inconscientes e suas implicações na formação do sintoma da criança", defendida no Instituto de Psicologia da USP, em 2004, sob orientação de Isabel Cristina Gomes (Profa. Dra. do Departamento de Psicologia Clínica do IPUSP).

mãe-ambiente possa refletir o filho e identificar as suas necessidades, é preciso que ela intuitivamente o compreenda. Winnicott (1963) dá a esse estado de intensa identificação da mãe com o seu bebê o nome de "preocupação materna primária". Diz ele (1962) que as mães tornam-se capazes de prover o filho com o que ele precisa:

> Refiro-me a coisas vitais como ser segurado ao colo, mudado de lado, deitado e levantado, ser acariciado; e naturalmente, alimentado de um modo sensato, o que envolve mais do que a satisfação de um instinto (1990, p. 67).

As mães adotivas não puderam vivenciar o período da gestação, quando se iniciam a adaptação e o conhecimento mútuo entre mãe e filho. Portanto, não têm acesso a um repertório anterior à adoção, precisando descobrir um jeito próprio e novo de *reconhecimento*. Elas têm de construir uma história – ao invés de rememorá-la (Silva, 2001).

Essas mães adotivas podem sentir uma dificuldade maior em olhar para o filho e apreender as suas necessidades visto que, no início, eles não se conhecem. Podem, por exemplo, ter diante de um gesto espontâneo uma resposta que não é adequada, ou seja, a mãe pode satisfazer o bebê antes que ele sinta frustração, bloqueando a sua capacidade criativa. Ou ainda, retardar essa satisfação, ambos igualmente traumáticos. Há um momento que é o "agora", no qual o self tem de acontecer, e esse momento é determinado pelo bebê.

Se a mãe adotiva não estiver atenta, pode substituir o gesto do filho pelo seu próprio que, se for aceito sem resistência, poderá dar início a formas defensivas, como o falso self. Segundo Lisondo (1999), os pais adotivos podem, inconscientemente, *"drenar o self infantil, impondo ideais e exigências que negam a história singular do bebê..."* (p. 501). Lebovici e Soulé (1980) afirmam que falhas de identificação podem levar os pais adotivos a se comportarem como pais intolerantes e perfeccionistas. Silva (2001) aponta que, às vezes, é difícil para o filho adotivo obter de seus pais a coincidência entre o eu das necessidades e o eu investido narcisicamente. Para Catafesta (1992), ao realizar identificações projetivas maciças no filho, os pais se distanciam da sua realidade psíquica.

Adotar é um ato que deve estar relacionado à maturidade do casal e a à sua disponibilidade psíquica, no sentido de se abrir para acolher uma criança que não está ali para corrigir uma injustiça ou para preencher lacunas (Hamad, 2002). No entanto, nem sempre o casal adotante possui essa maturidade e essa disponibilidade para olhar e ver a criança que estão acolhendo como filho.

Acreditamos que essa limitação esteja relacionada à dinâmica do casal, às motivações inconscientes para a adoção, bem como às fantasias inconscientes e aos preconceitos que podem comprometer esse "olhar".

Em pesquisa anterior[1] (Iyama, 2004), foi possível perceber que por detrás dos fatores motivacionais conscientes para a adoção, surgem determinadas motivações inconscientes no casal parental, tais como: necessidade de repetir a história familiar, tentativa de salvar o casamento e medo da solidão e da morte. Assim, constatamos que querer uma criança não é sinônimo de

---

[1] Neste trabalho buscou-se ampliar o conhecimento acerca do universo psíquico dos pais adotivos. Estes procuraram a Clínica-Escola do IPUSP com queixas relativas ao filho adotivo. Após uma avaliação psicológica da criança, foi proposto aos pais um atendimento de psicoterapia breve de orientação psicanalítica com freqüência semanal. Esse trabalho com os pais foi possível a partir do momento em que uma demanda de atendimento ao casal, e não mais para a criança, pôde ser criada. A partir da prática clínica e dos registros das sessões pensamos sobre: a) os fatores motivacionais inconscientes para a adoção; b) fantasias inconscientes e preconceitos envolvidos nesse processo; c) a importância do olhar dos pais adotivos e a sua relação com a formação do sintoma na criança.

querer ser pai e mãe, uma vez que nem sempre é esse desejo que norteia a adoção. Nesses casos, a adoção é a maneira encontrada pelos casais de lidar com as suas faltas e lacunas. O filho adotivo se transforma em solução, em esperança de cura para as feridas e os conflitos dos pais.

Dentre as fantasias inconscientes identificadas nos casais[2] que se submeteram ao processo de psicoterapia breve, realizado na clinica-escola do IPUSP, destacou-se a de que a criança possuía um "mau sangue". Os pais adotivos também se mostraram preocupados com o futuro reservado aos seus filhos como se, para eles, invariavelmente, a criança adotada desenvolverá uma patologia (Iyama, 2004).

Quando a adoção é motivada visando somente os interesses dos pais e a criança é apenas um objeto do seu desejo, se torna mais difícil para ela encontrar um jeito próprio de estar no mundo, já que, em alguns casos, o seu lugar já está definido, mesmo antes da sua chegada. As fantasias inconscientes e os preconceitos atuam de forma semelhante, uma vez que turvam o olhar dos pais, favorecendo a sua estigmatização e a restrição da sua mobilidade dentro da dinâmica familiar. Por essa razão, é importante ouvir atentamente os pais adotivos e, a partir daí, entender qual é o lugar que a criança é chamada a ocupar na economia psíquica do casal. Hamad (2002) coloca que é possível, à luz dos elementos presentes na fala dos pais, ter uma idéia desse lugar.

---

[2] Foram realizados atendimentos com três casais. Esses atendimentos tiveram uma duração média de dois anos e meio, seguindo a proposta de psicoterapia breve sugerida por Gilliéron (1986). Em um dos casos atendidos houve uma mudança no enquadre do setting analítico: Após dez meses de atendimento ao casal, Ricardo, o filho adotivo, passou a participar das sessões com os pais, configurando uma psicoterapia familiar, uma vez que estes últimos se mostraram muito rígidos e concretos, resistindo à mudança de seu olhar sobre o menino.

Há o filho que os pais teriam querido ter, aquele que se teria querido ser, ou não ser, aquele que se desejaria, ou, ainda, aquele de que a esterilidade nos priva. Todo um conjunto de situações que não são necessariamente patológicas, mas que poderiam, em certos casos, se revelar problemáticas para a criança e sua futura família (Hamad, 2002, p. 78).

Nesse sentido, a individualidade da criança acaba sendo ofuscada pelos conteúdos que os pais, às vezes, equivocadamente depositam nela. Quando o casal não pode ver o filho de forma integral, com seus aspectos "bons" e "maus", a criança não recebe de volta dos pais aquilo que enviou para eles. Quando não pode ser reconhecida e aceita pelos pais, a criança adotiva pode passar a ser o que não é. O resultado disso é um senso de irrealidade: Existe para ela um vazio central, e o único modo de se manter viva é adaptando-se às demandas do ambiente.

Para a criança adotiva, responder às demandas dos pais pode significar a própria preservação, uma vez que passou anteriormente pela experiência de ter sido rejeitada pelos pais biológicos. Lisondo (1999) afirma que, de certa forma, os pais biológicos não puderam olhar para a criança como ser único e especial, dando vida a um corpo sem nome. Assim, o filho adotivo pode, devido à ruptura inicial, sentir uma maior necessidade de se ajustar aos desejos paternos, estabelecendo ao seu redor um conjunto de relacionamentos falsos.

Em oposição a essa submissão, o bebê pode manifestar o seu protesto contra a existência falsa na forma de irritabilidade generalizada, distúrbios alimentares, e outros. Podemos pensar que, nas crianças maiores, essa oposição se dá através da agressividade, do "mau comportamento", da dificuldade de aprendizado, entre outros. É como se a criança adotiva procurasse garantias de sua existência através de "provas de amor", provas de que é amada e aceita como um ser especial e único (Lisondo, 1999).

Família de Ricardo:

Ricardo, 9 anos, é filho adotivo de Rosa e Paulo. Ao longo da psicoterapia, os pais revelam que a sua adoção se deu numa tentativa de "salvar o casamento". Além disso, demonstram desconfiar da índole do filho, como se este possuísse um "mau sangue", um sangue desconhecido. A fantasia de que o filho, inevitavelmente, se tornaria um problema sempre esteve presente.

Percebemos que o olhar de Rosa e Paulo em relação ao filho está distorcido, não correspondendo à realidade. Entendemos que os fatores que motivaram essa adoção, bem como as fantasias e os preconceitos presentes nesse caso, interferiram na nitidez e clareza desse olhar.

Em todo o processo terapêutico os pais revelaram uma dificuldade acentuada em ver e aceitar o lado "bom" do filho, atendo-se, na grande maioria das vezes, a seu lado "mau". Assim, um comportamento "inadequado" assume uma dimensão aumentada e descolada da realidade.

Na escola atual o menino vem tirando boas notas.[3] No entanto, seus pais não se mostram satisfeitos, e tampouco são capazes de incentivar e apoiar o filho. Em uma sessão, empolgado com seu desempenho em uma prova, contou aos pais que havia deixado de fazer (apenas) duas questões. Os pais imediatamente repreenderam-no, expressando o seu descontentamento. Ao ser perguntado pela terapeuta quantas questões havia na prova, Ricardo respondeu que eram dezenove. Nesse momento Ricardo já chorava muito e o seu choro nos pareceu o de alguém cansado, diante de mais uma tentativa frustrada na busca da aceitação dos pais. Não nos surpreendeu que na sessão seguinte ele tenha pedido para fazer um teste que medisse o seu QI, como se um nú-

---

[3] Na escola anterior o rendimento escolar de Ricardo vinha caindo, provavelmente afetado pela relação tensa e hostil que se estabeleceu entre ele, seus pais e a escola, que, por fim, acabou resultando na sua transferência devido ao seu comportamento agressivo e à falta de limites, dentro e fora da sala de aula.

mero, o resultado concreto de um teste de inteligência, pudesse, enfim, convencer seu pais da existência de algo bom nele.

O casal parece querer do filho algo que ele não poderá dar. Sabemos que, ao ser adotado, Ricardo já tinha uma "missão impossível": salvar o casamento dos pais. Porém, a adoção não evitou que o relacionamento do casal continuasse instável.

Por diversas vezes tornou-se evidente o pequeno investimento afetivo e libidinal em Ricardo, já que ele não havia sido capaz de confirmar, na realidade, a idealização do casal frente a ter um filho, que parecia estar associado à noção de "filho perfeito". Em uma das sessões os pais reclamaram de sua voracidade ao comer. A terapeuta relaciona essa voracidade a uma carência, e aponta que a comida foi a forma encontrada por ele de preencher esse vazio. Ricardo pergunta o que significa a palavra "carência". A mãe tenta explicar o seu significado através de exemplos concretos, como: "A sala carece de quadros". A princípio Ricardo parece não ter entendido, mas depois indaga: "Carente de carinho?" Ao ser perguntado, ele diz se sentir assim às vezes. Podemos afirmar que os pais não foram capazes de identificar as reais necessidades do filho, os quais não se limitam a cuidados concretos como a higiene ou a alimentação.

Em algumas sessões Ricardo chorou em função do aparecimento de questões delicadas para ele, ou diante da incompreensão e da falta de *holding* dos pais. Estes demonstraram não poder reconhecer no filho sofrimento e tristeza. Ao invés de conter, de manifestar empatia ou afeto, os pais insistiram em dizer que o choro era causado por uma alergia, desconsiderando a representação de dor psíquica trazida pelo menino na situação de atendimento.

Ricardo vivenciou com a terapeuta algo diferente, novo: pôde ser visto e existir de forma mais integrada, ao invés de ser apenas o bagunceiro, o desobediente, o problema. A terapeuta tinha a função de garantir, perante ele e os pais, a existência de um lado "bom". Ricardo agora tinha, segundo ele, uma "porta-voz". Os efeitos desse encontro puderam ser notados nos sintomas de Ricardo, que diminuíram, chegando a desaparecer em alguns casos. Ricardo deixou de agredir seus colegas de escola, de brigar com os meninos na rua, passou a obedecer mais os pais, além de ter conseguido um bom aproveitamento escolar. Essas mudanças ocorreram a partir do momento em que Ricardo pôde ser valorizado na relação analítica. No final da terapia ele explicita a importância de ter sido "olhado" pela terapeuta, dizendo que esta tinha sido a única pessoa que o havia compreendido até então.

Conclusão

A adoção acarreta uma dificuldade maior de identificação com o filho adotivo. Fantasias e preconceitos e uma motivação "inadequada" podem acompanhar a adoção, aumentando as chances de um desencontro entre pais e filhos adotivos. Estabelece-se um clima de insegurança, no qual a criança encontra dificuldades para se desenvolver de forma satisfatória, o que acaba por confirmar os próprios preconceitos e fantasias que circundam a adoção. Assim, pais que não oferecem um espaço onde o filho possa viver espontaneamente, ser ele mesmo, mas que pelo contrário, já possuem uma série de idéias pré-concebidas a seu respeito, acabam por confirmá-las, na medida em que o bebê sabe o que é através do olhar de sua mãe/pai. Ou seja, é dentro da relação que o indivíduo se constitui: ele *se significa* diante do outro.

Dessa forma, a criança adotada acaba por adoecer na sua possibilidade de ser, uma vez que se vê impossibilitada de encontrar nos novos pais os elementos e o amparo necessários para a sua sustentação.

No entanto, acreditamos ser possível a construção de uma relação de identificação entre pais e filhos adotivos. Hamad (2002) ressalta que é possível falar de um encontro verdadeiro na adoção. Porém, Lebovici e Soulé (1980) afirmam que só podem ser bons pais e boas mães aqueles que puderam se reconhecer no filho e que conseguiram obter prazer com essa identificação especular, para garantir que os investimentos libidinal e narcísico não sejam destruídos diante das dificuldades.

Por fim, concluímos que os sintomas da criança estão relacionados à dinâmica familiar como um todo, o que inclui os preconceitos, as fantasias e os fatores motivacionais inconscientes, que atuam de forma a reduzir a possibilidade de um desenvolvimento saudável da criança, uma vez que distorcem o olhar dos pais adotivos em relação a ela.

A psicoterapia com os casais e/ou família se mostrou efetiva e de caráter preventivo, pois propiciou um espaço de desenvolvimento de novos "olhares" frente às crianças adotadas, o que resultou na remissão dos sintomas apresentados por elas, na medida em que os casais /pais tiveram uma oportunidade de entendimento acerca do que os motivou inconscientemente para a tomada dessa decisão, podendo reviver e elaborar, no ambiente protegido da situação terapêutica, um novo lugar para esse filho, que não o de substituto fantasioso do bebê narcísico; a possibilidade do fortalecimento dos vínculos de aliança superando os de consangüinidade, e que, a manutenção de uma relação conjugal não pode ser "determinada" pela vinda de um filho, principalmente nos casos que está envolvido o processo de adoção.

Referências Bibliográficas

CATAFESTA, I. F. M. (1992). *Intervenções no desenvolvimento psicológico: um trabalho preventivo.* Tese de Doutorado, Instituto de Psicologia da Universidade de São Paulo, São Paulo.

GILLIÉRON, E. (1986) *As psicoterapias breves.* Rio de Janeiro: Jorge Zahar.

HAMAD, N. (2002). *A criança adotiva e suas famílias.* Rio de Janeiro: Companhia de Freud.

IYAMA, R. (2004). *Os pais adotivos: preconceitos, fantasias, fatores motivacionais inconscientes e suas implicações na formação do sintoma da criança.* Dissertação de Mestrado em Psicologia Clínica, Instituto de Psicologia da Universidade de São Paulo, São Paulo.

LEBOVICI, S.; SOULÉ, M. (1980). *O conhecimento da criança pela psicanálise.* Rio de Janeiro: Zahar.

LISONDO, A. B. D. (1999). A travessia da adoção: a ferida na alma do bebê. *Revista Brasileira de Psicanálise,* v. 33, n. 3, p. 495-514.

SILVA, M. S. A. N. (2001). *Em busca do elo perdido: escuta psicanalítica para histórias de adoção.* Dissertação de Mestrado, Instituto de Psicologia da Universidade de São Paulo, São Paulo.

WINNICOTT, D. W. (1990). Da dependência à independência no desenvolvimento do indivíduo. Em: *O ambiente e os processos de maturação: estudos sobre a teoria do desenvolvimento emocional.* (I.C.S. Ortiz, Trad.) Porto Alegre: Artes Médicas, p. 79-87. (Trabalho original publicado em 1963).

_____. (1990). Provisão para a criança na saúde e na crise. Em: *O ambiente e os processos de maturação: estudos sobre a teoria do desenvolvimento emocional.* (I.C.S. Ortiz, Trad.) Porto Alegre: Artes Médicas, p. 62-69. (Trabalho original publicado em 1962).

_____. (1975). O papel do espelho da mãe e da família no desenvolvimento infantil. Em: *O brincar e a realida-*

de. (J.O.A. Abreu e V. Nobre, Trad.) Rio de Janeiro: Imago, p. 153-162. (Trabalho original publicado em 1967).

Renata Iyama
Mestre em Psicologia Clínica pelo IPUSP

Isabel Cristina Gomes
Profa. Dra. do Departamento de Psicologia Clínica do IPUSP
Rua Cerro Corá, 792, apto. 33
CEP 05061-100 São Paulo – Capital
Fone: (11) 3021-4509, Fax: (11) 3021-4509
E-mail: isagomes@ajato.com.br

Impressão e acabamento
GRÁFICA E EDITORA SANTUÁRIO
Em Sistema CTcP
Rua Pe. Claro Monteiro, 342
Fone 012 3104-2000 / Fax 012 3104-2036
12570-000 Aparecida-SP

Você tem em suas mãos um livro da **IDÉIAS & LETRAS**.
Sem dúvida, gostará de conhecer os outros livros que publicamos e de receber informações sobre nossos próximos lançamentos. Para isso, basta que nos mande preenchida a ficha abaixo, para o endereço:

IDÉIAS & LETRAS
Rua Pe. Claro Monteiro, 342
12570-000 – Aparecida - SP

Nome: ....

CPF: .... Sexo: ☐ Fem. ☐ Masc.

Data de nascimento: ___ / ___ / _____ Estado civil: ....

Escolaridade: .... Profissão: ....

Endereço residencial: ....

Cidade: .... CEP: ....

Tel. Res. .... Fax: .... E-mail: ....

Endereço comercial: ....

Cidade: .... CEP: ....

Tel. Res. .... Fax: .... E-mail: ....

De que forma tomou conhecimento deste livro?
☐ Jornal   ☐ Internet   ☐ TV   ☐ Indicação
☐ Revista   ☐ Rádio   ☐ Mala Direta   ☐ Outros

Endereço para recebimento de correspondência: ☐ Residencial ☐ Comercial

Indique suas áreas de interesse:

☐ Economia   ☐ Filosofia   ☐ Psicologia   ☐ Sociologia   ☐ Direito

---

**Outras maneiras fáceis de receber informações
sobre nossos lançamentos e ficar atualizado:**

- ligue grátis: 0800 16 00 04 (de 2ª a 6ª feira, das 8 às 17:30 horas)
- mande um e-mail para: vendas@ideiaseletras.com.br
- visite nosso site www.ideiaseletras.com.br